基于“乡村振兴”视域的
农村中学劳动教育
课程体系建构

北京市教育科学“十四五”规划2021年度校本研究专项课题“基于‘乡村振兴’视域的农村中学劳动教育课程体系建构研究”研究成果（课题负责人：申立菊，立项编号：CDBA21083）

基于“乡村振兴”视域的农村中学劳动教育课程体系建构

申立菊　石馥源　主编

河北大学出版社
· 保定 ·

JIYU XIANGCUN ZHENXING SHIYU DE
NONGCUN ZHONGXUE LAODONG JIAOYU
KECHENG TIXI JIANGOU

基于“乡村振兴”视域的农村中学劳动教育课程体系建构

出 版 人：刘相美
责任编辑：马　敏
装帧设计：张彦琪
责任校对：苏安邦
责任印制：常　凯

图书在版编目（CIP）数据

基于“乡村振兴”视域的农村中学劳动教育课程体系建构 / 申立菊，石馥源主编．-- 保定：河北大学出版社，2025. 2. -- ISBN 978-7-5666-2490-1

Ⅰ. G633.932

中国国家版本馆 CIP 数据核字第 20243FE242 号

出版发行：河北大学出版社
　地址：河北省保定市七一东路 2666 号　邮编：071000
　电话：0312-5073019　0312-5073029
　邮箱：hbdxcbs818@163.com　网址：www.hbdxcbs.com
经　　销：全国新华书店
印　　刷：保定市北方胶印有限公司
幅面尺寸：170 mm × 240 mm
印　　张：20
字　　数：300 千字
版　　次：2025 年 2 月第 1 版
印　　次：2025 年 2 月第 1 次印刷
书　　号：ISBN 978-7-5666-2490-1
定　　价：88.00 元

编 委 会

主　编　申立菊　石馥源

副主编　张梓琪　王明宇　常　鑫

编　委　隗秋利　陈庆峰　白　雪　吴　瑕　郭　畅
王洪梅　徐宗兰　蔡静雨　王凌云　高永安
卢劲松　侯建文　李长娟　郑万军　刘　媛
马宇梅　张永新　张鹏利　成　悦　范桂明
袁晓兰　宋丽苹　刘爱华　李　明　何　静
王　辉

序

一、背景与意义

乡村振兴战略是我国为实现全面现代化和建设社会主义现代化国家而提出的重大战略。在这一战略中，农村中学作为教育体系的关键组成部分，不仅是知识传授和人才培养的摇篮，还是推动乡村振兴研究与实践的核心基地。它承担着培养新时代农村青少年、传承乡村文化、推动乡村振兴的重要使命。

在国家积极推进乡村振兴战略的背景下，农村中学的劳动教育显得尤为关键。劳动教育不仅传授知识和技能，更是促进学生全面发展的关键途径，有助于塑造健全的人格。强化农村中学的劳动教育，能够培育出具备劳动技能和创新精神的学生，为乡村振兴注入坚实的人才支持。同时，乡村振兴为劳动教育开辟了更宽广的舞台和丰富的实践机会，进一步推动劳动教育的深化。此外，乡村振兴迫切需要农村中学劳动教育与时俱进，不断推进课程改革。学校应结合当地产业发展的需求和学生的特点，设计具有针对性的劳动教育课程，确保课程内容与实际、生活和学生紧密相连。

二、课题研究

如何通过教育创新为乡村振兴注入智慧与力量？课题负责人申立菊老师引领北京市房山区青龙湖中学与南尚乐中学的研究团队，跨越校际界限，立足于农村中学及周边乡村的实际情况，成功申报并完成了北京市教育科学“十四五”规划2021年度校本研究专项课题——基于乡村振兴视域的农村中学劳动教育课程体系建构研究。该研究不仅提升了研究团队成员的科研能力，还提高了学生的劳动素养，培养了学生的综合素养，为乡村振兴和教育事业贡献了一份令人满意的答卷。

三、本书的内容

本书由课题负责人申立菊老师和北京市房山区南尚乐中学的石馥源校长共同组织编写。本书内容分为3大板块：课题研究报告；典型课程方案或纲要、融合劳动素养的跨学科教学设计，以及学生的劳动成果；附录。

课题研究报告详细介绍了课题成果——农村中学乡村振兴与劳动教育融合的“一横一纵”的“T形”“尚·乐”课程体系。课程目标着重于“一横”上的学生综合素养和“一纵”上的学生终身发展；课程内容关注“一横”跨领域的整合与“一纵”年级间学习任务的螺旋式提升；课程实施强调“一横”课程间的相互联系和“一纵”学生解决问题能力的培养；课程评价则侧重于“一横”评价的多元化和“一纵”学生发展性评价。“尚·乐”课程体系不仅与《义务教育课程方案和课程标准（2022年版）》的精神相契合，而且在广泛搜集资料和学习借鉴的基础上，推陈出新，为农村中学“乡村振兴”与“劳动教育课程”融合领域构建了完善的课程体系。它形成了一个无缝衔接的教育链条，从学校到社会再到学校，实现了家庭、学校和社会协同育人的目标。

四、本书的特点

本书具备三大显著特色：科研为本、实证为重、创新为先。经过3年的不懈努力，研究团队深入乡镇的田野、林间，探索石雕园，甚至涉足废弃采石场留下的坑洞，致力于开发课程资源。课程的构建依托于真实的环境，其实施则经过了两所农村学校的实践检验。在“乡村振兴”与“劳动教育课程”相结合的课程体系构建中，从地方化课程资源的开发、课程结构的构建、课程评价体系的建立，到信息技术的应用，均体现了创新精神。

本书汇集了课题研究团队的智慧与努力，所阐述的内容不仅有助于深化农村中学教育的改革，提升教育品质；同时也为乡村振兴战略提供了坚实的人才支持和智力支持。本书将理论与实践相结合，展现了探索改革的勇气，善于反思与总结，以科研为先导、为助力，值得一读。

杨润勇

2024 年 6 月

〔作者系教育学博士，中国教科院研究员，研究所所长，国内高级访学导师、博士后导师。中国成人教育协会教师发展专委会理事长，中国战略学会教育标准专委会副理事长。重点研究领域：有效教科研，课题申报，（教学）成果凝练等〕

目　　录

第一部分

基于“乡村振兴视域的农村中学劳动教育课程体系建构研究”研究报告

基于“乡村振兴视域的农村中学劳动教育课程体系建构研究”研究报告

摘要：在“乡村振兴”战略的宏伟蓝图中，乡村学校扮演着至关重要的角色，它强化了乡村振兴的人才基础。通过构建一个适宜的课程体系，将社会、家庭、实践基地与校内劳动教育紧密融合，形成一个校内与校外相结合的劳动学习实践链条。这一链条使学生能够在劳动过程中发现并解决问题，从而树立起对劳动的尊重，培养劳动精神，养成良好的劳动习惯。此外，它还致力于培养学生的乡愁情感，以及能够回馈家乡的劳动情怀和技能。

关键词：乡村振兴；劳动教育；劳动课程体系

一、研究背景

（一）乡村振兴对教育的期待（乡村振兴需要教育，教育培养人才，反哺乡村教育）

当前，大量数据揭示了一个全球性的趋势：在城镇化和现代化的推进过程中，乡村地区普遍出现空心化，甚至面临衰退和消亡的挑战。无论是发达国家还是发展中国家，都必须正视这一问题，并且各国都在积极采取措施，以应对和解决这一复杂难题。

乡村兴则国家兴，乡村衰则国家衰。党和国家一直高度重视乡村发展，乡村振兴已日益取得显著成效。2017 年 10 月，习近平总书记在党的十九大报告中首次明确提出了乡村振兴战略。2018 年全国两会期间，习近平总书记进一步强调，要实现乡村振兴战略，必须促进产业、人才、文化、生态、组织这 5 个方面的全面振兴与发展。实施乡村振兴战略，不仅是实现“两个一百年”奋斗目标的必然要求，也是在我国社会主要矛盾发生变化后，推进城乡融合发展、实现一体化发展的重要路径。

在中国，乡村振兴战略的思想根源深植于中国乡村建设百年的探索历程之中。最早可追溯至梁漱溟等知识分子提出的乡村建设思想，他们主张通过教育、文化、道德、实业、合作等多方面的措施，来实现乡村的振兴与重建，进而探索国家救亡图存与民族复兴的道路。尽管这些主张在当时并未能显著推动乡村振兴，但我们依然可以从中洞察到，教育在乡村振兴中扮演着至关重要的角色，这一认识早已有之，并历经时间的考验而愈发清晰。

党的二十大报告明确指出，教育、科技、人才是全面建设社会主义现代化国家的基础性、战略性支撑。2021 年《中共中央国务院关于全面推进乡村振兴加快农业农村现代化的意见》也着重强调：“提升农村教育水平……支持构建城乡学校共同体。”

实施乡村振兴战略，发展农村教育事业是关键支撑点。教育是国家长远发展的根本。在广阔的乡村地区，教育不仅担负着传播知识、塑造文明乡风的重任，更是乡村建设人才供给的“活水源头”。全国政协委员朱晓进强调，乡村振兴必须建立在乡村文化和教育振兴的基础之上。教育应成为推动乡村振兴战略的新动力源泉。教育的繁荣直接关系着乡村的繁荣。乡村教育不仅照亮了无数农村学子追梦的道路，也为乡村振兴注入了强大的动力。

（二）人才培养体系对劳动教育的新要求（国家强调需要培养德智体美劳全面发展的人才，需要五育并举，凸显劳动教育的育人价值）

在 2018 年召开的全国教育大会上，习近平总书记着重指出：“我们必须致力于构建一个全面培养德、智、体、美、劳的教育体系，以形成更高水平的人才培养机制。”要把立德树人的理念应深入融合思想道德教育、文化知识教育和社会实践教育的每一个环节中，并贯穿于基础教育、职业教育、高等教育的各个层面。学科体系、教学体系、教材体系、管理体系都应围绕这一目标进行设计，教师的教学和学生的学习都应以此为指导。通过这一系列措施，立德树人、五育并举的教育方针将培养出德智体美劳全面发展的社会主义建设者和接班人，从而明确回答了教育应当培养什么样的人、如何培养人和为谁培养人的问题。

2020 年 3 月 20 日，中共中央国务院发布了《关于全面加强新时代大中小学劳动教育的意见》（以下简称《意见》），该《意见》明确指出要广泛实施劳动教育于各个教育阶段，构建一个包含德育、智育、体育、美育和劳动教育在内的全面教育体系。《意见》中特别强调了劳动教育课程的设置，要求对学校课程体系进行整体优化，将劳动教育正式纳入中小学国家课程方案及职业院校和普通高等学校的培养方案中，旨在形成一个综合、实践、开放且具有针对性的劳动教育课程体系。此外，《意见》还指出，应根据各个学段的特色，在大中小学设立劳动教育必修课程，以系统性地强化劳动教育。同时，文件提出中小学劳动课程每周至少安排 1 课时，并要求学校对学生的课外和校外劳动时间进行明确规定。

为深入落实习近平总书记关于教育的重要论述，全面实施党的教育方针，响应《中共中央国务院关于全面加强新时代大中小学劳动教育的意见》，并加速构建德智体美劳全面发展的教育体系，2020 年 7 月，教育部颁布了《大中小学劳动教育指导纲要（试行）》。该纲要主要针对学校层面，重点解答了劳动教育的本质、内容和教学方法等问题，详细阐述了相关要求，并提供了专业的指导。

2021 年 7 月，中共中央办公厅、国务院办公厅联合发布的《关于进一步减轻义务教育阶段学生作业负担和校外培训负担的意见》中，明确指出："学校和家长要引导学生在放学回家后完成剩余书面作业，进行必要的课业学习，从事力所能及的家务劳动。"

课程教材应发挥其培根铸魂、启智增慧的功能。义务教育课程明确了教育目标、内容和教学的基本要求，这不仅体现了国家的意志，而且在立德树人的过程中扮演着至关重要的角色。课程作为教育实施的媒介，劳动课程的建设更是成为乡村振兴战略中一个有效的基础性工程。

2022 年 4 月，教育部颁布了《义务教育劳动课程标准（2022 年版）》，标志着劳动教育课程正式成为中小学教育体系中的一门独立学科。该课程标准针对不同学段设定了具体目标，其核心宗旨在于培育学生树立适应未来社会发展的正确劳动价值观，以及培养其必需的品格和关键能力。乡村振兴作为国家战略的重要组成部分，要求教育必须与经济社会发展相协调，积极服务于乡村振兴的宏伟目标。劳动教育，作为德、智、体、美、劳五育并举的重要一环，不仅是一种富有成效的实践活动，而且是推进素质教育的关键途径，对于学生的全面发展具有不可替代的作用。在乡村振兴的大背景下，实施劳动教育不仅能够培养学生的劳动核心素养，通过劳动的教育功能，助力学生全面成长，而且能够为推动乡村振兴战略的实施贡献力量。

在乡村振兴与劳动教育的实践中，存在两种主要现象：首先是“离农”现象，国家致力于将农村教育与城市教育放在同等重要的位置，并努力推动两者的协调发展。从教育空间的角度来看，乡村教育已经踏上了城乡一体化的发展道路。新时代的乡村教育更加重视培养人才、留住人才等价值导向。然而，在实际操作中，“离农”现象日益凸显。具体表现为：乡村人才通过制度安排流向城市。乡村振兴战略则期望更多的人才能够回归并贡献于乡村建设。其次是“肤浅”现象，2022 年 9 月，《义务教育劳动课程标准（2022 年版）》在中小学正式实施。该标准明确了劳动课程的核心素养、总体目标和各学段的具体目标，并详细划分了课程内容，设立了 10 个任务群，每个任务群由若干项目构成。其中，日常生活劳动包括清洁与卫生、整理与收纳、烹饪与营养、家用器具使用与维护 4 个任务群；生产劳动包括农业生产劳动、传统工艺制作、工业生产劳动、新技术体验与应用 4 个任务群；服务性劳动包括现代服务业劳动、公益劳动与志愿服务两个任务群。但在劳动课程的实施过程中，一些学校出现了表面化的现象，具体表现为：劳动课程孤立存在，缺乏与其他课程的联系；校内日常清扫活动取代了学生的所有劳动课程；虽然安排了家务劳动，但缺少了后期的总结和评价。总的来说，学校内部缺乏一个有效的劳动课程体系，因农村初中校由于地处乡村，导致很多人认为学生不缺少劳动实践的机会，因此，在劳动课程体系的构建上缺乏深入思考，难以将劳动课程与乡村振兴战略有效结合。

实施乡村振兴战略是实现中华民族伟大复兴中国梦的必由之路，而人才振兴则是这一战略的核心组成部分。通过激发和利用人们的智慧与才能，我们能够有效推动乡村振兴。为此，需要合适的平台和机制。劳动教育不仅能塑造学生的劳动观念、意识、精神和习惯，而且当它与乡村振兴相结合时，能对学生素质的全面提升产生积极影响。此外，劳动教育有助于吸引和留住人才在乡村，实现教育对乡村振兴的反哺作用。

（三）农村中学劳动教育课程建设的基础

由于课题负责人职务变动，本研究调研的两所学生涉及位于北京市房山区的中学——青龙湖中学和南尚乐中学。本研究聚焦青龙湖中学 2022 年的 432 名学生和南尚乐中学的 478 名学生。

两所学校共有的显著特征是它们都是农村中学。所有学生均来自周边的村庄，其中一些学生因南水北调工程、农村棚户区改造或其他因素而迁入了楼房居住，他们的家庭从传统的农耕生活转变为新的居住环境和生活方式。本研究主要以南尚乐中学的实际情况为依据。

1. 乡镇劳动教育资源丰富

北京市房山区南尚乐中学行政划分属于北京市房山区大石窝镇。大石窝镇，位于房山区西南，东临琉璃河镇，南与河北省涿州市接壤，西连张坊镇，北邻韩村河镇。大石窝镇历史悠久，文化底蕴深厚，地理特征明显，自然风光优美，劳动教育资源丰富，特色显著。

大石窝镇，一个拥有悠久历史的文化古镇，孕育了丰富的历史文化遗产。镇内众多古建筑、古遗址和古墓葬，如汉白玉文化园、云居寺等都是历史变迁的见证，展现了古代劳动人民的智慧与艺术。此外，大石窝镇也是传统文化的重要发源地，地方戏曲、民间艺术、传统节日等都带有鲜明的地域特色。镇上出产的汉白玉、艾叶青、明柳、砖碴、芝麻花、青白石、螺丝转等石材品种闻名遐迩，其中汉白玉尤为珍贵，享誉世界。石材的开采、雕刻、利用历史可追溯至汉代，北齐时期云居寺已用大石窝汉白玉雕刻石经。随后，历代皇室均采用这种石料建造宫殿，汉白玉成为中国古代皇家建筑和雕刻的专用名贵石料。天安门前的华表、金水桥、紫禁城内的柱座、石阶、护栏等均以汉白玉为材。现代大石窝人继承传统，融合古今、中西之长，不断探索汉白玉加工技艺的极致。如今，大石窝汉白玉已远销海外，包括日本北海道中国公园、新加坡国家森林公园、美国纽约唐人街等在内的多个国家石材工程，均由大石窝石材企业负责加工和安装。2005 年，“房山区大石窝石作工艺”更名为“北京市大石窝石作文化村落”。2006 年，该项目成功申报为北京市级和国家级非物质文化遗产代表作。目前，大石窝中华石雕艺术园及其内的汉白玉宫，构成了北京地区规模最大的石雕主题公园。

为了保护生态环境，大石窝汉白玉矿陆续关闭。面对跨越隋、唐、辽、金、元、明、清 7 个朝代，在大石窝镇遗留下近千个采石坑的历史，当地居民创新求变，开始发展石洞蘑菇种植业。这一举措不仅促进了餐饮业的发展，还为当地居民开辟了一条通往富裕的道路。

大石窝镇位于山区和平原的交会地带，地形多变，风景如画。镇内众多的自然景观，包括石经山和银狐洞等，以其独特的地质特征和迷人的自然美景吸引了无数游客前来游览。此外，大石窝镇也是观赏鸟类和进行徒步等户外活动的绝佳场所，为游客提供了多样化的休闲体验。

同时，大石窝镇亦是一个农业重镇，其农业产业特色显著。该镇盛产多种农作物，包括小麦、玉米、蔬菜等，这些作物品质上乘，深受市场青睐。此外，大石窝镇还致力于发展特色养殖业，如林下经济，这为当地农民开辟了多元化的收入来源。

大石窝镇的美食文化同样丰富多彩。这里的特色美食以农家菜为主，选用当地新鲜食材，烹饪手法独特，口味地道。例如，大石窝豆腐和农家炖菜等，都是深受游客喜爱的美食佳肴。在大石窝镇，游客不仅可以品尝到地道的美食，还可以亲自参与农家乐的活动，体验农耕文化的魅力。

“互联网+”农产品工程的建设、生态循环农业、乡村旅游服务业和乡村新型服务等领域也逐渐成熟。

2. 学生劳动意识与劳动能力不足

在 2023 年的暑假期间，区域内的教育资源经历了一次重组，原石窝中学与南尚乐中学合并。到了 2023 年 9 月，合并后的南尚乐中学学生人数激增至 478 人，使其成为区域内农村学校中学生数量较多的学校之一，这些学生全部来自周边的村庄。

研究团队向房山区青龙湖中学和房山区南尚乐中学的七至九年级学生发放了 843 份关于劳动教育情况的调查问卷，成功收回了 821 份有效问卷。分析结果显示，仅有 15%的学生认同“工程师、医生、公务员、教师、农民、服务员、清洁工的工作都是好工作”，而 52%的学生表示非常不认同。这一数据反映出学生在劳动价值观上存在认识偏差；45%的学生认为劳动与个人发展无关；在探讨阻碍学生参与劳动的因素时，绝大多数学生选择了“不愿意做”或“有人代劳”，还有 70.9%的学生表示“不会做”，这表明劳动技能对当前的初中生而言，已成为一项需要专门学习的技能，而大多数学生尚未掌握。因此，可以看出学生对劳动的正确认识尚未普遍形成；95%的学生参与过家务劳动，但其中超过一半的学生表示“偶尔做过”，这说明学生参与家务劳动的意识并不强烈。尽管大部分学生能够主动承担家务，但“经常承担”的比例仅为 30%，而“有时承担”和“很少承担”的比例高达 65%。这表明家务劳动尚未成为学生日常生活的一部分。即便学校已经开设了劳动教育课程，学生主动承担家务劳动的意识仍需进一步培养。

在学校德育部门的支持下，研究团队成功举办了以“我的职业规划”为主题的班会。通过分析学生的反馈，笔者发现学生们的职业规划多种多样，但似乎没有人选择回到农村参与新农村的建设。

3. 学校课程体系建设提供契机

课程作为学校教育的核心载体，必须营造一个环境，确保“一事一物皆教育，时时处处有课程”的理念得以贯彻实施。这样，每个个性鲜明的学生都能在多样化的课程体系中找到自由成长的空间，实现学有所得、学有所长，并培养出崇尚道德、乐于学习的品质。

南尚乐中学成立于1956年，历经近百年的风雨历程，几代人的不懈努力，塑造了“艰苦奋斗，乐于奉献，务本求实，追求卓越”的南中精神。同时，学校孕育了丰富的“尚·乐”文化，其核心理念包括“尚德”和“乐学”。学校的办学理念强调“以人为本，促进发展”，而育人目标则致力于培养具有高尚德行、热爱学习、身心成长、志趣广泛、善于实践的南中学子。此外，学校还构建了独特的“尚乐”课程体系。

随着课程改革的持续深化，房山区教育委员会的课程领导力项目也在稳步推进。学校结合自身的实际情况，对“尚乐”课程体系进行了优化，这为“基于乡村振兴视角的农村中学劳动教育课程体系建构研究”课题的深入展开创造了有利条件。

研究团队致力于将劳动教育融入学校课程体系，通过注入劳动课程的元素，进一步丰富了“乐学乡情系列课程”。这些课程不仅单独开设，还与国家规定的课程和学校的特色课程，如“乐学书法”和“乐学美育系列课程”相结合，共同构成了校本课程的实施计划。

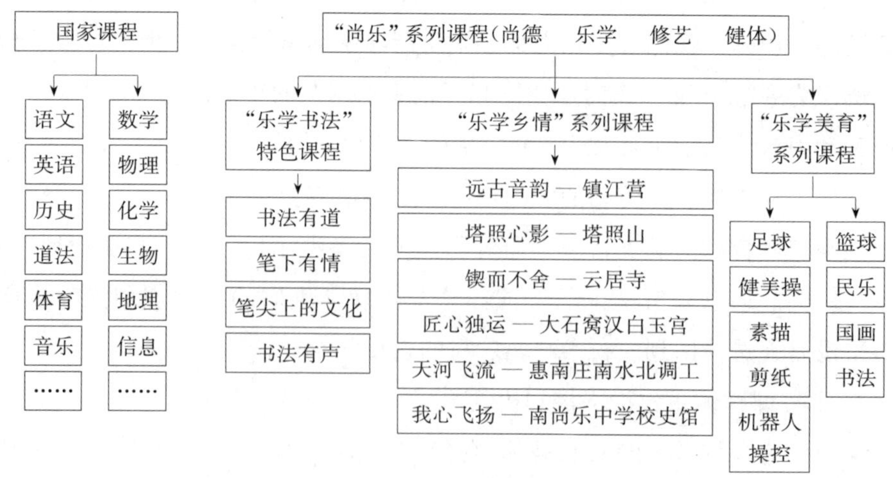

南尚乐中学“尚乐”课程图

（四）国内外研究情况概述

1. 劳动教育国外研究现状

经过对国际劳动教育文献的搜集与整理，笔者发现国外在劳动教育方面建立了一套完善的规范体系，并且普遍对劳动教育给予了高度的重视。全球范围内，多数国家都十分注重劳动技术教育的发展，通过引入手工、农业、服务性劳动和技术教育等多样化课程，旨在在教学与实践中培育学生的创造力、实践技能和创新能力。

俄罗斯的劳动教育体系深受马克思主义影响，结合国家实际情况，构建了全面的劳动课程体系。在课程内容的安排上，电子学、技术制作和创作被定为必修科目，而日常劳动、农业技术、食品加工等则作为选修课程。课程内容根据其性质被划分为理论和实践两大类，其中实践课程占据了至少70%的课时。教育者为不同年龄阶段的学生设计了相应的教学内容，旨在促进学生的全面成长。

德国的劳动教育以技术教育为核心，贯穿于学生的基础教育全过程，随着学生学习阶段的不同而设置不同层次的劳动课程。此外，德国还根据地方特色开设了具有本地特色的劳动技术课程，以满足学生个性化发展的需求。

日本的劳动教育则将劳动内容融入其他学科之中，所有课程都设定了劳动教育的目标和内容体系。在实施过程中，日本的劳动教育课程包括实践课、活动课和学科课等，根据学生的年龄特点安排不同的劳动内容，以适应学生在不同发展阶段的需求。

美国的劳动教育则基于“公民培养”的教育理念和社会本位论，通过“志愿服务、社区服务、服务性学习”等方法，培养学生的公民意识，以适应社会的需求。①

① 参见朱硕阳《乡村振兴背景下劳动教育评价体系及评价系统研究》，硕士学位论文，合肥工业大学工商管理，2022，第55页。

2. 劳动教育国内研究综述

自 20 世纪 50 年代起，刘焕著等学者便开始了对劳动教育的系统性研究。截至 2021 年 3 月（课题申报时间），在中国知网检索可发现，以“劳动教育”为主题的论文总数达到 15 855 篇。其中，与“中学劳动教育”相关的论文有 580 篇，近 5 年内发表的有 152 篇，占总篇数的 26.2%；专注于“农村中学劳动教育”的论文共有 77 篇，占“劳动教育”总篇数的 0.5%，以及“中学劳动教育”论文总数的 13.2%。这表明，劳动教育正逐渐成为专家学者关注的焦点，而“农村中学劳动教育”作为特定研究领域，也日益受到重视。

在这些相关的学术论文中，研究的焦点各异，涵盖了劳动教育的现状分析、历史演变、内涵及其在社会中的地位和价值，以及劳动教育的方法和途径。特别是针对农村学校的实际情况，在新时代背景下，如何构建劳动教育课程体系和如何通过劳动教育助力乡村振兴的议题探讨尚显不足。因此，需要在理论专家的指导下，由基层学校在实践层面进行深入的研究和探索。

（五）乡村振兴国内外研究现状

1. 国内研究现状

截至 2024 年 4 月，在中国知网以“乡村振兴”为关键词进行检索，共搜集到包括 2022 年赵晓红、俞又琪所著的《文旅融合主推云南乡村振兴的实践与思考》在内的图书 129 种，以及 2024 年刘聪、高进撰写的《跨域合作何以助推共同富裕：“飞地抱团”的政策迭代与集约治理机制探析》等学术期刊文章 135 065 篇。这些数据表明，乡村振兴主题的研究受到了显著的关注。

2. 国外研究现状

随着全球经济的持续增长，乡村振兴战略已经成为各国普遍关注的焦点问题。在国际舞台上，尤其是在发达国家，关于乡村振兴的研究与实践已经积累了相当长的时间，并取得了丰富的成果。

（1）乡村经济多元化发展。

国际学者普遍认同，乡村经济的多元化发展是推动乡村振兴的核心。以美国为例，在推进农业现代化的过程中，该国强调了农业、林业、畜牧业和渔业的综合发展，从而构建了多元化的农业产业链。与此同时，欧洲国家着重于发展乡村旅游和具有地方特色的文化产业，通过深入挖掘乡村的文化与历史底蕴，吸引游客和投资者，进而激发乡村经济的活力。

（2）乡村基础设施建设与公共服务提升。

基础设施的建设和公共服务水平的提升构成了乡村振兴的核心支撑。在日本的乡村振兴实践中，特别强调了对乡村道路、桥梁和供水供电等基础设施的改善工作。同时，该国也加大了对乡村教育和医疗服务的投入力度，致力于为乡村居民打造一个更加便捷和舒适的生活环境。

（3）乡村生态环保与可持续发展。

乡村的生态环保与可持续发展构成了乡村振兴的关键目标。在乡村发展的进程中，澳大利亚特别强调生态优先的原则，积极推广生态农业和有机农业等绿色生产模式，以此保护乡村的生态环境，并确保乡村经济的可持续增长。

3. 关于"乡村振兴与乡村劳动教育关系"观点概述

（1）国外关于"乡村振兴与乡村劳动教育关系"研究概述。

在国际舞台上，乡村振兴与乡村劳动教育之间的联系受到了广泛关注和深入研究。众多国家和地区已经认识到劳动教育在推动乡村振兴方面所扮演的关键角色，并积极通过教育手段促进乡村的可持续发展。

一方面，乡村振兴战略为乡村劳动教育开辟了广阔的实践领域和机遇。随着乡村经济的多元化发展和基础设施的日益完善，乡村地区为当地居民提供了更多的就业机会和创业平台。这不仅吸引了城市居民的回迁，也为乡村青少年创造了接触和参与劳动实践的机会。通过参与农业生产、手工艺制作、乡村旅游等劳动实践，乡村青少年能够掌握实际技能，加深对乡村文化和价值的认同感，进而培养他们的劳动意识和劳动习惯。

另一方面，乡村劳动教育在乡村振兴中扮演着至关重要的角色。它不仅提升了乡村青少年的劳动技能和就业竞争力，还培育了他们的创新意识和实际操作能力。通过劳动教育，乡村的年轻一代能够更深刻地认识当地的生产方式和文化精髓，从而激发他们对乡村发展的浓厚兴趣和热忱。此外，劳动教育亦有助于乡村文化的继承与创新，推动其繁荣与进步。

因此，众多国际学者与政策制定者均强调将乡村振兴与乡村劳动教育紧密结合的重要性。他们主张，通过强化乡村劳动教育，能够培育出更多具备劳动技能与文化素养的乡村青年，为乡村的持续发展注入坚实的人才支持。同时，乡村振兴战略亦需关注劳动教育的广泛推广与深化，通过增加劳动教育资源和平台的供给，推动乡村青年的全面发展。

在实际操作中，多个国家实施了多样化的策略以强化乡村劳动教育。例如，众多学校将劳动教育整合进课程体系，通过精心设计的课程内容和实践活动，致力于培养学生们的劳动技能和劳动习惯。此外，社区和各类组织也推出了丰富多彩的劳动教育活动，为乡村的青少年群体创造了更多参与和展示的机遇与平台。

综上所述，国际社会普遍认同乡村振兴与乡村劳动教育之间存在紧密的联系。加强乡村劳动教育能够为乡村振兴注入坚实的人才支持和文化基础；反之，乡村振兴的推进也为乡村劳动教育创造了更丰富的实践平台和发展前景。这种相互促进的良性循环，对于促进乡村地区的全面进步和繁荣具有重要作用。

（2）国内关于“乡村振兴与乡村劳动教育关系”观点概述。

李雪和金秋在《乡村振兴背景下“劳动教育＋红色研学”课程设计——以狼牙山为例》一文中指出，在新时代的背景下，乡村振兴已经成为我国的一项重要战略。随着我国经济社会的持续进步，人们对精神文化生活的需求日益增长，乡村研学旅行逐渐成为推动乡村振兴的关键途径。① 作者以狼牙山为例，提出了“劳动教育＋红色研学”的课程设计方案，并在实际操作中得到了验证。多样化的乡村研学活动不仅让学生深刻体验了劳动的艰辛与不易，还激发了他们对家乡和人民的热爱之情，进而推动乡村研学旅行的发展，为新农村建设贡献力量。

---

① 参见李雪、金秋《乡村振兴背景下“劳动教育＋红色研学”课程设计——以狼牙山为例》，《科技创业》2023 年第 36 期。

杨钰和毛芳才在《新时代农村初中劳动教育高质量发展探析》一文中指出，乡村教育的高质量发展是实现教育强国战略的关键，同时也是推动乡村振兴的基础。① 作者强调，劳动教育是乡村教育高质量发展不可或缺的一环，而如何在新时代背景下推动农村初中的劳动教育实现高质量发展，已成为学校必须面对的现实问题。基于习近平总书记对劳动教育的重要论述和国家相关文件的指导精神，作者提出了促进农村初中劳动教育高质量发展的策略性建议。这些建议包括确立科学的劳动教育发展观念，加大劳动教育的资金投入，提升教师队伍在劳动教育方面的专业能力，确保劳动教育课程时间充足、内容充实、形式多样，建立科学的劳动教育评价体系，以及构建家庭、学校、社会三方融合发展的教育体系等。

胡圆圆和张永飞在《乡村学校劳动教育的价值、困境与出路》一文中指出，乡村学校劳动教育是乡村教育体系的关键部分，对于促进乡村振兴和推动共同富裕具有不可忽视的作用。② 从“位育”的视角来看，乡村劳动教育有助于乡村儿童找到适合自己的位置并实现其生活目标，从而实现劳动教育的和谐状态。然而，现实情况揭示了乡村学校劳动教育面临的挑战：由于理念上的局限，劳动教育的功能发生了异化；由于场所的分离，劳动教育的实施环境被剥离；由于创新的限制，乡村劳动教育课程的发展受到阻碍。因此，有必要基于乡村的实际情况，明确乡村劳动教育的方向，坚守乡村教育的本质，促进乡村劳动教育观念的革新，并坚持“归位促育”的原则，科学规划乡村劳动教育课程，以帮助乡村学生达到“安所遂生”的理想状态。

经过深入分析关于乡村振兴与中学劳动教育的相关论述，笔者认为，农村中学的劳动教育是乡村振兴战略中不可或缺的一环，它对于推动乡村发展具有显著的促进作用；在劳动教育助力乡村振兴的过程中，劳动课程的构建扮演着至关重要的角色。因此，必须从目标设定、内容规划、实施策略和评

---

① 参见杨钰、毛芳才《新时代农村初中劳动教育高质量发展探析》，《贺州学院学报》2023 年第 39 期。

② 参见胡圆圆、张永飞《乡村学校劳动教育的价值、困境与出路》，《教育与管理》2023 年第 27 期。

价机制等多个维度出发，进行精心设计和有效执行。

4. 乡村振兴与中学劳动教育研究情况

截至 2021 年 3 月（即课题申报时间点），在中国知网以“乡村振兴与教育”为主题进行检索，共搜索相关文献 15 051 篇，其中包括蒋鹤立在 2024 年刊发的《涉农高职院校创新创业教育助力乡村振兴的路径研究》等。以“乡村振兴与中学教育”为关键词，仅找到 3 篇文章，如钟春艳在 2021 年刊发的《乡村振兴背景下乡村中学语文“乡情”教学探究》。再以“乡村振兴与劳动教育”为检索词，共搜索到 140 篇文章，其中涉及中学劳动教育的有 14 篇（涵盖初中和高中）。综合上述数据，可以明显看出，关于乡村振兴与中学劳动教育的研究领域存在较大的研究潜力。

二、研究目标与假设

（一）研究目标

构建以乡村振兴为视角的农村中学劳动教育课程体系，通过课程的实施与评价，使来自不同农村家庭的学生树立正确的劳动价值观，培养良好的劳动习惯，掌握一定的劳动技能，并在心中留下对乡土文化和传统记忆的深刻印象。当他们学业有成时，将带着对故乡的深情，积极投身于乡村复兴的伟大事业中。

（二）研究假设

构建以乡村振兴为视角的农村中学劳动教育课程体系，有助于培养德智体美劳全面发展的优秀学子，进而推动乡村振兴进程。

第一，关于资源与学情。大石窝镇的乡村劳动教育课程资源与学生的学情及年龄特征高度契合，这将有助于课程建设目标的实现。相反，如果资源与学情不匹配，课程目标可能无法完全达成，导致劳动教育流于形式，仅仅为了劳动而劳动，或者为了体验乡村生活而体验乡村生活，从而降低了教育的实质性价值。

第二，课程构建与“五育并举”相结合。南尚乐中学的劳动教育课程体系，若能实现“五育融合”的实施，确保“德育为核心，劳动教育成为德育、智育、美育、体育的基础”，则劳动教育课程的建设将能够实现培养德智体美劳全面发展的学生的目标。反之，若无法实现“五育并举”，则可能导致劳动教育成为主导，而无法全面达成教育目标。

第三，课程构建与学习工具。课程的构建紧密依赖于学生学习工具的开发，当工具的开发与课程目标紧密结合时，它将更有效地促进课程的建设；反之，若缺乏这种结合，其效果则会大打折扣。

三、研究价值

（一）学术价值

致力于深化“乡村振兴”背景下的农村中学劳动教育课程体系构建理论。在拓展研究领域的同时，笔者和研究团队探索了房山区青龙湖镇的劳动课程资源，特别关注了活动方式、调查访谈方法、课程大纲、学生活动任务单、跨学科教学设计与执行，以及研学旅行的内容和方法等多元化元素。这些内容的深入研究有助于深化对“乡村振兴”背景下农村中学劳动教育课程体系构建理论的认识，并尝试打破课程资源过度依赖传统和名声的局限。通过立足本土进行课题研究，我们旨在提升课程设计的相关性和学生劳动实践活动的持续性。

（二）应用价值

1. 破解“离农”现象，助力乡村振兴

新时代，我国走向了伟大的复兴，向现代化迈进，乡村振兴必须跟上新时代的脚步，劳动教育更要跟上助力乡村振兴的步伐。以建构学校基于“乡村振兴”视域的劳动教育课程体系为突破口，探索提升学生乡愁意识、反哺农村意识、劳动创造一切的意识的课程实施路径，有利于更好地让学生树立爱国意识、责任意识，凝心聚力，培养综合素养。

2. 落实国家课程，破解课程实施肤浅现象

学校课程文化涵盖了学生在校园内共同学习和生活的过程中，随着时间

的推移而逐渐形成的独特课程学习模式、交流方式和课程风格。学校有能力开发一系列具有鲜明特色的劳动教育校本课程，这些课程以“乡村振兴”为核心，并致力于将这些劳动教育课程打造成为精品，塑造学校独有的特色。这无疑是对学校课程文化的一种丰富和提升。

学校将劳动教育课程整合进整体课程体系，有助于迅速转变传统的教学模式。通过这一举措，学生不仅能够学习并掌握比传统课堂更丰富的实用知识和技能，而且乡村环境为他们提供了广阔的实践平台，使他们能够将课堂上学到的教育理念与现实生活紧密结合。这样的结合有助于引导学生深入真实世界，进而提升他们的生存和发展技能。

3. 落实“减负”精神，减轻学生过重课业负担

为了减轻学生过重的课业负担，培养他们的兴趣和爱好，同时适应国家和社会的发展需求，我们坚持将教育与生产劳动相结合，强调知识与实践的统一。我们注重学习与思考的结合，以激发学生的好奇心，培养他们独立思考、自由探索和勇于创新的能力。

4. 将乡村建设成为教学一体的场所

学校将劳动教育课程整合进整体课程体系，有助于迅速转变传统的教学模式。学生不仅能够学习并掌握比传统课堂更多的实用知识和技能，而且乡村提供了广阔的实践平台，使学生能够将课堂所学的教育理念与现实生活相结合。这不仅引领学生深入真实世界，还能增强他们对“乡村振兴”的情感投入，并促进他们在生存和发展技能上的提升。同时，这也有助于构建学校、家庭与社会之间的劳动教育链条。

最后，这些研究成果不仅能够为其他学校提供参考，发挥其辐射效应，而且还能从实践研究的角度，进一步丰富农村初中在“乡村振兴”背景下的劳动教育研究内容。

四、研究内容、方法及研究思路

（一）研究内容

首先，建构五育并举的南尚乐中学“尚·乐”课程体系和劳动教育课程

体系。

其次，确立基于乡村振兴视域的劳动教育课程目标体系。

再次，开发校内外劳动教育课程实施路径与评价体系。梳理现有课程资源和待开发课程资源，结构化组织课程内容，形成课程结构。

最后，探索农村中学劳动教育课程实施路径与评价体系。建构目标导向下的评价指标体系。

（二）研究方法

本研究使用的研究方法如下：一是文献法，通过整理和分析乡村振兴、劳动教育等政策和相关文献资料，笔者撰写一份全面的文献综述，旨在为构建学校劳动教育课程体系提供坚实的理论支撑；二是调查法，针对特定区域的课程资源和学校学生的家庭背景进行深入调研，并据此撰写详尽的调研报告，确保研究工作基于实际情况展开；三是案例法，搜集资料，挖掘过往相关领域的杰出案例，深入分析并借鉴其中的经典经验；四是观察法，本研究采用问题导向和实践驱动的研究策略。通过结合研究、观察、调研、总结和提升，以及不断变化和固化的方法，促进了“理论指导实践与实践中的理论升华”之间的相互作用，从而不断深化研究内容；五是经验总结法，总结研究经验，为其他研究提供参考。

（三）研究思路

为了构建一个基于乡村振兴视角的农村中学劳动教育课程体系，首先，笔者将采用文献研究法来整理相关政策和课程标准，并通过案例研究法分析现有的优秀劳动教育案例。结合学校课程文化与整体设计确立课程的性质和理念。其次，通过问卷调查和访谈，笔者将研究教师和学生对乡村振兴和劳动教育的意识及实际情况，结合当前的教育导向、国家政策和学校学生的实际发展需求，来确定系统化的课程目标。再次，笔者将综合运用访谈法和文献研究法，对适合本校学生的劳动教育资源进行整理，包括家庭、学校和社会提供的资源，并对劳动教育课程内容进行整体设计，构建课程结构，同时在学校开展国防教育教学和相关活动。最后，通过访谈教师、学生和家长，结合观察法，对劳动教育课程的实施效果进行反思和梳理，持续改进课程理念、目标和内容。总之，根据目标和内容制定评价指标，逐步构建过程性评价和终结性评价体系，最终形成完善的评价体系。

五、研究过程

本课题研究历时 3 年，从 2021 年 6 月至 2024 年 6 月。在此期间，课题负责人经历了工作单位的变动，原计划的 3 年研究周期不得不延长一年。研究团队亦从单一学校的教师扩展至两所学校的教师。最初的研究对象仅限于北京市房山区青龙湖中学的学生，随后增加了北京市房山区南尚乐中学的学生，使得研究对象的总人数翻了一番。两所学校的背景相似，均为农村初中，学生主要来自周边的村庄。随着研究团队和研究对象的扩大，研究的意义和价值得到了提升，同时也增强了研究实践检验的深度，使得研究成果更加科学、可靠。具体实施步骤如下。

1. 第一阶段，准备阶段（2021 年 4 月至 6 月）

学校始终高度重视劳动教育，学生的教室和室外清洁区劳动课程，以及志愿服务劳动课程一直执行得非常出色。然而，这些课程尚未形成一个完整的体系，尤其是针对“乡村振兴”主题的劳动教育课程体系尚未得到深入的探讨和研究。借助北京市规划和自然资源委员会课题申报的机会，学校成立了专门的研究团队，致力于构建一个以乡村振兴为核心的劳动教育课程体系。在这一阶段，研究团队将具体开展以下活动内容和步骤。

第一，文献分析。运用文献法梳理政策和课标，分析归纳研究的指导思想和理论依据。

第二，案例研究。运用案例研究法梳理已有的相关内容优秀案例，归纳可借鉴的经验。

第三，问卷调查。采用问卷调查法进行学校学生开展劳动教育情况问卷调查，为研究提供基于数据的事情分析。

第四，确定课题。依据文献研究、案例研究、问卷调查结果，依据学校实际确定课题，确定课题研究目标和研究内容。

第五，准备结题。撰写开题报告，提出课题申请。

2. 第二阶段，课题实施阶段（2021 年 7 月至 2024 年 3 月）

在这一阶段，笔者及研究团队采取了行动研究的方法，即在研究的同时进行实践，并根据实践结果不断进行改进。

第一，课题开题。课题申报已成功获得审批，现正整理相关材料，准备开展课题的开题工作。

第二，确定研究内容。在深入分析已开发的劳动课程和课标的基础上，笔者及研究团队对《义务教育劳动教育课程标准（2022 年版）》中规定的日常生活劳动课程、生产劳动课程和服务性劳动课程等 10 个课程群进行了细致的分解，并结合镇域和学校的实际情况确定了“基础劳动技能课程、乡村产业发展课程、创新实践课程、德育与劳动观念课程”这 4 个课程群。

第三，开发校外课程资源。在房山区青龙湖中学的研究团队的早期阶段，他们深入乡镇政府和村委会，通过采访村中的长者，对基于乡村振兴的劳动课程资源进行了调研。随后，南尚乐中学的研究团队也整理出了镇域课程资源目录。以下是阶段性的调研资源及其分析汇总（见表 1-1）。

表 1-1　阶段课程资源目录

场地或单位	提供的资源	涉及学科	课程
青龙湖葡萄种植园	葡萄栽种、剪枝、葡萄酒酿造过程	生物、物理、化学、综合实践	种植、酿造工艺
青龙湖万亩森林公园	种植、维护	生物、团队活动	种植、志愿服务
青龙湖小苑村	梨树管理、果实售卖、扶贫助困、照顾孤寡老人	生物、数学、思政、综合实践	采摘、销售、志愿服务
青龙湖坨头公园	赛道服务、卫生清理	志愿服务、生物	垃圾分类、职业体验
青龙湖镇区域	青龙湖镇远足	体育与健康、音乐、美术、综合实践	远足、红歌大赛

续表

场地或单位	提供的资源	涉及学科	课程
社区或村子	垃圾治理、社区节水、节电资源保护宣传、孤寡老人等弱势群体	团队活动、美术、音乐、语文、综合实践、垃圾分类等	垃圾分类、节水宣传广告制作、志愿服务
房山区职业学校学生实践基地	面点制作、缝纫、泥塑、文化衫制作等	综合实践、美术、生物、数学、语文等	面点制作；手绘文化衫；泥条盘筑；缝制小红军包；鲁班锁制作
房山区平西抗日战争纪念馆红色教育基地	研学旅行住宿安排、用餐服务、餐后清洁、义务讲解员、	数学、思政、团队活动、综合实践、体育与健康、语文	志愿服务
房山区红色背篓两个红色教育基地	背篓上山送货体验、义务讲解员、收纳整理旅行箱、安排住宿	数学、思政、团队活动、综合实践、体育与健康、语文	背篓送货义务讲解员
学生家庭	日常生活劳动课程资源	生物、物理、综合实践、美术	清洁与卫生、水果拼盘制作、烹饪课程、小电器故障排查等
青龙湖中学	学生实践活动种植“耕园”、劳动课堂的木工、纸工等制作技术	数学、综合实践、科技、生物、地理	耕园种植、泥塑、纸工、木工、版画制作、
大石窝镇林下经济园	参观、种植及养殖体现	思政、生物	种植、养殖
大石窝镇汉白玉参观园	参观、体验制作、义务讲解员	思政、综合实践、语文	石雕雕刻、志愿服务
大石窝镇山洞蘑菇基地	参观、种植体验、餐饮服务	语文、生物	种植、志愿服务
南尚乐中学	种植实践基地、科技活动、石雕艺术	信息、生物、物理	机器人编程、无人机制作、种植、石雕制作

根据上表内容分析如下：首先，按照地域特点劳动课程实施区域分为社区、实践基地、家庭、学校。其次，每个区域根据课程资源与学科的关联点设置不同的课程，具体为：一是社会资源，镇域葡萄种植园、文化特色突出的村落、蔬菜大棚、室外蔬菜种植基地、民宿、敬老院、福利院、森林公园、拓展基地、文化遗产保护地的拓片、浇筑、模拟考古等；二是实践基地，区域固定的每个学校学生都可以去的实践基地，插花、茶道、榫榫结构制作、蛋糕等糕点制作、饺子等面点制作、剪纸、衍纸、缝纫、印刷、泥塑等；三是家庭，学生所在的每个家庭，家庭日常清扫、小家电日常维护、衣物收纳、

自己房间布置、烹饪菜肴、设计制作全家的一次早餐（午餐、晚餐）、家庭花卉种植、家庭盆栽设计及养护等；四是校内，校内的学生实践基地、校内环境清扫、校内绿植养护、教室内桌椅修理、木工等设计制作等。校内处处、事事均为课程资源。

在开发和利用课程资源时，笔者及研究团队必须寻找与学科课程的联系点，确保劳动课程与学科课程的教学内容能够无缝对接，避免形成脱节的“两张皮”现象。劳动内容的融入不应仅仅为了形式，而应在教学目标的指导下，运用学科知识，将“乡村振兴”理念与劳动课程资源相结合，进行课程设计。

第四，具体设计课程。依据先前设立的 4 个课程群，我们设计了涵盖不同领域的课程。到 2022 年 3 月，青龙湖中学的劳动教育课程群初步成形。

第五，确定实施路径。自 2022 年 4 月起，我们开始实施一系列课程，其间汇聚了典型的跨学科教学设计案例，并推出了独立的课程教学设计，参加了北京市基本功大赛，并在后期荣获市级比赛一等奖。

第六，确定课程评价方式，形成课程评价体系。在 2022 年 5 月，我们根据不同的评级标准开发了评价工具，并在实际应用中对其进行了测试和优化。同时，在研学旅行项目中，我们引入了劳动课程。

第七，完善课程体系。在 2022 年 6 月至 2023 年 6 月期间，青龙湖中学成功构建了以“乡村振兴”为主题的课程体系，并在实际应用中进行了检验。同时，学校通过问卷调查和学生访谈的方式，对课程进行了深入的调研，不断对课程内容进行改进和完善。

第八，调查分析，构建南尚乐中学劳动课程体系。在 2024 年 9 月至 2025 年 1 月期间，我们将在积累青龙湖中学“乡村振兴”劳动课程体系构建经验的基础上，通过问卷调查等多种方式，对乡镇区域及学校的具体情况进行深入的调查与分析。随后，通过实地考察，我们将开发南尚乐中学的校外课程资源，并构建一系列课程群，从而初步形成南尚乐中学的劳动课程体系。

第九，优化课程体系。在 2024 年 2 月至 2024 年 4 月期间，我们将对课程体系的实施效果进行实践检验。通过发放问卷和进行学生访谈，我们将收集反馈意见，并据此不断对课程体系进行改进和完善。

3. 第三阶段，总结提升（2024 年 5 月至 6 月）

整理先前研究的资料，汇总研究成果（见表 1-2），并撰写详尽的研究报告，为项目结题做好准备。

表 1-2 课题研究成果汇总表

阶段	内容	时间
第一阶段：准备阶段	文献研究 案例研究 问卷研究 确定课题 撰写开题报告	2021 年 4 月至 6 月
第二阶段：实施阶段	课题开题 确定研究内容 开发校外课程资源 设计课程 确定实施路径 确定评价方式 实践检验 调查分析 实践检验	2021 年 7 月至 2024 年 3 月
第三阶段：总结提升	汇总成果 撰写研究报告	2024 年 5 月至 6 月

六、研究成效

研究成效主要涵盖两个方面：一是明确核心概念；二是构建了南尚乐中学以“乡村振兴”为主题的劳动教育课程体系。

（一）认识类成果

1. 教师意识发生改变

（1）明确了课程建设是学生发展的基础。一所学校若要实现自我认识、自我完善与自我超越，关键在于着力构建并优化其特色课程体系。为此，必须精心实施课程整合工作。课程整合不仅涉及增加内容，也包括精简元素，可以从课程类型整合、跨学科横向整合和学科内部纵向整合 3 个维度来展开。学校特色的核心在于其课程体系的设计，这需要投入大量时间进行深入探索。课程的终极目标是落实于课堂教学之中。

（2）明确了课堂建设是减负提质的核心。减负代表了教育理念的革新，其核心在于打造一个优质的学习氛围。课堂教学作为教师履行教学职责、达成教学目标的主要战场，若要实现“减负增效”，则必须深入探索课堂教学的各个层面，真正提升课堂教育的效率。这才能减少课堂外的补充性作业，有效减轻学生的课业负担。

2. 学生形成了正确的劳动价值观

学生通过劳动所创造的物质成果、他们所撰写的散文和诗歌等文学作品，以及他们内心深处对劳动人民的颂扬，均显现出课题研究所期望的，即培养农村学生树立基础劳动意识和正确劳动观念的关键目标已经达成。这些农村学生不仅开始更加喜爱自己生于斯长于斯的家乡，而且对那些辛勤劳作的劳动人民，包括他们的父母，也怀有更深的敬爱之情。

3. 研究团队在总结反思中研究方向更加清晰

（1）总结。劳动课程的校本化实施已成为学校的特色亮点，经过多次调研，我们发现这也是学生们最喜爱的课程之一。我们深入探究了学校的课程体系，总结出一套基于乡村振兴视域的农村中学劳动教育课程有效实施策略，并称之为“构建乡村振兴视域下的农村中学劳动教育课程体系学习”。为了巩固这些研究成果，我们出版了《基于“乡村振兴”视域的农村中学劳动教育课程体系》一书。

（2）反思。在总结的基础上，教师们持续深入地研究和分析学科教材，探索学科课程标准和劳动教育课程标准。他们不断反思自己的课堂教学实践，并通过多次研讨和案例研究，与实际课程课堂进行比较。教师们逐渐认识到，劳动教育与学科教学之间存在着紧密的联系。无论是 10％的学科实践课程还是学科教学的核心内容，劳动教育都能与乡村振兴的理念相融合。在这一持续进步的过程中，教研团队致力于设计跨学科的教学方案，将学科教学目标与劳动教育目标、乡村振兴目标紧密相连，以实现共同繁荣，从而提升学生的综合素养。

(3) 坚定课题研究目标。通过调研和案例讨论，教师们认识到，以“乡村振兴”为主题的劳动教育课程，不仅需要关注校园内部，还应拓展到校园外部；不仅要注重跨学科的学科课堂教学，还应开发具有学校特色的劳动课程。这样，学生的劳动实践就能在课堂内外形成一个连贯的学习过程。

4. 厘清了课题核心概念

(1) 乡村振兴。乡村振兴战略是党和国家决策层提出的一项具有深远历史意义的战略，其核心目标是实现农村领域的全面振兴与发展。该战略在推动经济社会发展的同时，着重于保护农村生态环境，提升农村居民的生活质量，并促进城乡一体化的进程。

关于乡村振兴的深层含义，研究者们提出，乡村复兴是对传统乡村转型概念的深化与提升。其核心内涵可细分为外在价值和内在意义。所谓外在价值，是指在城乡一体化的连续谱系中，乡村所展现的独特价值。这一价值主张让乡村保持其本质特色，通过文化传承等途径，与城市形成平等且互补的关系。内在意义，则强调在城乡平等互补的基础上，乡村内部在经济、居住环境、治理结构和村民生计等多个方面实现自我供给和繁荣发展。

自 2017 年 10 月十九大召开以来，乡村振兴战略引发了多方面的解读，学者们从各自的专业角度提出了不同的见解。他们的讨论主要集中在战略的背景、意义、涉及领域、实施路径、工作重点和存在的问题等关键议题上。中央农村工作领导小组办公室的韩俊强调，乡村振兴战略是新时代中国共产党提出的七大战略之一，对于实现全面建成小康社会和建设社会主义现代化强国具有重大意义。它是党中央对农业、农村、农民工作的新战略部署，反映了农业农村发展到新阶段的必然趋势。其核心要求是优先发展农业农村，努力实现产业兴旺、生态宜居、乡风文明、治理有效、生活富裕。

农业农村部部长韩长赋指出，将乡村振兴战略纳入党章修正案是前所未有的举措；实施这一战略是新时代“三农”工作的核心，它具有丰富的内涵和系统要求。当前，我国面临的最大发展不平衡是城乡发展不平衡，最大的发展不充分是农村发展不充分。全面建成小康社会的关键在于补齐农村这一短板，农业这一短腿。实现第一个百年奋斗目标，即全面建成小康社会，需要消除绝对贫困；而实现第二个百年奋斗目标，即国家现代化，则需要缩小城乡差距。

全国人大财经委的陈锡文认为，乡村的衰弱并非不可避免。在现代化进程中，农业、农村、农民将经历哪些变化，以及现代化后的城乡格局将呈现何种局面，这需要我们自己去探索。中国人民大学的刘守英提出，乡村振兴战略是对过去重视农业而轻视乡村的矫正，从“城乡统筹”到“城乡融合”体现了政府主导下“以城统乡”思路的转变，其核心在于城市和乡村文化的共存共荣和相互依赖。

中国社会科学院学部委员张晓山认为，实施乡村振兴战略是社会主义新农村建设的升级版，是根本上解决“三农”问题的行动纲领。与新农村建设相比，乡村振兴战略在内涵和外延上都有显著提升。产业兴旺强调了产业发展的重要性和一、二、三产业的融合发展；生活富裕则标志着农民生活水平的显著提高。治理有效强调了治理体制与结构的改革和完善，以及治理效率的提升；生态宜居则体现了乡村建设理念的升华，是一种质的飞跃。

农业农村部农村经济研究中心的宋洪远认为，乡村振兴的总要求将产业兴旺置于首位，要实现乡村产业兴旺，必须发展现代农业，通过农业供给侧结构性改革推进农业现代化，并重点抓好建设现代农业产业体系、生产体系、经营体系。实现乡村产业兴旺，必须大力推进农村各项制度改革。

国务院发展研究中心农村部的叶兴庆指出，从村容整洁到生态宜居的转变，主要体现在更加重视生态建设，在农业农村发展中尊重、顺应、保护自然，建设人与自然和谐共生的农业农村现代化。农村基础设施条件的改善和基本公共服务的普及，为实现生态宜居奠定了坚实基础。关键在于建立健全激励机制，使农民从绿色发展中有实际收益，使绿色生产成为农民的自觉行为。

中国农业大学农民问题研究所的朱启臻强调，要实现乡村振兴，必须解决撤点并校、限制农民建房、撤村并村、不尊重小农、以脱农为荣、城乡缺乏双向流动等问题。农业农村部经管司的张红宇特别强调，小农户仍然是中国农业经营的基础，也是发展农业、繁荣农村、巩固执政基础的重要力量。必须引导新型经营主体通过股份合作、产业化经营、社会化服务等方式，带动小农发展现代农业，共同分享现代化成果。①

（2）劳动教育课程体系。劳动教育课程体系是指针对劳动教育的目标、内容、实施方式和评价而构建的一整套课程体系。该体系致力于通过系统的课程设置和教学方法，使学生掌握劳动技能，养成良好的劳动习惯，提升劳动能力，并确立正确的劳动价值观和劳动态度。

义务教育劳动课程旨在培养学生的核心素养，围绕日常生活劳动、生产劳动和服务性劳动，以任务群为基本单位构建内容结构。日常生活劳动聚焦于学生个人生活事务的处理，涵盖衣、食、住、行、用等多个方面，注重培养学生的生活技能和良好卫生习惯，同时培养他们的自理、自立、自强意识。生产劳动让学生在工农业生产中直接体验物质财富的创造过程，锻炼生产技能，深刻理解物质产品的来之不易，并认识劳动与自然界之间的基本联系。服务性劳动则鼓励学生运用所学知识和技能为他人和社会提供服务，在现代服务业劳动、公益劳动与志愿服务中了解社会，树立服务意识，感悟劳动中人与人、人与自然、人与社会的相互关系，从而增强社会责任感。

《义务教育劳动课程标准（2022 年版）》规定了劳动课程内容共涵盖 10 个任务群，每个任务群由多个项目构成。具体而言，日常生活劳动领域包括 4 个任务群：清洁与卫生、整理与收纳、烹饪与营养、家用器具使用与维护。生产劳动领域则包含农业生产劳动、传统工艺制作、工业生产劳动、新技术

① 参见张强、张怀超、刘占芳《乡村振兴：从衰落走向复兴的战略选择》，《经济与管理》2018 年第 1 期。

体验与应用这 4 个任务群。服务性劳动领域则涵盖现代服务业劳动和公益劳动与志愿服务两个任务群。

此外，劳动教育课程体系亦可能涵盖一系列理论学习的元素，例如，劳动的概念、马克思主义劳动关系理论、劳动价值观、劳动实践的形式、劳动技巧和劳动文化等，旨在帮助学生更深入地理解劳动的本质及其深远意义。

在构建劳动教育课程体系的过程中，必须兼顾不同年龄段学生的特性与需求，同时考虑地方的经济社会发展水平和行业特色。此外，课程内容应注重实用性和创新性，确保劳动教育能够与时代同步，满足新时代的发展要求。

综上所述，劳动教育课程体系是一个全面、系统且实用的教育架构。其目标是通过多元化的课程安排和教学策略，培育学生的劳动技能和综合素养，为他们的未来成长打下坚实的基础。

（3）基于乡村振兴的农村初中劳动教育课程体系。乡村振兴导向的劳动教育课程体系，是一套专门为实现乡村振兴战略目标而设计的课程架构，涵盖了劳动教育的目标、内容、实施策略和评价机制。随着乡村振兴战略的不断深化，农村中学教育必须积极作出响应，致力于培育具有劳动技能和创新精神的新一代青年。在农村中学教育中，劳动教育占据着至关重要的位置，对于促进学生的全面成长具有深远的意义。

实施乡村振兴战略，不仅需要农村在经济、文化、生态等多个领域取得进步，还必须培育并吸引一群具备知识、文化素养和能力的新型农民。农村中学作为培育农村青少年的关键场所，肩负着劳动教育的重要职责。劳动教育可以培养学生掌握劳动技能、养成良好的劳动习惯，并培养他们的劳动精神，从而为乡村振兴战略的推进提供坚实的人才支持。

构建基于乡村振兴战略的农村中学劳动教育课程体系，应当遵循以下 4 个原则：首先，课程需紧密贴合农村实际，凸显实用性和地域特色。农村中学的劳动教育应与当地的农业生产紧密相连，挑选具有地方特色的劳动活动，使学生在实际操作中学习并掌握有价值的劳动技能。课程内容应与农村的生产和生活紧密相关，体现乡村产业发展的最新动态和要求。其次，课程应强调体验与参与的重要性，平衡过程与结果。劳动教育课程应鼓励学生亲身体验和积极参与，让学生在劳动中体验到辛勤与乐趣，并重视劳动成果的展示与评价，从而提升学生的成就感，并在实践中促进学习与成长。再次，课程应整合多学科知识，重视综合素养的培育。劳动教育课程应打破传统学科界限，将劳动教育与语文、数学、科学等多学科知识相结合，以培养学生的综合素养和创新思维。最后，课程设计应因材施教，根据学生的年龄特征、兴趣爱好和个人差异，制定个性化的劳动课程和实践活动。

构建与实施基于乡村振兴战略的农村初中劳动课程体系，是促进农村初中教育内涵式发展的一项关键措施。通过整合各类资源，优化课程结构，创新教学策略，我们能够培育出更多掌握劳动技能、具备劳动精神和创新思维的杰出青少年，为乡村振兴注入新的生机与活力。

（二）实践类成果

1. 建构五育并举的“尚乐”劳动教育课程体系（见表 1-3）

课程体系的构建是学校发展的关键，它直接影响着学校的教学品质、学生的全面发展和学校的综合竞争力。随着教育改革的不断深化，课程体系建设的重要性日益凸显。

课程体系，是在特定课程理念的指导下，通过有序排列和组合各个课程组成部分，以动态的方式实现既定课程目标的综合系统。从系统论的视角审视，课程体系是由众多课程要素构成的有序整体。它以特定的课程理念为核心，逐步展开，涵盖了课程目标、课程内容、课程功能、课程实施、课程评价和课程管理等多个方面。①

一所学校如何实现自我认知、自我完善与自我超越？中国教育科学研究院院长田慧生在《学校课程新样态》一书的序言中写道：“关键在于构建具有特色的学校课程体系。在确保国家课程全面且充分实施的基础上，课程建设应追求个性化发展。”

---

① 陈如平：《学校课程新样态》，开明出版社 2016 年版，第 69 页。

表 1-3　南尚乐中学基于“乡村振兴”视域的“尚乐”劳动教育课程体系（T 形）

学校文化	尚乐
办学理念	以人为本　促进发展
育人目标	培养“德行好、基础强、身心健、见识广、志向远、情怀深”的尚乐学子
课程依据	立足政策　立足本土　立足校情
课程目标　综合素养　终身发展	培养学生具备正确的劳动观念和基本的劳动技能，形成积极的劳动态度和劳动精神，提高综合素养和社会适应能力，为乡村振兴提供有力的人才支撑
课程内容　跨领域知识　七年级→九年级	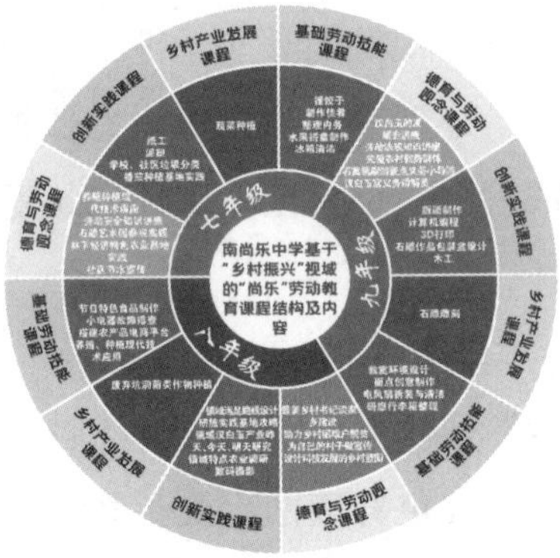
课程实施　知识内在联系　发现→解决问题	课程形式：独立课程、融合课程、主题课程、项目活动、专题讲座
	实施模式：2＋4＋1 “2”：必选＋自选；“4”：基础劳动技能课程、乡村产业发展课程、创新实践课程、体育劳动观念课程；“1”：发现问题、解决问题的能力
	实施原则：科学性、系列化
课程评价　评价多元　发展性评价	评价方式：必选＋自选，定性＋定量
	评价主体：学生个人、小组其他同学、指导教师、家长、实践基地课程指导教师等
	评价工具：校本课程评价表（1 个）、不同类型课程学生评价表（4 个，分别为时时评价表、校外劳动活动任务单、研究报告评价表、劳动成果评价表）

2. 开发了丰富的课外实践基地

（1）建立种植养殖实践基地。

大石窝镇的现代林下经济园以其林业、畜牧业、农业产业的有机整合而著称，不仅在保护生态环境的同时实现了产业的共赢，还为学生提供了实践劳动的机会，让他们亲身体验现代化林下经济的理念，并学习多方面的农业种植养殖技能。这不仅提升了他们的劳动技能，还让他们融入现代农业的理念；大石窝镇的山洞蘑菇种植产业基地，以其产业转型和生态保护而闻名，成为一个特色亮点。过去用于采挖石材而留下的深邃洞穴，如今被开发用于种植蘑菇。这些蘑菇不仅直接供应市场销售，还被用来开发特色蘑菇宴，吸引了众多食客前来品尝，从而推动了山洞蘑菇餐饮业的发展。在实践中，学生们不仅体验了蘑菇种植的过程，还深刻体会到了生态保护的重要性，理解了“绿水青山就是金山银山”的理念，从而激发了他们从爱护身边的一草一木做起，培养爱国爱家乡的情怀。

（2）研学旅行基地。

在九年级的“传承红色基因”研学旅行课程中，学校利用房山区原平西抗日根据地和北京市房山区黄山店红色背篓两个红色教育基地作为现场教学资源。课程内容包括博物馆课程、现场参观、听取史学家讲解、实地考察以及劳动课程的实施，旨在让学生逐步感悟抗日战争英烈的牺牲精神和和平年代楷模的奉献精神。通过这些活动，学生不仅完成了价值体认的教育目标，还参与了“义务讲解员”“制作小白花”“擦拭墓碑”“背篓上山送货体验”“收纳整理旅行箱”“整理内务”“收拾餐桌”和“安排住宿”等劳动课程。在真实的本土研学情境中，培养了学生的劳动观念、劳动能力、劳动品质、劳动习惯和劳动精神。

（3）提供精选课程。

房山区中小学实践基地提供了 22 门精选课程，包括插花、鲁班锁制作、蛋糕制作等，供学校选择作为学生学习的资源。这些课程与学生的实践活动紧密结合，旨在提升学生的烹饪、木工和艺术技能，同时增强他们的文化修养。此外，这些课程还为家务劳动课程提供了必要的技术支持。

（4）家庭劳动基地。

强化家校协作，构建劳动教育的协同效应。与家长紧密合作，增进沟通与协作，引导家长重视并支持孩子的劳动教育，共同关注学生的劳动成长，共同营造积极的劳动教育环境，形成教育的协同力量。在日常家务劳动和家庭种植养殖活动中，发挥指导作用，确保安全，同时家长与孩子共同参与劳动，促进了亲子间的情感交流。学生在劳动实践中，感悟到家长的辛劳，认识到劳动对生活的贡献，并学会尊重每一位辛勤的劳动者。劳动的基本素养，在与家庭成员共同参与劳动的过程中最容易培养。

为了培养学生的实际劳动技能和多样化经验，我们应将家庭转变为学生劳动实践的训练基地，将社会打造为学生劳动学习的广阔课堂。通过充分发挥学校在劳动教育中的主导作用，家庭的基础支持作用，以及社会的广泛支持作用，我们可以确保劳动教育课程得到有效实施。家庭、学校和社会共同构成了学生劳动教育不可或缺的完整链条。

3. 确立基于乡村振兴视域的劳动教育课程目标体系

（1）总目标。

基于乡村振兴的农村初中劳动课程体系旨在培养学生具备正确的劳动观念和基本的劳动技能，形成积极的劳动态度和劳动精神，提高综合素养和社会适应能力，为乡村振兴提供有力的人才支撑。

（2）课程总目标“T形”分解。

“横”：是指综合素养，其体现为德智体美劳综合素养。

“纵”：是指终身发展——体现在年级、单元、课时、活动任务等诸方面，课程目标是连续的、进阶的。

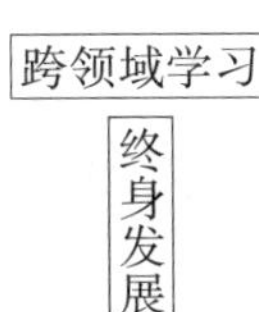

（3）七至九年级阶段目标（见表1-4）。

表1-4 七至九年级阶段目标

年级	课程内容
	基础劳动技能课程、乡村产业发展课程、创新实践课程、德育与劳动观念课程
	目标
七年级	具备安全意识；能够制作基础作品，完成日常家务劳动，掌握基本的劳动技能，并养成良好的劳动习惯；初步具备运用学科知识解决劳动过程中遇到问题的能力；能够感知并欣赏家乡的特色，积极参与到服务家乡的劳动中，展现出对家乡的深厚情感
八年级	在劳动过程中，能够主动识别并规避风险，并及时发出警示；掌握与劳动相关的法律法规，成为新时代的创新型劳动者；能够独立设计并制作作品，将个人的思想和审美融入其中；具备科技创新的意识，完成至少一到两个与农村发展相关的科技项目；深入挖掘家乡的特色文化，组织表达并积极参与推广家乡的活动；通过调查研究，参与至少一次或两次服务乡村的志愿活动，成为家乡所需的未来接班人
九年级	具备劳动前分析并预防危险的能力；能具有深入调研，撰写研究报告，发现问题、解决问题，为家乡建设提出合理化建议的能力；具备运用时代信息技术为家乡做贡献的能力；完成一篇或两篇有关家乡未来建设或者解决目前家乡存在的现实问题的建议书；融入家乡，做新时代家乡的建设者

4．形成了“尚乐”劳动教育课程结构及内容（见表1-5）

（1）课程内容。

依据《义务教育劳动课程标准（2022年版）》，南尚乐中学构建了一横一纵“T形”劳动教育课程体系，该体系融合了学校的独特文化、办学理念和育人目标。课程体系将“日常生活劳动、生产劳动、服务性劳动”三大板块校本化具化为“基础劳动技能课程、乡村产业发展课程、创新实践课程、德育与劳动观念课程”四大领域。同时，将十大任务群的内容校本化融入每个主题和项目中，致力于打造一个以“传统＋现代”和“文化＋科技”为特色的劳动课程框架，实现学校、家庭、社会三方一体化协同。

（2）课程总内容“T形”分解。

“横”：是指跨学科的学习方式。各课程依据其特性和教育价值，与劳动教育课程深度整合，创设跨学科主题学习项目。通过“强化学科间的相互联系，推动课程的综合化实施”，增强学科与日常生活、社会互动和学生个人经验的结合。精心规划并协调分工，以促进课程间的协同效应，培养学生在学科深度和视野广度上的综合能力。在此基础上，鼓励学生参与真实世界和创新性的实践活动。

表 1-5 南尚乐中学基于“乡村振兴”视域的“尚乐”劳动教育课程结构及内容

年级	课程			
	基础劳动技能课程	乡村产业发展课程	创新实践课程	德育与劳动观念课程
七年级	捏饺子 制作佳肴 整理内务 水果拼盘制作 冰箱清洁	蔬菜种植	纸工 泥塑 学校、社区垃圾分类 番茄种植基地实践	养殖种植现代技术讲座 劳动安全知识讲座 石雕艺术园参观实践 林下经济特色农业基地实践 社区节水宣传
年级	课程			
	基础劳动技能课程	乡村产业发展课程	创新实践课程	德育与劳动观念课程
八年级	教室环境设计 面点创意制作 电风扇拆装与清洁 研旅行李箱整理	石雕雕刻	版画制作 计算机编程 3D 打印 石雕作品包装盒设计 木工	汉白玉的发展史讲座 劳动法规知识讲座 关爱农村弱势群体 石窝镇旅游景点义务小导游 汉白玉宫义务讲解员
九年级	节日特色食品制作 小电器故障排查 搭建农产品电商平台 养殖、种植现代技术应用	废弃坑洞菌类作物种植	镇域远足路线设计 研旅实践基地攻略 镇域汉白玉产业昨天、今天、明天研究 镇域特点农业调研 数码摄影	最美乡村书记谈家乡建设 助力乡村困难户脱贫 为自己的村子做宣传 设计科技发展的乡村蓝图

“纵”：是指代表学段内学习任务的逐步提升。根据学生在初中阶段认知、

情感、社会性等方面的成长和变化，调整课程的深度和广度，确保学习目标的连贯性和递进性。针对七至九年级不同学段的学生需求和学科特点，设计相应的课程内容。

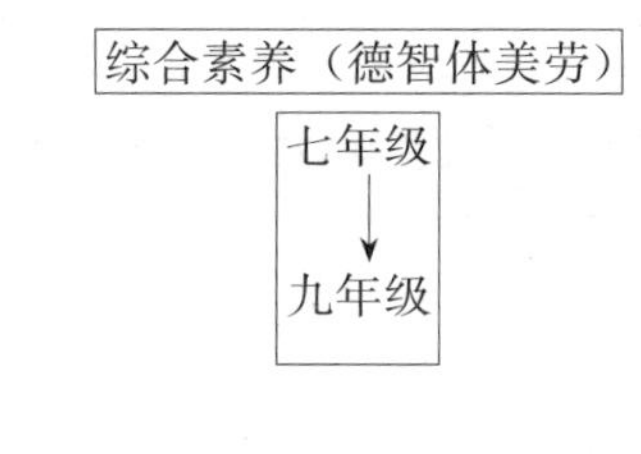

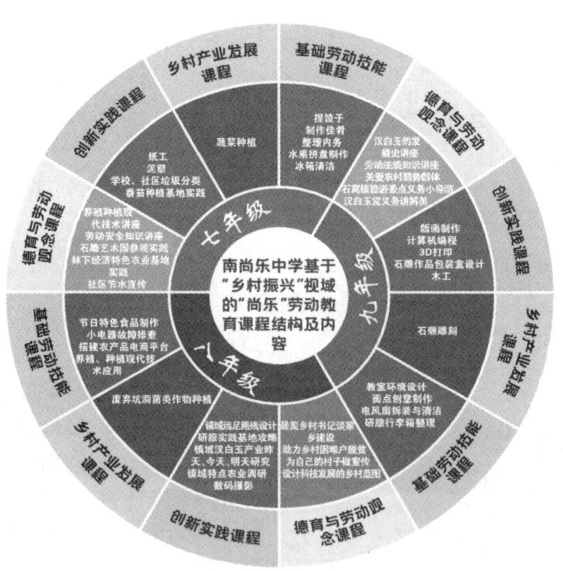

南尚乐中学基于“乡村振兴”视域的“尚乐”劳动教育课程结构及内容图

5. 探索出农村中学劳动教育课程实施路径与评价体系

（1）劳动教育课程实施路径。

在课程实施阶段，笔者及研究团队注重两个维度：横向的广度和纵向的深度。所谓“横向”，是指我们致力于构建真实情境，整合有价值的资源，并鼓励学生通过类比思考，实现知识的融会贯通，从而加深对知识内在联系的理解。

“纵”：是指重视问题串和任务链的展示与引导，使学生能够亲身体验活动的整个过程，包括发现、解决问题，以及构建和应用知识。

第一，以“乡村振兴”为核心理念的劳动教育课程，以大石窝镇的地域文化和现代农业科技为主要内容，设计了多种教学形式。这些包括独立课程（如整理内务）、融合课程（如石雕雕刻）、主题活动（如为自己的村庄进行宣传）、项目活动（如对镇域汉白玉产业的历史、现状与未来发展进行研究），以及专题讲座（如最美乡村书记分享家乡建设的经验）等。

独立课程与融合课程相对，旨在专门培养学生的基础生存技能，属于纯粹的劳动教育课程；融合课程则将劳动教育与其他学科内容相结合，如德育、志愿服务、综合实践活动和研学旅行等。主题活动课程则聚焦于特定主题的活动安排。项目活动通常涉及较长时间跨度，以课题研究的方式进行。专题讲座则旨在激发对乡村的热爱和培养劳动价值观，由镇域内的文化传承者、杰出的专业技术人员和优秀的乡村建设管理者担任讲师。

第二，课程的实施遵循 2＋4＋1 的结构模式。“2”代表了课程设置中必修与选修课程的结合；“4”涵盖了 4 类核心课程，包括基础劳动技能、乡村产业发展、创新实践和德育与劳动观念；而“1”则强调了培养学生解决问题能力的重要性。在课程实施过程中，我们积极倡导多维度、跨学科的融合教学方法。

第三，实施时需遵循科学性与系列化原则。所谓科学性，意味着每门课程——无论是独立课程还是融合课程，无论是主题活动、项目活动还是专题讲座——都必须具备详尽的课程纲要，并配备明确的评价工具。系列化原则要求每个学科领域的课程从七年级至九年级进行系统化设计与实施，以符合学生的认知发展规律，并体现课程建设中学习螺旋式上升的理念。

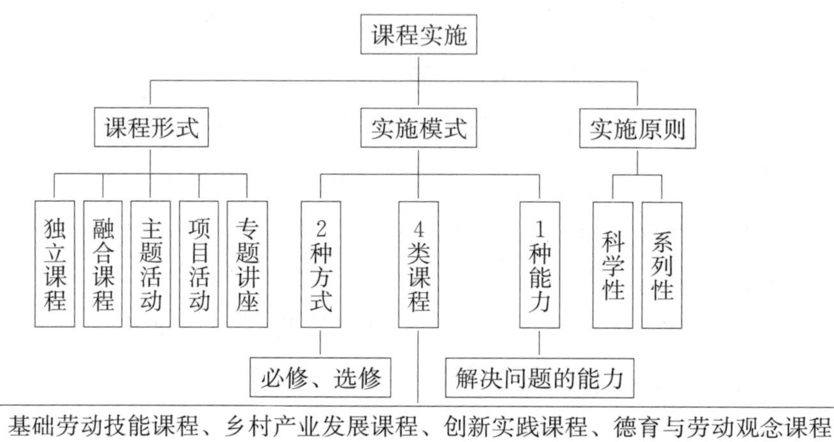

南尚乐中学基于“乡村振兴”视域的“尚乐”劳动教育课程实施图

(2) 立体多维的劳动教育课程评价体系。

第一，课程评价。在乡村振兴的大背景下，劳动教育成为中国特色社会主义教育体系中不可或缺的一部分，它直接塑造着社会主义未来接班人的劳动价值观、技能水平和精神风貌。因此，在设计劳动教育课程时，必须与乡村振兴战略紧密结合，通过双方的积极互动，促进融合式发展。南尚乐中学构建的基于乡村振兴的劳动教育课程体系，从 4 个维度出发构建课程，并依据客观公正的原则，从目标、内容、过程、结果等多个方面进行评价，目的是确保劳动教育课程的有效实施。

劳动教育评价是劳动教育活动的关键环节，它作为衡量劳动教育质量的一个重要标准。与文化课程的评价不同，劳动教育评价是一个复杂的过程。南尚乐中学的“基于乡村振兴的劳动教育课程”在实施过程中，将过程与结果、定量与定性、教学与学习相结合，从多个角度和全方位进行评价。通过运用多元和发展的评价方法，旨在促进和改善学生的学习效果。

第二，课程评价“T 形”分解。“横”：是指评价主体、评价内容、评价方式等的多元性。“纵”：是指过程评价、增值评价、结果评价等的发展性。

评价多元

发展性评价

第三，评价具体实施。首先，建立评价组织机构。由德育处和教学处共同承担职责，教学副校长担任总负责人。在这一框架下，教学副校长全面负责协调与管理工作，德育主任则专注于学生实践活动的组织与指导，而教学主任则负责学分的审核与认定。其次，确立评价内容。本评价内容依据《义务教育劳动课程标准（2022年版）》界定的核心素养内涵，并借鉴了朱硕阳在其硕士学位论文《乡村振兴背景下劳动教育评价体系及评价系统研究》中所提出的“学校劳动教育效果评价体系”的相关理论。

评价体系的一级指标共计4项：劳动观念、劳动能力、劳动品质和劳动精神。该体系下设有24个二级指标。具体而言，劳动观念涵盖以下4个二级指标：对劳动价值的认识、对劳动的尊重、对劳动的崇尚和对劳动者的热爱。劳动能力则包括以下10个二级指标：相关专业知识、劳动安全知识、劳动法规知识、相关专业技能、劳动创造力、团队合作能力、信息技术能力、劳动风险防范能力、分析解决问题的能力和设计制作能力。劳动品质和习惯方面包含6个二级指标：诚实守信、自觉自愿、乐于奉献、勇于探索、持续学习和安全规范。最后，劳动精神由以下4个二级指标构成：百折不挠、艰苦奋斗、追求卓越和奋斗创新。

第三，评价方式。一是必选与自选相结合，由教务处负责监督，学生需在每学期完成为期两天的农村主题实践劳动，并提交两份劳动活动记录单；每年度提交一份项目活动研究报告；每个学期需完成一项劳动成果，该成果可以是文学作品，或是创意制作作品，如衍纸、石雕、泥塑等，抑或是体现劳动元素的艺术作品，如书法、绘画、摄影、手抄报等。主题活动、项目活动和劳动成果的具体内容由学生自行选择；二是结合定量与定性分析，实施即时与综合评价。课程结束后，我们应立即进行即时评价，如在捏饺子课程结束后，迅速采用实践劳动评价表进行评估；阶段评价则是在一个学期结束时对学生进行一次全面评价，并将结果记录在综合素质评价平台上。这种方法既确保了对学生劳动量的准确记录，也使学生的生活技能评价得以明确展现。即时评价强调评价的持续过程，综合评价则着重于对学生劳动能力是否达到标准的最终考核，体现了评价的结论性。

学期综合评价的计算方式如下：首先，将学生在各课程中的平时成绩汇总并计算平均值。其次，将两次劳动活动的记录单成绩平均。再次，如果本学期有项目活动研究报告，则将其分值纳入计算，若无则不计入。最后，将劳动成果转换为相应的分值。综合这些分值后，依据南尚乐中学的定性和定量核算标准进行转换，最终确定等级，并将其记录在综合素质评价平台上。

南尚乐中学的定性与定量核算方法如下：首先，将评价等级转换为分值，具体为：A 等级对应 90 分，B 等级对应 60 分，C 等级对应 50 分。其次，将分数转换回等级：若平均分达到或超过 85 分，则考核结果为 A；若平均分在 60 分及以上，则考核结果为 B；若平均分低于或等于 50 分，则考核结果为 C。（注：鉴于评价者可能不止一人，在将评价等级转换为分值时，若将 A 等级定为 85 分，则需要所有评价者均给出 A 等级评价，平均分才能达到 85 分。然而，这种设定并不符合实际情况，因为学生表现出色的几率并不高。因此，采用 90 分作为 A 等级的分值，只要至少有两位评价者给出 A 等级评价，最终平均分就有可能超过 85 分。这样的调整更有利于激励学生参与劳动实践，与课题组的评价目的更为契合。）

第四，评价主体。劳动评价的主体具有多样性，根据具体的劳动课程内容来确定不同的评价主体。评价主体包括学生本人、同组的其他同学、指导教师、家长和实践基地的课程指导教师等。每次进行劳动评价时，评价主体的人数不得少于 3 人。

第五，评价工具。评价工具涵盖两个主要方面：一是针对校本课程开设情况的评价量表；二是针对不同类型课程的学生评价表。

A：校本课程开设评价表（见表 1-6）。

表 1-6　南尚乐中学校本课程评价表

评价内容	评价维度		评价分值	得分
课程纲要	课程背景	有调研过程，与学生需求适切	5	
		落位学校育人目标	5	
		课程资源支撑有力	5	
	课标确定	课程目标设定科学、具体、可行，体现三维目标，符合学生实际	10	
	课程内容	符合学生实际需求，与课程目标一致，符合新课改理念	10	
	课程评价	评价措施具体，包括内容、方法、主体。权重明确。评价形式多样，书面评价与表现性评价结合	10	
课程实施	教学态度	备课充分，及时候课，师生教和学材料充分	10	
	教学过程	目标导学，问题引领。学生合作探究，教学环节清晰，实效性强	20	
	教学评价	围绕课标，多主体评价，多采用激励性评价，注重过程性评价，关注学生发展	10	
课程价值	能促进学生、教师、学校共同发展		15	

注：

（1）评价工作由学校课程建设领导小组负责执行。

（2）课程评价的等级分数标准如下：优秀为 90 分及以上，良好为 80 分至 90 分，合格为 60 分至 79 分，而 60 分以下则视为不合格。只有达到良好及以上的课程才能被纳入学校课程体系；对于合格但未达到良好的课程，需进行改进并重新评估。不合格的课程将不被批准开设。

B：不同课程学生评价量表。其包括时时评价量表、学生校外活动记录单、学生项目活动研究报告评价表、劳动成果评价表（见表 1-7、表 1-8、表 1-9、表 1-10）。

表 1-7　南尚乐中学基于“乡村振兴”视域的“尚乐”劳动教育课程时时评价量表

<table>
<tr><th colspan="2" rowspan="2">评价内容</th><th rowspan="2">评价标准（分为 A\B\C3 个等级）</th><th colspan="3">评价结果</th></tr>
<tr><th>A</th><th>B</th><th>C</th></tr>
<tr><td rowspan="4">劳动观念</td><td>劳动价值认识</td><td rowspan="4">尊重劳动，尊重每一位辛勤的劳动者，深刻理解各行各业劳动者所承受的辛劳与收获的喜悦，是至关重要的。我们应当正确领会劳动对于塑造个人生活、家庭幸福、社会进步、国家繁荣乃至人类文明发展的重要性。认识到劳动是塑造人的力量，是创造美好生活的源泉。我们应当推崇劳动，确立劳动是最光荣、最高尚、最伟大、最美丽的信念</td><td rowspan="4"></td><td rowspan="4"></td><td rowspan="4"></td></tr>
<tr><td>尊重劳动</td></tr>
<tr><td>崇尚劳动</td></tr>
<tr><td>热爱劳动者</td></tr>
<tr><td rowspan="10">劳动能力</td><td>相关专业知识</td><td rowspan="10">具备基本的家庭、学校、乡村等劳动的基本劳动知识和劳动技能，能正确使用常用的劳动工具，能在劳动实践中增强体力，提高智力和创造力，具备完成一定劳动任务所需要的设计能力、操作能力、团队合作能力和防范劳动风险的能力，在劳动过程中展现发现问题与解决问题的能力</td><td rowspan="10"></td><td rowspan="10"></td><td rowspan="10"></td></tr>
<tr><td>劳动安全知识</td></tr>
<tr><td>劳动法规知识</td></tr>
<tr><td>相关专业技能</td></tr>
<tr><td>劳动创造力</td></tr>
<tr><td>团队合作能力</td></tr>
<tr><td>信息技术能力</td></tr>
<tr><td>劳动风险防范能力</td></tr>
<tr><td>分析解决问题能力</td></tr>
<tr><td>设计制作能力</td></tr>
<tr><td rowspan="6">劳动品质和习惯</td><td>诚实守信</td><td rowspan="6">具有安全劳动、规范劳动、有始有终等习惯，能养成自觉自愿、认真负责、诚实守信、吃苦耐劳、团结合作、珍惜劳动成果等品质</td><td rowspan="6"></td><td rowspan="6"></td><td rowspan="6"></td></tr>
<tr><td>自觉自愿</td></tr>
<tr><td>乐于奉献</td></tr>
<tr><td>勇于探索</td></tr>
<tr><td>持续学习</td></tr>
<tr><td>安全规范</td></tr>
<tr><td rowspan="4">劳动精神</td><td>百折不挠</td><td rowspan="4">领会“劳动是一切幸福的源泉”“幸福是奋斗出来的”的内涵和意义；继承中华民族勤俭节约、敬业奉献的优良传统；弘扬开拓创新、砥砺奋进的时代精神；感知爱岗敬业、甘于奉献的劳模精神；理解并践行百折不挠、艰苦奋斗的革命精神，以及精益求精、追求卓越的工匠精神</td><td rowspan="4"></td><td rowspan="4"></td><td rowspan="4"></td></tr>
<tr><td>艰苦奋斗</td></tr>
<tr><td>追求卓越</td></tr>
<tr><td>奋斗创新</td></tr>
</table>

注：

（1）评价标准：A 代表优秀，B 代表合格，C 则表示需要进一步努力。

（2）评价主体：学生本人、小组内的其他学生、指导教师、家长和基地教师等。具体课程将确定至少 3 位评价人。

（3）评价结果的计算方式如下：首先，将每位评价人的评价等级转换为相应的分值并相加，然后计算平均值。具体分值为：A 等级对应 90 分，B 等级对应 60 分，C 等级对应 50 分。其次，根据平均分确定最终的评价等级：若平均分≥85 分，则评价结果为 A；若平均分≥60 分且小于 85 分，则评价结果为 B；若平均分<60 分，则评价结果为 C。

表 1-8 南尚乐中学学生基于“乡村振兴”校外劳动活动记录单

劳动时间	
参加人	
劳动地点	
劳动内容	
劳动过程	
小组同学评价 （组长填写）	
教师评价 （小组指导教师填写）	
社区鉴定评价 （在相应评价结果位置盖章）	（评价等级为 A＼B＼C 三等，即优秀、合格、不合格） 评价结果： 评价人签字：
劳动反思	

注：劳动活动评价成绩采用劳动单位的评价等级成绩。

表 1-9　南尚乐中学学生基于“乡村振兴”项目活动研究报告评价表

评价内容	评价标准	评价结果
背景分析	活动原因表述清晰，劳动与乡村振兴元素联系紧密	
研究方法	研究方法恰当，促进了项目有效开展	
研究内容	研究内容具体，主题符合“劳动与乡村振兴”大主题活动的要求	
研究实施	步骤清晰、完整，符合实践资源单位的实际情况	
研究成果	成果有代表性和实际意义，具有创新性	
报告整体	结构清晰，文字流畅，图表制作规范美观，报告项目完整	

注：

（1）评价分为 A、B、C3 个等级，其中 A 级代表优秀，B 级代表合格，C 级代表不合格。（2）劳动成果的评价要求学生进行展示和汇报，因此，评价内容综合了学生现场汇报、交流和展示的情况。

表 1-10　南尚乐中学学生劳动成果评价表

成果名称	完成成员			指导教师			
成果立意	A	B	C	研究计划	A	B	C
	好	较好	有缺陷		详细具体	基本合格	简单缺项
任务分工	A	B	C	成果表达	A	B	C
	明确	较明确	不明确		清晰	较清晰	条理不清
应答能力	A	B	C	技术含量	A	B	C
	强	较强	较差		高	较高	简单应付
制作过程	A	B	C	学生风貌	A	B	C
	齐全	较齐全	简单缺项		大方得体	状态一致	状态欠佳
各项具体评分统计							
成果立意	活动计划	任务分工	报告表达	应答能力	技术含量	制作过程	学生风貌
综合成绩 等级表示 A—C				评委签名			

注：

1. A 项评审标准

（1）成果立意：项目需符合科学原理，具有创新性，并与个人的知识、能力和兴趣相匹配。成果应具备实际操作性，并与乡村振兴的主题紧密相连。

（2）研究计划：研究计划应详尽完整，各阶段的时间安排、任务目标应明确无误，确保无遗漏；研究内容需具体明确。

（3）任务分工：活动任务应详细清晰，确保各项指标任务能够具体分配至各个组员。

（4）成果表达：文字表达需简洁、流畅且清晰，观点明确，展现出独特的见解。

（5）应答能力：应具备充分准备以应对质疑，能够准确抓住问题核心，清晰讲解，逻辑性强。小组成员间应能有效协作，展现出良好的应变能力。

（6）技术含量：项目应结合乡村振兴主题，运用衍纸、陶艺、木工、种植等传统技术，或现代信息技术、科技技术、互联网技术等，展现出鲜明的特色。

（7）制作过程：应展示真实的劳动设计和制作的完整过程，强调劳动过程中的安全意识。

（8）学生风貌：学生应保持仪表整洁，精神饱满，表现出大方得体的态度。

2. 具体评审办法

（1）请根据A项评审标准逐一进行评价，并在相应的等级选项上打钩。每个评价内容仅限选择一个等级进行标记。

（2）依据既定的等级互换规则，计算出最终的评价等级成绩。

第六，保障措施。首先，应加强师资队伍建设，提升教师劳动教育能力。目前，学校拥有一名专职劳动教师，而班主任则由一个兼职教师团队组成。教师不仅是教育理念的传播者，也是其实践者。鉴于学校师资的实际情况，并结合课程实施的需求，学校采取了多种措施，有效增强了劳动专兼职教师对劳动教育的理解和技能。通过这些努力，我们致力于培养一支既具备专业知识又掌握必要技能的劳动教育师资队伍，以确保劳动教育课程能够顺利而有效地开展。一是鼓励教师积极参与市级和区级的劳动课程标准培训和教研活动，以明确课程理念；二是邀请劳动教育领域的专家和专业人士为师生举办讲座，以提高师生对乡村建设的理解和乡村产业技术的水平；三是基于学生核心素养的发展和综合能力的提升，学校致力于推进课堂教学的“融合”实施。我们致力于使日常课堂教学成为劳动教育扎根成长的肥沃土壤，让每位教师都成为学生劳动实践的指导者，为劳动教育课程的实施提供坚实的教师支持。其次，延展教学设施与场地，形成校外校内完整的课程资源链条。真正的教育绝非仅限于学校范畴，它需要家庭、学校和社会三方面的共同努力与承担。劳动教育亦是如此，应充分利用校内外的资源，开拓多样化的劳动实践领域和途径。例如，设立校园服务岗位，鼓励学生参与各种服务性劳动；创建“小菜园实践基地”，让学生在播种、栽培、收获的过程中学会观察、实践和感悟，从而丰富劳动的形式和内涵。同时，根据学生的成长需求，开发校外劳动课程资源，并建设相应的教学设施和实践场所，为劳动教育提供坚实的物质基础。再次，建立评价与激励机制，激励学生积极参与。构建一个科学的劳动教育评价体系，将过程评价与成果评价相结合，以客观公正的态度评估学生在劳动教育中的表现。通过表彰杰出学生和展示劳动成果等手段，旨在点燃学生参与劳动教育的热情，增强他们的积极性，并激发他们的创新精神和创造力。最后，经费保障，确保劳动课程顺利开展。确保对劳动教育的资金投入，为课程的执行提供必要的物质支持。

第七，监督评估，以评促发展。构建劳动课程执行情况的监督与评估体系，以确保课程质量得到有效的提升。

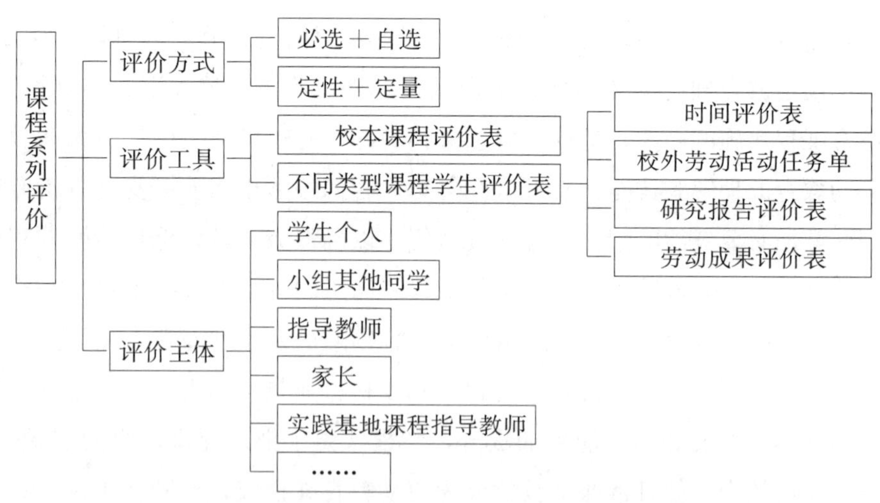

南尚乐中学基于“乡村振兴”视域的“尚乐”劳动教育课程系列评价图

经过上述讨论，可以看出：构建一个以乡村振兴为导向的农村中学劳动教育课程体系，是一项涉及多方面的综合工程。它要求学校、教师、家长和社会各界携手合作。通过打造一个科学且合理的劳动教育课程体系，我们能够显著提高学生的劳动技能和创新精神，从而为乡村振兴战略提供坚实的人才支持。展望未来，我们将持续深化对农村中学劳动教育改革与发展的研究与实践，致力于培育更多杰出的新时代青年，为社会作出贡献。

综上所述，构建并实施以乡村振兴为导向的农村初中劳动课程体系，是促进农村初中教育内涵发展的一项关键措施。通过整合各类资源、优化课程结构，并创新实施方法，我们能够培育出更多拥有劳动技能、劳动精神和创新思维的杰出青少年，为乡村振兴注入新的生机与活力。

七、成果创新之处

在乡村振兴战略的大背景下，农村初中教育作为培养新时代农村青少年全面发展的关键基地，其劳动教育课程体系的构建显得尤为重要。本研究具有以下几个创新点。

（一）构建“T 形”劳动教育课程体系，优化学校“尚乐”课程体系

笔者在构建课程体系方面，既实现了课程内容的丰富性、综合性和完整性，形成了校内外劳动课程的连贯学习链条，又确保了课程目标的明确性、过程的连贯性和发展的持续性。通过“横向联合”与“纵向深入”的结合，我们构建了一个以“传统与现代”“文化与科技”为特色的劳动课程框架，实现了学校、家庭、社会三方一体化的协同教育。此外，七至九年级学生的综合素养也呈现出螺旋式上升的趋势。

（二）基于乡村振兴视角，发挥了地域资源的教育价值和经济价值

本研究在构建课程体系时，紧密贴合了当地农村的现实状况和地域特征，将劳动教育与乡土文化、传统技艺等元素融合，让学生在参与劳动的过程中体验到乡村的独特魅力和深远价值，从而加深了他们对乡村的认同感和归属感。这种融入地域特色的课程规划，不仅拓展了劳动教育的内涵，还显著提升了学生的学习热情和参与度。

（三）强调亲身实践体验，提升了学生综合能力

在构建课程体系的过程中，笔者特别强调学生的实践体验。通过引入多

种劳动实践活动课程，课程内容变得生动多彩，使学生在亲身参与中习得劳动技能，养成良好的劳动习惯，并树立正确的劳动价值观。此外，这些实践活动还致力于增强学生的综合能力，涵盖团队合作、创新思维、问题解决等关键领域，为学生的全面成长打下了坚实的基础。

（四）构建立体多维评价体系，引领与保障了学生劳动素养的培养

为确保劳动教育课程体系的有效实施与效果评估，构建了一套科学且合理的评价体系。该体系全面覆盖学生在劳动观念、劳动技能、劳动品质与习惯和劳动精神等方面的评价，采用多元评价主体，以全面反映学生在劳动教育中的表现与进步。此外，通过评价结果的反馈与指导，旨在帮助学生识别自身的不足之处，进而激发他们进一步学习的动力和热情。

（五）引入现代信息技术，创新教学模式

在构建劳动教育课程体系的过程中，我们积极采纳现代信息技术，包括网络教学平台和虚拟现实技术等，以创新教学方法。这些先进工具的融入，不仅拓展了教学的手段和资源库，还增强了教学的趣味性和实际效果。举例来说，网络教学平台能够实现远程教学和资源的共享，确保学生无论身在何处都能接受劳动教育；虚拟现实技术的应用，则允许我们模拟真实的农业生产场景，让学生在仿真的环境中进行实践操作，从而显著提升学习成效。

八、研究成效与成果推广

（一）研究成效

1. 增强了乡愁意识

作为一所农村中学，我们立足实际，选择了“基于乡村振兴视域的农村中学劳动课程体系建构的研究”作为课题。我们的目标是通过这一研究，帮助乡村学校的学生树立正确的劳动价值观，让他们在怀揣着对乡土的深情中学习和生活，并在学业有成后回馈农村，为乡村振兴贡献力量。在进行多种形式的调研过程中，我们欣喜地观察到学生们对劳动的态度正在发生变化，他们对乡村的认识也在逐步转变。

通过种植体验，我学会了运用学科知识解决问题的方法，掌握了一项劳动技能，并感受到了劳动的辛苦。虽然我们种的草莓很小，但我感觉很甜。这次劳动让我更加敬重村里祖祖辈辈的老人，也更加热爱自己的家乡。我不再觉得干农活儿是一件丢人的事，每一件农活儿都不是简单的小事。我也想将来报考农业方面的大学，用我所学建设家乡。

——学生语文随笔

孩子知道心疼人了，也能帮助家里干些农活儿了！

——某家长在家长会上的发言

2. 课程实施助力乡村脱贫

学校精心设计的研学旅行课程与“乡村振兴”主题的劳动教育课程相结合。在旅行过程中，学生们不仅实现了课程的教育目标，还通过在农家院落居住和用餐，为当地乡村经济带来了积极影响。此外，其他实践基地的课程活动也为家乡的经济建设提供了资金支持。

“关爱农村弱势群体”这一课程的价值尤为显著。两个小组的学生在村子里的山坡上发现了柿子树，柿子成熟后，无人采摘，任其自然掉落。他们向村委会咨询意见，并在得到许可后，将柿子采摘下来。在镇上的集市开放时，他们将柿子带到集市上出售，尽管过程艰辛，但最终还是获得了经济收益。他们用卖柿子所得的资金，在村委会的协助下，帮助了村里的低保户。小组成员都感到非常有成就感，深刻体会到了劳动创造价值的意义。

（二）研究成果推广

1. 固化了研究成果，推广经验

在研究的基础上，研究团队梳理研究成果，为把自己的思考、实践经验与反思和大家分享，为其他相关研究提供借鉴，出版发行了《基于“乡村振兴”视域的农村中学劳动教育课程体系建构》一书。

2. 研究观点，交流分享

申立菊撰写的课题研究论文《农村中学劳动教育与“乡村振兴”的融合路径》，于2023年在《启迪》杂志（国际标准刊号 ISSN2097—3039）第12期上发表。此外，范桂明与李彤跃共同撰写的《劳技与物理学科整合教学模式下提高学生科学素养的初探》文章，在2021年北京市教育学会劳动技术教育专业委员会举办的教师征文活动中荣获论文一等奖。

3. 课堂教学，经验辐射

“小体验，大收获——带着课题去旅行”这一主题活动课例，在2021年北京市中小学综合实践活动教师教学基本功培训与展示活动中荣获一等奖，该活动由北京市教育科学研究院基础教育研究中心主办。同样，该中心在2020年举办的北京市基础教育优秀课堂教学设计评比中，“创意印刷”课程设计荣获一等奖。此外，“衍纸创意制作”课程设计也在2019年北京市基础教育优秀课堂教学设计评比中荣获一等奖，该评比亦由北京市教育科学研究院基础教育研究中心负责。

证书

房山区青龙湖中学申立菊老师展示的《小体验 大收获——带着课题去旅行》主题活动课例在2021年北京市中小学综合实践活动教师教学基本功培训与展示活动中获得现场展示一等奖。特此证明。

北京教育科学研究院基础教育教学研究中心

2021年11月

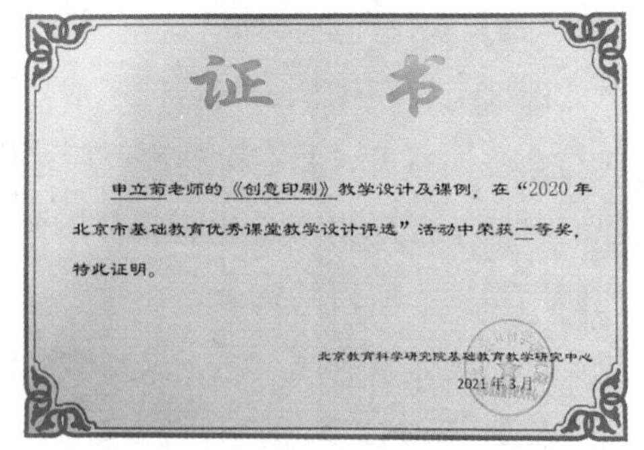

证书

申立菊老师的《创意印刷》教学设计及课例，在“2020年北京市基础教育优秀课堂教学设计评选”活动中荣获一等奖，特此证明。

北京教育科学研究院基础教育教学研究中心

2021年3月

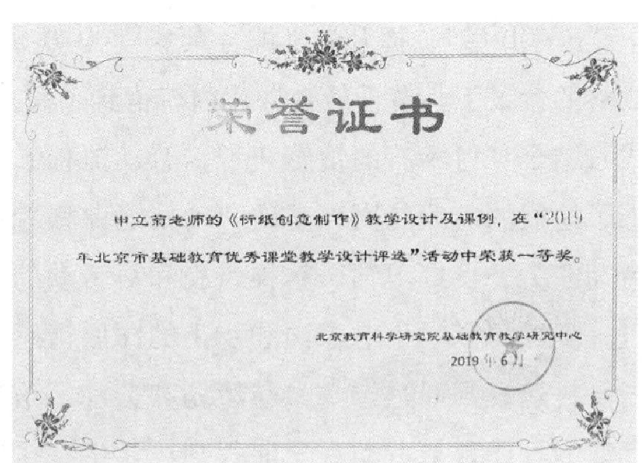

荣誉证书

申立菊老师的《衍纸创意制作》教学设计及课例，在“2019年北京市基础教育优秀课堂教学设计评选”活动中荣获一等奖。

北京教育科学研究院基础教育教学研究中心

2019年6月

获奖证书组图

4. 课程建设，经验辐射

“‘传承红色基因，坚定理想信念’——红色之旅”荣获北京市第三届中小学立德树人研究成果征集评优活动主题类一等奖，该活动由北京教育科学研究院德育研究中心与北京市教育学会教师专业发展中心联合举办。此外，“作品设计与制作”和“打造个性空间”两个课件被评为2022年区级初中劳动学科优质资源，并已上传至房山区教师研修平台供全区教师使用。（房山区教师进修学校）。

荣誉证书

申立菊老师：

您提交的《“传承红色基因，坚定理想信仰”---红色之旅》在“北京市第三届中小学立德树人研究成果征集评优”活动中，荣获主题教育活动类一等奖。

2021年06月

证　明

申立菊 老师

您参与了2022年区初中劳动学科优质资源建设，您制作的课件《作品设计与制作》和《打造个性空间》被评为优质资源并上传至房山区教师研修平台。

房山区教师进修学校

2023年1月

编号：JX0027417

申立菊老师所获荣誉证书及证明

5. 基于劳动，“五育并举”，提升学生综合素养

在乡村振兴战略的背景下，劳动教育课程内容得到了深入而广泛的拓展。通过跨学科的方式，结合乡村特有的情感纽带，劳动课程不仅提升了学生的综合素养，还增强了他们的实践能力。基础劳动技能课程着重于培养学生的实际操作技能、劳动能力、良好习惯、精神风貌和对劳动的情感认同；乡村产业发展课程则进一步加深了学生对家国和乡土的深厚情感。创新实践课程鼓励学生积极参与乡村建设，通过亲身参与策划和劳动，培养了他们对家乡建设的热情和实际能力。德育与劳动观念课程则让学生直接体验新农村和现代农村文化，激发了他们对新农村建设的热忱和创造力。

通过跨学科的实施，学生学会了如何将学科知识应用于解决实际问题，从而实现了从被动学习到主动学习的转变。在劳动中，他们不仅学习、运用和扩展了学科知识，还加深了对自然、社会和自我的理解。学生通过摄影、书法、美术和科技作品等形式，展示了劳动与艺术、科技的完美融合。劳动教育真正实现了以劳动树德、增智、强体、育美的目标，为新农村建设培养了合格的接班人。

（1）学生劳动物化成果。

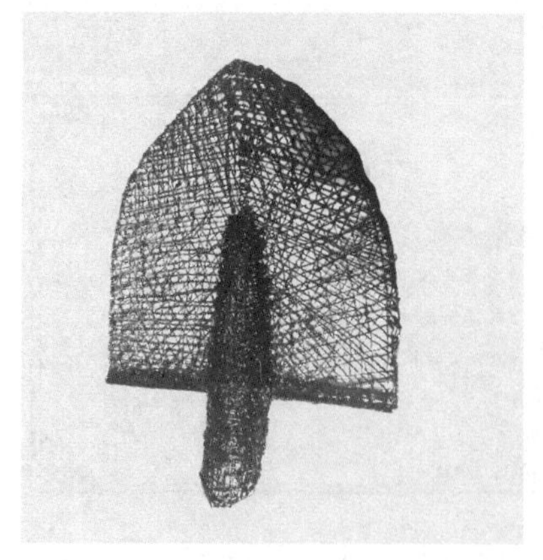

3D打印的铁锨、耙子劳动工具

学生种植的水果和蔬菜

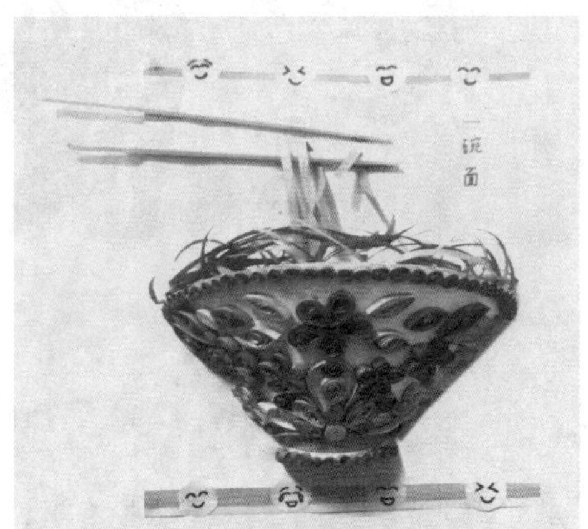

任洋小组衍纸作品《一碗面》

牛润石小组木工、衍纸作品《石花洞》

（2）学生作品。

致敬劳动者
每一个在平凡岗位中兢兢业业
无私付出的工作者，都是这个时代
最美的力量，无数萤火汇聚成
照亮前行之路的灿烂星火。
平凡人书写非凡人生，
向各界劳动者致敬！
劳动
美
劳动节的由来
五一国际劳动节简称劳动节，在每年5月1日。它
是全世界人民共同的节日。 年5月1日，欧美各国的工人
阶级率先走向街头争取合法权益。
1949年12日将5月1日定为法定的劳动节，劳动节
人们参加庆祝集会，并对有突出贡献的
劳动者进行表彰。
劳动节的意义
国际劳动节的意义在于，劳
动者用顽强的奋斗精
神争取到了自己的合法
权益，是人类文明民主的历史性
进步，这才是劳动者的精髓所在。
劳动使我们的生活丰富多彩，
劳动造就了我们人类。没有劳动的
人生是毫无意义的，劳动能让我们感
到充实快乐！

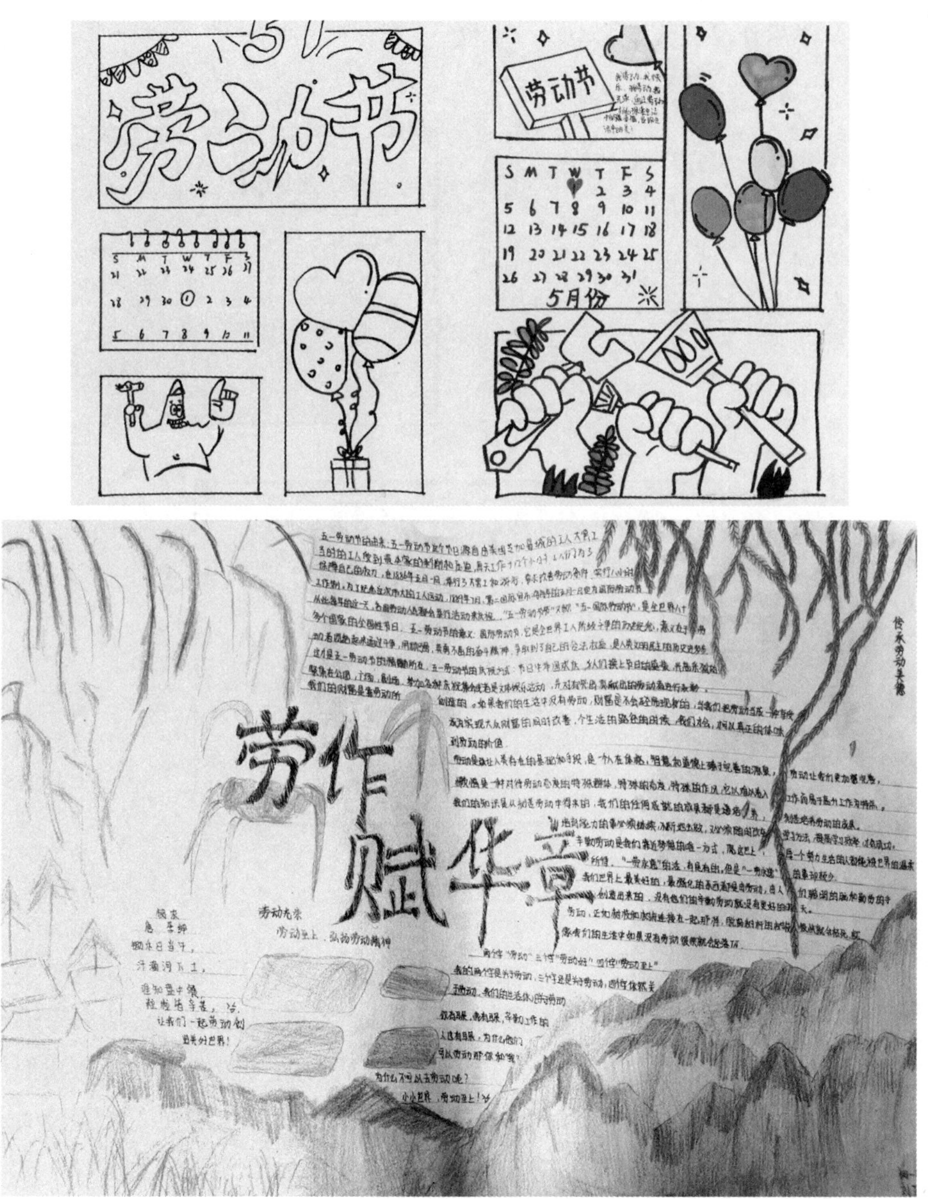

学生作品组图

(3) 学生作品获奖。

荣誉证书

王鹏瑗、王汕年同学：

在房山区“小创客”创新创想创意作品征集活动中，提交的《青龙湖中学平面图与立体图》，荣获

一等奖

特此证明！

房山区教师进修学校

证书

郜艺涵 同学：

你提交的《建党百年 时代追梦》（指导教师：申立菊）在北京市“爱党·爱国·爱家乡”跨学科主题学习案例征集与展示活动中被评为优秀实践成果。特发此证，以资鼓励。

No. 261320230128

北京市教育学会中小学综合实践活动专业委员会
中国人生科学学会生态文明教育专业委员会
2023 年 5 月

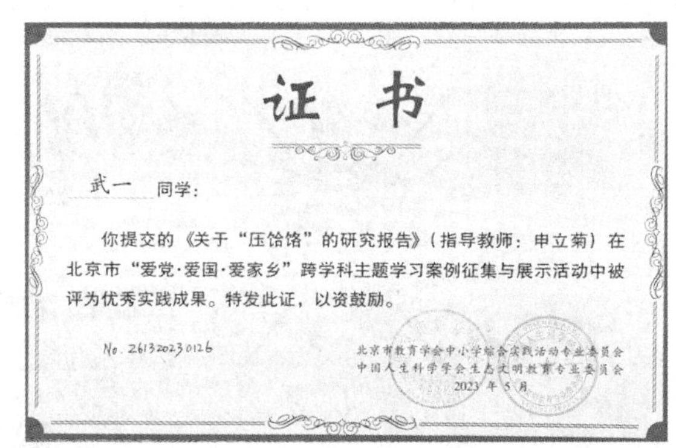

证书

武一 同学：

你提交的《关于“压饸饹”的研究报告》（指导教师：申立菊）在北京市“爱党·爱国·爱家乡”跨学科主题学习案例征集与展示活动中被评为优秀实践成果。特发此证，以资鼓励。

No. 261320230126

北京市教育学会中小学综合实践活动专业委员会
中国人生科学学会生态文明教育专业委员会
2023 年 5 月

学生获奖证书组图

九、研究反思与展望

在过去的 3 年里，我们未曾有机会诉说疲惫，便已迎来了总结成果的时刻。回顾研究的历程，最初的高傲源于对真正研究精神的缺乏，但当我们俯身深入思考，锐意进取时，是因为我们发现了真正的问题所在。在这段时间里，笔者和研究团队经历了从校园到乡村，再从乡村回到校园的历程，进行了广泛的调研和实践检验。我们坚持问题源于现实，研究旨在解决现实问题的原则，始终秉持着立德树人、为党育人、为国育才的初衷，致力于构建一套适合农村中学学生的、以“乡村振兴”为主题的课程体系。通过劳动来培养品德、增长智慧、强化体魄、培育美感，我们追求德智体美劳全面发展，为农村地区培养未来的建设者和接班人。

回顾并总结我们的实践，我们深刻体会到基于乡村振兴视角的农村中学劳动教育课程体系构建研究是一个持续的过程，我们将在“一横一纵”两个维度上继续面对新的挑战。

（一）让“一横”更长

空间与地域的界限需要打破，超越本地化的局限，拓展至全市乃至全国范围，开发适合农村中学生发展的“乡村振兴”主题劳动课程。通过这样的课程，我们能够拓宽学生的成长路径，助力他们实现“全面而终身的发展”。

（二）让“一纵”更深

在我们的研究中，跨学科教学被证明能够使课堂氛围活跃，极大地激发了学生的学习兴趣，同时劳动教育与学科教学目标得以悄然实现。随着课堂教学效果的日益提升，学科教学与实践课程中自主和探究式学习方法的应用变得越来越成熟。原本作为课堂教学补充的作业逐渐减少，甚至在某些学科中已经完全消失。与此同时，实践性作业的数量却在不断增加，这表明《义务教育课程方案和课程标准（2022 年版）》正在得到有效实施。

笔者在构建农村初中劳动教育课程体系方面，针对乡村振兴战略，取得了一系列创新成果。这些成果不仅拓展了劳动教育的内涵与外延，还显著提升了教育质量和效果。通过与乡村实际相结合、强化实践体验、建立评价体系等策略，有效增强了学生的劳动技能和综合素质，为推进乡村振兴战略提供了坚实的人才支持。

我们深知，在劳动教育研究领域，仍存在许多值得深入探讨的问题。展望未来，我们将致力于深化研究工作，持续完善和优化劳动教育课程体系，以满足乡村振兴战略的深入实施和农村青少年全面发展的需求。我们的目标是为推动乡村振兴战略的实施和促进农村青少年的全面发展做出更大的贡献。此外，我们也将致力于推广和应用这些创新成果，为更多农村初中的劳动教育提供有益的参考和借鉴。

同时，我们热切期待更多的教育工作者和研究者能够关注农村初中劳动教育课程体系的构建，共同努力培养新时代农村青少年的劳动技能和综合素养。展望未来，我们将继续深化对劳动教育的理解，不断完善和优化农村初中劳动课程体系，探索更多适合农村初中学生的劳动教育模式和路径。我们也将加强与社会各界的合作与交流，共同推动农村教育事业繁荣发展，为乡村振兴贡献智慧和力量。

参考文献

［1］十九大报告辅助读本编写组. 十九大报告辅助读本［M］，北京：人民出版社，2017.

［2］张德伟. 国际中小学劳动教育初探［J］. 中国德育，2015（16）22-23.

［3］王锦芳. 农村中学劳动教育的现状及策略［J］. 试题与研究 2020（26）192-193.

［4］鲍忠良. 青少年学生劳动教育现状的实证研究［J］. 教育探索 2013（08）91-93.

［5］夏仕武. 有的放矢：形成推动乡村振兴的教育合［EB/OL］.（2019-06-13）［2024-09-15］. http://opinion.people.com.cn/n1/2019/0613/c1003-31133913.html.

［6］王飞，徐继存. 大中小学劳动教育实施现状的调查研究［J］. 课程教材教法 2020，40（02）：12-19.

［7］孙晋超. 新时代青少年劳动教育研究［D/OL］. 上海：上海师范大学，2020［2020-06-16］. 中国知网.

［8］雷颖. 新时代青少年劳动品质的现状调查与对策思考［D/OL］. 西昌：西华师范大学，2021［2021-01-15］. 中国知网.

［9］李哲敏. 从劳动力资源特点谈农民增收［J］. 农业科研经济管理 2020（02）45-48.

［10］朱硕阳. 乡村振兴背景下劳动教育评价体系及评价系统研究［D/

OL]. 合肥：合肥工业大学，2023 [2023-06-15]. 中国知网.

[11] 刘秀. 朴门永续视域下乡村小规模学校发展困境研究——以山东某 2 所小学为例 [D/OL]. 昆明：云南师范大学，2021 [2021-08-15]. 中国知网.

[12] 王仕杰，唐园. 必要与可能：劳动教育与学科课程融合的内在逻辑 [J]. 黄冈师范学院学报 2022，42（02）：1-9.

[13] 何花，黄冲. “家务劳动教育研究”结题报告 [J]. 生活教育 2021（02）52-58.

[14] 钮烨烨. T 态教育视域下的新课标解读 [EB/OL].（2024-06-14）[2024-10-15]. http://souhu.com/a/77215220.

[15] 易敏. 面向粤港澳大湾区的校本劳动教育课程体系构建——以广东实验中学荔湾学校第一小学部为例 [J]. 中小学德育，2023，（12）36-39.

[16] 陈如平，刘宪华. 学校课程新样态 [M]. 北京：开明出版社，2016.

[17] 唐烨伟，陆淑婉，赵一婷，等. 跨界融合视域下劳动教育课程体系研究——内涵，路径与模型构建 [J]. 中国电化教育，2021（5）8.

[18] 侯红梅，顾建军. 我国小学劳动教育课程的时代意蕴与建构 [J]. 课程. 教材. 教法，2020，40（02）：4-11.

[19] 陆海燕. 基于“理解教育”的劳动教育“五星”课程体系构建——以江苏省常州市北郊初级中学为例 [J]. 课程设计，2024，（6）72-75.

[20] 中共中央国务院关于全面加强新时代大中小学劳动教育的意见 [EB/OL].（2024-04-10）[2024-06-15]. http://www.gov.cn/zhengce/2020-03/26/content_5495977.htm.

第二部分

基于“乡村振兴”视域的农村中学劳动教育课程体系实施

一、落实劳动素养的课程实施方案或课程纲要

（一）落实劳动素养的课程实施方案

1. 南尚乐中学“捏饺子”校本课程实施方案

南尚乐中学“捏饺子”校本课程实施方案

指导思想：根据《北京市学科 10%实践活动》文件的指导原则，以及《北京市中小学综合实践活动课程指导纲要》的精神，制定此方案，旨在增强学生的实践精神和创新能力。

活动目标：（1）知识目标，通过饺子的制作过程，熟悉并掌握生物学中营养均衡与搭配的知识。（2）能力目标，运用所学到的生物学知识和动手制作，培养实践能力与创新能力。（3）价值观。培养热爱中国传统食文化的价值观。

课程内容：本次实践活动依托于部编版七年级生物学教材中的生物营养章节，通过跨学科的方式，将劳动技术与生物学知识相结合，设计并制作完成。课程内容新颖且富有趣味，结合了实践活动与学科知识。在探究饺子制作的过程中，学生运用在生物学中学到的合理膳食原则和食物营养知识，实现了知识的学以致用，同时培养了自主学习的能力。通过制作不同形状的饺子，学生们的实践能力和创新能力得到了锻炼，也让他们深刻体验到我国传统食文化的独特魅力。这正是本次实践活动旨在达成的知识、能力和价值观的三维目标。

活动对象：七年级全体学生。

活动时间：2023 年 10 月 23 日。

活动地点：七年级教室。

所用食材：面粉、猪肉、白菜（馅儿需 40 斤）。

所用工具：擀面杖（不宜过大）40 根；一次性筷子一包（约 40—60 副）；能放大约两斤馅儿的盆 20 个；能放饺子的盖帘 20 个；纸抽 4 盒。

实施过程：

（1）看视频，学习操作要领。

（2）实际操作。第一步：清洗食材。第二步：小组成员运用所掌握的知识，对食材进行深入的营养成分分析。第三步：按照水与面粉的配置比例揉面、省面。第四步：拌馅儿。第五步：领工具。每组 2 根擀面杖、1 个盖帘、8 个一次性餐盒、1 盆饺子馅儿；筷子 3 副；1 个班 1 盒纸抽。第六步：学生以组为单位洗手。第七步：捏饺子。第八步：清洗使用工具，清理操作台及周围环境。

要求：实施过程中保持安静，活动后清理干净。

评价：评价各个小组制作饺子过程及成果。

总结：师生谈体会。

2. 青龙湖中学“志愿服务”活动方案

青龙湖中学“志愿服务”活动方案

指导思想：为深入落实习近平总书记关于弘扬雷锋精神的重要指示精神，深刻理解团中央关于青年志愿者服务精神的指导，以及贯彻教育部发布的《学生志愿服务管理暂行办法》，结合我校具体情况，我们组织学生前往豆各庄开展了一系列志愿服务活动。

活动内容及目的：（1）“有序摆放，志愿服务我先行”——在此次志愿服务活动中，我们协助豆各庄村委会整理了随意停放的自行车。通过有序摆放自行车的活动，我们不仅方便了居民存取和保护他们的车辆，还为构建更加和谐的社区生活环境做出了贡献。此外，我们旨在进一步引导和激励我校志愿者们积极传承和发扬“奉献、友爱、互助、进步”的时代新风尚。（2）“垃圾分类，志愿服务伴我行”——这项志愿服务活动旨在协助豆各庄村委会开展垃圾分类工作。通过推广“垃圾分类，志愿有我”的理念，我们致力于提升学生和居民对垃圾分类的认识，倡导文明、节约、绿色、低碳的生活方式。我们鼓励每个人从现在开始，从小事做起，从自我做起，成为垃圾分类的先锋、实践者、传播者和监督者。(3)“环境整治，志愿服务一起行”志愿服务活动协助豆各庄村委会开展环境卫生整治行动，对社区内的白色垃圾进行捡拾，擦拭社区内的宣传栏。为居民营造了清洁、健康、文明的居住环境。

活动对象：青龙湖中学七年级志愿者和青龙湖中学党员。

活动地点：北京市房山区青龙湖镇豆各庄村青秀街社区。

活动过程：(1) 下午 1：00 学校集合，出发，步行至青秀街社区。(2) 下午 1：15 在青秀街社区居委会开展志愿活动启动仪式。(3) 下午 1：25 分组织开展志愿活动。(4) 下午 5：00 各小组进行总结。(5) 下午 5：30 集体返回学校。

活动评价：

社区志愿活动评价表

班级		姓名	
活动地点		活动时间	
社区志愿服务 活动具体内容			
社区志愿服务 任务完成情况			
回顾与反思			
小组同学评价 (组长填写)			
教师评价 (小组指导教师填写)			
社区鉴定评价 (在相应评价结果位置盖章)	优秀　　合格　　不合格		

（二）落实劳动素养的课程纲要

1. “创意手工”校本课程纲要

“创意手工”校本课程纲要

适用年级：七年级、八年级

总课时：18 课时

课程类型：选修课

参加对象：七年级学生 21 人

课程简介：创意手工艺是一门关键的技能课程，它强调手工制作的基础理论、技术、材料使用和对杰出作品的鉴赏。课程内容广泛，包括手工制作的基础理论和实例分析，主要涵盖基础构成、纸艺、剪纸、编织和综合材料创作等方面。本教程不仅提供了丰富的知识，还具有较强的实用性，旨在让学生在学习过程中快速掌握实际操作技巧和各种变化形式，同时激发他们的创新思维和实践能力。通过这种教学方式，能够营造出积极互动的课堂氛围，并鼓励学生主动探索和学习。

背景分析：手工艺术，作为人类历史上最古老且普遍存在的综合艺术形式之一，伴随着我们走过了漫长的岁月，不断丰富和满足着人们的精神文化需求。在学生时代，许多学生热衷于制作手工艺品。创意手工课程的引入，作为课堂教学的补充与拓展，展现了其独特的灵活性和可塑性。这种学习方式采用简单的材料，灵活多变的方法，便于活动的开展和扩展。它不仅让学生体验到个体创造的成就感，也让他们在集体合作中感受团队协作的喜悦，这正符合初中生的学习需求和创造欲望，因此，学生们对此类活动充满热情。本学期推出的创意手工校本课程，为那些具有特殊兴趣和才华的学生提供了一个展示个性和才艺的平台，使他们的特长得以充分展现和发挥。通过这种方式，我们期望以点带面，推动全校范围内的美育活动，提升学生的审美鉴赏力和创造力。同时，让学生在创作过程中体验乐趣。

课程目标：（1）掌握手工制作的基本概念、分类、功能和制作技巧等知识，深入理解手工制作在促进学生身心发展方面的重要作用，确立科学的手工制作理念。(2) 让学生系统地掌握各种材料的性能，深入理解不同材料的造型规律和制作工艺。通过在平面、半立体和立体造型的实践活动中积累丰富经验，提升审美和创新想象力。同时，培养学生的实践操作能力、综合运用材料的技巧、空间感知和形象思维，增强他们灵活运用手工技能于教育教学的能力。(3) 重视学生人文素养的培育，将我国的民间传统艺术与现代工艺制作相结合，凸显艺术的传承特色与现代审美趣味，拓展学生的美术视野，提升学生的审美素养，激发学生的想象力与创造力。

课程实施：(1) 手工制作概述，2 课时，讲解课程性质、课程内容和要求，明确手工制作的意义与作用。(2) 折纸手工制作，2 课时，讲解折纸手工相关特点、基本要求、制作方法。(3) 线绳造型手工制作，6 课时，讲解线绳手工的相关特点、基本要求、制作方法。(4) 综合材料造型手工，5 课时，讲解综合材料手工特点、复合型手工基本要求、制作方法。(5) 创意手工制作与运用，3 课时，主要讲解创意手工基本要求、制作原理与制作方法。

评价活动/成绩评定：创意手工课程的学期评价，应当在日常评价的基础上进行构建，可以综合学生的自我评价、小组成员的互评和他们在平时的表现，以此来全面评定。

2. “搭建简单机械”校本课程纲要

“搭建简单机械”校本课程纲要

课程名称：搭建简单机械

参加对象：七年级学生

开发教师或团队：荆淑玲

课程性质：选修

课程背景：自教育部发布《中小学生综合实践活动课程指导纲要》以来，学校便着手构建了与学生日常生活紧密相连的综合实践活动课程体系。该课程体系确保了实践活动内容的实用性和趣味性，旨在让学生在参与活动的过程中，摆脱传统教学模式的局限，根据本地实际情况和学校特色，灵活地开展综合实践活动。

课程简介：中国是世界上机械发展最早的国家之一。在古代，中国在机械领域有许多创新和发明，其中杠杆和滑轮尤为突出。通过两个学习任务，学生可以深入了解这些原理：首先，通过学习导航一，学生将亲手搭建一个跷跷板，并在日常生活中识别杠杆的应用，例如，剪刀、钓鱼竿、瓶起子等；其次，通过学习导航二，学生将构建一个手动升旗装置，从而感知滑轮在生活中的实际应用。通过这些实践活动，学生将认识到杠杆和滑轮等简单机械在日常生活中的广泛应用，并通过分组实验，提升团队合作与交流的能力。

课程目标：通过学习，学生们能够认识到简单机械与生产和生活的紧密联系，亲身体验到人类是如何运用这些基本工具来简化日常任务，从而提高生活便利性。他们将了解人类在适应自然环境的过程中，劳动工具是如何不断演进和创新的，从基础的简单机械到复杂的现代机械，这一过程体现了人类智慧的结晶。机械的运用不仅推动了社会的发展，也促进了文明的进步。

课程实施：本次课程的实施对象为七年级学生；课程开始于 2022 年 1 月。在实施过程中，以班级为单位，采用两人一组的合作模式，教师将全程提供指导并进行评价。

课程评价：在教学活动中，激发学生的学习兴趣是至关重要的。为此，教师在教学过程中应采用多样化的评价方法。对于那些观察细致、专注的学生，应予以表扬；同时，对于那些积极动脑、在生活中寻找杠杆和滑轮原理的学生，也应给予肯定和鼓励。在小组实验环节，鼓励学生进行自我评价，以促进他们的自我反思和成长。

3.“机器人编程”校本课程纲要

“机器人编程”校本课程纲要

课程名称：机器人

总课时：18

参加对象：七年级学生

课程性质：选修

课程简介：本课程旨在通过实践操作，让学生亲手构建每堂课特定主题的机器人。学生将掌握机器人基础搭建技巧，拓宽科学视野，同时锻炼逻辑和编程思维。课程鼓励孩子们接触并理解编程，培养他们发现问题、分析问题和解决问题的能力。通过应用多种方法解决同一问题，孩子们能够探索所有可能的解决方案，从而激发大脑潜能，提高逻辑思维和动手操作的技能。

课程背景：在当前阶段的机器人课程中，我们采用了图形化编程方法，避免了传统枯燥的代码式编程，以便学生更直观地理解编程的概念、目的和编程能实现的功能。通过这种方式，我们旨在培养孩子们的实践操作能力和创新思维，让他们能够根据自己的创意构建出心仪的机器人模型。在机器人制作完成后，学生还需要对各个组件进行集成开发环境（IDE）的配置，确保每个部分都能发挥其独特的作用。最终，我们将编写程序，并进行微调，使机器人能够根据具体任务的要求，执行各种不同的任务。

课程目标：在机器人教学领域，通过融合物理与编程知识，我们能够设计出既坚固又灵活的机械零件。这样的实践不仅让学生更直观地理解物理构造和原理，还能灵活地将这些知识应用于实际生活中，为国家的发展贡献自己的力量。此外，通过锻炼编程思维和掌握机器人算法，学生能够深入了解人工智能的奥秘。这些技能在未来的工作和生活中将大有裨益，帮助他们终身受益于解决问题的能力。

课程内容与实施：（1）本课程的核心内容涵盖两个主要部分：动手实践搭建和编程调试。课程采用讲故事和传授科学知识等多种生动方式，引导学生进入每一节课的主题。在此基础上，学生将运用物理原理来构建自己的机器人。通过编程技能的培养，学生将学会如何控制机器人，并在实践中培养发现问题、分析问题和解决问题的能力。（2）课程实施：①了解机器人、了解机器人的组成、了解控制器 IDE、了解各类零件的应用，了解各种传感器，了解电机（1 课时）。

②学习物理知识，两点固定，了解编程软件，了解输入输出，学习电机和电机模块的使用方法（1课时）。③学习物理知识，图形的稳定性，加速减速，熟练运用大型电机、中型电机模块的各种度数、圈数、秒数、功率（5课时）。④学习物理知识，物理结构，学习曲柄结构、三角形稳定性、齿轮、加减速、摩擦力、重力。学习使用超声波传感器、颜色传感器、触碰传感器（10课时）。⑤灵活运用各种物理知识，制作不同的机器人，使用各种功能的传感器，放在不同的机器人上，各类机器人相互配合，完成某种任务（1课时）。

课程评价：通过评估学生在机器人搭建、编程执行任务和讲解方面的成果，来评价他们的表现。

4. “无人机编程”校本课程纲要

“无人机编程”校本课程纲要

课程名称：无人机编程

课时数：60课时

参加对象：七年级和八年级共20名学生

课程性质：选修

课程简介：无人机编程课程旨在教授飞行原理、控制技术，并提高编程应用能力。课程内容包括学习多旋翼无人机结构、运作机制，以及编程语言在飞行控制程序开发中的应用。学生还将学习飞行控制系统的原理，包括GPS和IMU技术，并探索无人机在不同领域的编程技术。此外，课程设计了实验和实践环节，让学生通过亲手操作和编程实践来完成飞行任务，加深对无人机编程和控制的理解，并提升解决实际问题的能力。

课程背景：无人机编程课程的普及可归结为四点：首先，科技发展推动无人机技术成熟，其应用领域不断拓展，编程技能成为青少年和科技爱好者的重要技能。其次，全球教育政策鼓励STEM教育，无人机编程作为其组成部分，在教育界受到关注。例如，中国学校开设相关课程以贯彻教育政策。

再次，无人机行业快速发展，对编程技术人才的需求日益增长，编程技能有助于适应人工智能和自动化技术带来的变革。最后，编程教育普及，无人机编程作为其分支，能提升学生的逻辑思维、分析能力及创造力，越来越多的教育机构将其纳入课程体系。

课程目标：（1）知识与目标：本课程目标是让学生精通无人机基础理论、结构组成，深入理解不同无人机类型及应用，并至少熟练掌握一种无人机编程语言，编写飞行控制程序。学生应能理解并掌握无人机飞行控制系统原理及操作技巧。（2）目标与方法概述：课程旨在提升学生分析解决问题的能力，指导他们通过实验和调试优化无人机飞行程序，增强性能和稳定性。同时，培养学生自主学习意识，跟上技术发展。（3）情感态度与价值观目标：课程激发学生对无人机技术的热情，鼓励主动学习和实践。培育创新思维和团队合作，提升社会责任感和职业自豪感。（4）实践与应用目标：通过实际操作无人机，增强学生动手能力和应用技能。指导学生将编程知识应用于真实项目，创造实用无人机解决方案，并培养学生解决现实问题的能力。

课程内容与实施：（1）课程内容：无人机基础知识；无人机的分类、构造及工作原理；无人机的应用领域及发展前景；编程基础；编程语言介绍：如 Python、C/C++等，并教授基本语法和数据结构；编程环境搭建：指导学生安装和配置无人机编程所需的开发环境；无人机飞行原理与控制；空气动力学和飞行力学基础；无人机飞行控制系统的基本原理；传感器与数据获取；介绍并实践使用无人机常用的传感器，如陀螺仪、加速度计、GPS 等；传感器数据的获取、处理和分析方法；无人机编程实践；飞行控制算法的设计与实现，如 PID 控制器等；无人机导航、路径规划和避障算法的实现；无人机图像处理算法的介绍与应用，如目标跟踪等；项目开发与实战；小组项目：学生分组进行实际项目开发，如航拍、货物运输等应用场景的编程实现；项目管理与团队协作：培养学生项目管理能力和团队协作精神。（2）实施过程：①理论教学，通过课堂讲授、案例分析等方式传授无人机和编程相关理论知识。②利用多媒体教学资源，如视频、动画等辅助学生理解复杂概念。

③实验室实践，在配备无人机模拟飞行软件的实验室中进行模拟飞行训练。④学生亲手操作无人机，进行飞行调试和程序测试—项目实战—学生分组选定项目主题，进行项目规划和任务分配。⑤在教师指导下，学生完成项目设计、编程实现和功能测试—总结与展示—学生进行项目成果展示，分享经验和教训。⑥教师点评，提供改进建议，并表彰优秀项目。⑦课后拓展，鼓励学生参加无人机编程竞赛或相关创新活动，提供在线资源和社区支持，帮助学生持续学习和进步。

课程评价：(1) 评价内容：学生的活动过程及最后成果。(2) 评价形式：采取教师评价、学生自评和小组同学互评。

其他说明：(1) 课程适用对象：无人机编程课程适用于对无人机技术和编程感兴趣的学生、开发者或爱好者。无需具备深厚的编程基础，但基本的计算机操作知识和逻辑思维能力是必要的。(2) 学习路径建议：初学者应从无人机和编程基础学起，逐步学习飞行控制和数据处理。中级学习者可专注于无人机控制系统设计和传感器数据高级应用。高级学习者适合进行实际项目开发，探索无人机在特定领域的创新应用。(3) 所需工具与软件：学习者须具备可运行编程环境的计算机。根据无人机平台和编程语言，可能须安装特定 SDK 和 IDE。例如，使用大疆无人机时，需安装 DJISDK。(4) 安全与法规：进行无人机编程和飞行试验时，必须遵守当地航空法规和安全准则。学习者需了解无人机飞行的区域和高度限制。(5) 未来发展与应用前景：无人机编程迅速发展，技术进步拓宽了其应用范围。

5. “手工刻纸”校本课程纲要

“手工刻纸”校本课程纲要

课程名称：手工刻纸

总课时：18 课时

参加对象：七年级和八年级学生

课程性质：选修

课程简介：本课程的核心目标是引导学生通过亲身体验，完成一系列风格迥异的剪纸作品。在这一过程中，学生们将深入了解剪纸艺术的独特魅力，掌握包括阴刻、阳刻和阴阳结合在内的多种剪纸技巧。参与这一活动，孩子们的观察力和形象思维能力将得到显著提升。同时，通过手工剪纸的学习，学生们将更深入地探索中国传统文化的精髓，激发他们的创造力，提高动手操作技能，并且增强他们的注意力和专注力。

课程背景：剪纸艺术，亦称“刻纸”，是中国汉族传统民间艺术的璀璨瑰宝。其历史可追溯至遥远的2000年前，载体丰富，从树皮到树叶皆可成为其表现的舞台。得益于剪纸制作所需的材料和工具的普遍易得，以及其制作过程的简便性，这项艺术深受儿童的青睐。通过剪纸，孩子们不仅能够领略到民间艺术的独特魅力，而且还能在实践中继承和发扬我国的民族艺术传统，从而培养出深厚的民族自豪感。

课程目标：通过潜心钻研手工刻纸艺术，孩子们可以深入探索其文化底蕴，从而培养出对传统手工艺的敬意与鉴赏力。同时，这一过程锻炼了他们的观察力和对细节的敏感度。这样的学习经历不仅点燃了学生对美的向往，还极大地提升了他们对艺术表达的热情。

课程实施：本课程精心设计，覆盖了基础、初级和中级3个层次的刻法技巧。每一节课的目标是指导学生创作出一个初级作品，让学生们在实践中感受成功的喜悦，并在此过程中进一步巩固他们的自信心。

课程安排：将基础安全教育与课堂实践相结合，同时提供详尽的工具使用指南，教师引导孩子们掌握必要的基础动作和技巧。接下来，学生们亲自参与刻纸作品的创作过程，并对他们的参与表现和作品成果进行综合评价。

课程评价：（1）评价内容：学生们的活动进程与创作成果。（2）评价形式：实施教师评价、学生自我评价和小组成员间的相互评价。

其他说明：在18堂精心设计的课程中，学生们将能够掌握初级刻法的基本原理。若渴望达到更为精湛的技艺层次，建议进一步安排36堂课，以深入探索和精进这一技能。

6. “手工编织”校本课程纲要

“手工编织”校本课程纲要

课程名称：手工编织

总课时：18 课时

参加对象：七年级学生

课程性质：选修

课程简介：本课程致力于通过学生的亲身实践，完成每堂课上各种编织技巧的实物作品。课程内容不仅涵盖编织的基础技能，还深入探讨了这些技巧在实际操作中的应用。通过这种互动式学习，学生的逻辑思维和手工技能将得到显著提升。同时，学生在深入体验手工编织的过程中，能够深刻理解其悠久的历史背景、丰富的文化内涵和各种编织技巧所蕴含的象征意义。学生们将运用这些富有深意的编织技巧，创作出自己钟爱的饰品，进一步增强他们的逻辑思维和手工技能。

课程背景：绳结艺术，其根源可追溯至远古时期，当时人们用以计数和记录重要事务。经过无数代艺术家的持续创新与传承，它已演化成一门独立的展示性艺术学科。这些艺术家们精心提炼出一套详尽的绳结编织技术与分类体系，其中编织技巧繁多，高达 72 种，结法亦有 38 种之丰富。因此，教师们致力于开展全面而系统的教学活动，目的是让学生们能够深入掌握这些编织与结法的精髓。绳结艺术不仅承载着吉祥的寓意，其精湛的编织工艺和精细的制作过程，还具有舒缓压力、修身养性的独特功效。

课程目标：参与手工编织课程，学生们不仅能够深入探索绳结艺术的悠久历史，掌握各种精妙的编织技巧，还能培养对本国传统民俗文化的深厚情感，并将这种文化精神代代相传。此外，该课程对学生们具有陶冶情操、锻炼思维的积极影响。

课程实施：本课程分为基础编法和实际应用两个方面，在每一堂课中，学生们往往能够创造出一件作品，这不仅赋予了他们成就感，而且显著增强了他们的自信心。首先，教师先讲解基础的编织技巧。其次，在下一节课程中，让学生将实际应用这些技巧，结合珠子或各种配饰，创作出更加精致和美观的手工艺品。

课程评价：通过参与编织课程的学习，深入理解并掌握编织技巧，进而通过创作出的编织作品来评估学生的学习成效。

7. “素描课程”校本课程纲要

“素描课程”校本课程纲要

课程名称：素描

课时数：15 课时

参加对象：七年级和八年级学生

课程性质：选修

课程简介：素描是一切造型艺术的基础，也是绘画所必须经过的一个阶段。素描的操作定义是使用相对单一的色彩，借助明度变化来表现对象的绘画方式。素描的绘画工具多种多样，并不局限于某一工具。速写是一种相对快速的素描形式。素描水平是反映绘画者绘画基础水平和基本造型能力的重要指标之一。

课程背景：根据《教育部关于全面实施学校美育浸润行动的通知》政策要求，每位学生都应培养至少一项特长。然而，本校位于偏远的郊区，学生们接受的美育教育并不均衡。尽管孩子们天生好奇且渴望知识，他们却普遍缺乏美术创新的意识，以及在日常生活中发现美的能力。此外，他们综合运用所学知识和技能来解决问题的能力也显得不足。

课程目标：（1）素养目标：致力于培育科学探索的热忱、审美鉴赏的敏锐、逻辑推理的严谨，以及耐心与细心的工匠精神。同时，塑造对劳动、学习和科学的热爱，培养积极向上的价值观。（2）学科目标：精通整体与适中构图技巧，熟练掌握素描坐姿及横握笔法，精通直线绘制技巧。初步习得透视原理，包括近大远小、近宽远窄、近清晰远模糊的视觉效果。能够运用数学中的比例与分数概念，协同解决素描造型中的难题。

课程实施：（1）内容：结构几何形体，明暗几何形体；结构静物，明暗静物；创意素描。（2）实施过程：通过问题激发兴趣、引导学生观察—教师深入讲解—学生动手实践练习—教师提供个性化指导—展示学生作品并进行评价—课后进行总结与反思。

课程评价：

评价量表

思想品德、行为习惯	工具准备 情感投入	劳动意识 （值日、收拾画具）	帮助他人 合作意识	遵守纪律
	分值：	分值：	分值：	分值：
艺术表现	构图合理	比例正确	创意	精致刻画
	分值：	分值：	分值：	分值：
备注：最高分值 10 分				

8. “民间泥塑”校本课程纲要

“民间泥塑”校本课程纲要

课程名称：民间泥塑

课时数：18 课时

参加对象：七年级和八年级学生

课程性质：选修

课程简介：泥塑，俗称“彩塑”“泥玩”，是中国民间传统的一种雕塑工艺品。泥塑课程通常包括以下几个方面：（1）工具和材料：学习使用不同的工具和材料，如泥土、雕刻刀、颜料和画笔等来制作泥塑作品。（2）造型基础：学习不同的造型技巧和手法，如线条、阴影和透视等来塑造泥塑作品的外形和形态。（3）色彩运用：学习如何运用不同的颜料和画笔，为泥塑作品上色，以及如何通过色彩的运用来实现更好的视觉效果。（4）完成与装饰：学习如何将泥塑作品完成，包括打磨、上釉和装饰等步骤，以及如何使作品更加美观和有吸引力。

课程背景：泥塑是一种传统的中国手工艺品，有着悠久的历史和丰富的文化内涵。它是一种以黏土为媒介的雕塑艺术，能够被塑造出多种形态，无论是人物、动物还是建筑，皆可栩栩如生。泥塑课程旨在让学生掌握制作这些艺术品的技巧与方法，涵盖从雕塑到上色，再到装饰的全方位技能。参与泥塑课程，学生们不仅能够深入了解中国传统文化的精髓，还能在锻炼创造力、手工技艺和审美鉴赏力的同时，享受创作的乐趣和收获成功的喜悦。

课程目标：（1）传授泥塑制作的基本知识和技能，包括泥土的选择、水分的掌握、雕塑技巧、上色技巧等。（2）培养学生的创意能力和艺术表达能力，让学生能够利用泥塑来表达自己的思想和情感。（3）增强学生的手工能力和实践能力，让学生能够熟练地运用各种工具和材料，制作出自己的泥塑作品。（4）提高学生的审美能力和文化素养，让学生能够欣赏和理解中国传统文化中的泥塑艺术。（5）培养学生的团队合作精神和沟通能力，让学生能够在团队中协作完成泥塑作品。

课程实施：泥塑这门将理论与实践完美结合的综合性艺术课程，深入探讨了泥塑的历史渊源、发展脉络、分类体系、材料特性和工具使用等基础知识。同时，该课程还细致地讲解了泥塑创作的基本技巧和流程，并深入剖析泥塑艺术家的杰作及其创作理念。在实践环节，学生们将亲自参与，学习如何挑选适宜的泥土、塑造基础形态、进行雕刻与精细打磨、上色与作品保养等关键技能。通过一系列具体的创作项目，学生们将在实践中磨炼并精通泥塑制作的技艺。

总之，泥塑课程的精髓在于将理论知识与实践操作紧密结合，使学生在不断的学习过程中，逐步提升自身的技艺与艺术表现力。此外，课程还应重视评价体系的构建，确保学生能够获得及时、有效的反馈与指导。

课程评价：（1）作品评价：学生的泥塑作品是评价泥塑课程的一个重要

指标。教师可以根据作品的质量、创造性、表现力等因素进行评分，同时给予学生反馈和指导。（2）学习过程评价：教师可以通过观察学生的泥塑制作过程、询问学生的学习情况、检查学生的学习笔记等方式，了解学生的进步程度。这样可以及时发现学生的问题并进行调整和改进。（3）交流评价：教师可以组织学生进行交流活动，让学生分享自己的作品和学习心得。通过交流评价，可以了解学生的艺术理念和审美认知，同时也可以提高学生的表达能力和沟通能力。（4）多元评价：教师可以考虑采用多元评价方式，如学生互评、家长评价等，从不同角度对学生进行评价，提高评价的公正性和客观性。

总之，泥塑课程的评价体系应当追求全面性和多样性，聚焦于学生的学习进程与成长轨迹。同时，评价不应仅限于分数或等级，而应深入挖掘其反馈与指导的功能，旨在促进学生在泥塑技艺和艺术创造力方面的持续进步。

9.“石雕”校本课程纲要

“石雕”校本课程纲要

课程名称：石雕

课时数：18 课时

参加对象：七年级学生

课程性质：选修

课程简介：本课程通过学生们自己动手，体验石雕工艺线雕、浮雕、圆雕表现手法，尝试利用阳刻、阴刻展现作品。学生应掌握基础点线面的雕刻，以及利用绘画勾勒轮廓线条，理解层次过渡转折关系。本课程锻炼同学们的逻辑思维能力、加强空间关系的概念，让同学们通过接触石雕，了解它的历史起源、文化的传承。

课程背景：石雕艺术源远流长，自远古时期起，人类便开始制作石器以狩猎，进而发展到利用石器加工食物，甚至在后期用于构建房屋和桥梁。时至今日，石雕已广泛应用于建筑装饰、家居美化和园林工程等领域。

课程目标：通过深入学习雕刻艺术，学生们能够探索石雕的历史渊源，掌握精湛的雕刻技巧，并熟练运用各种雕刻手法。这一过程不仅激发了对祖国民俗文化的热爱，还促进了民俗文化精神的传承。此外，雕刻学习对于学生们的个人修养和心智发展也具有显著的促进作用，有助于锻炼他们的大脑，提升智力。

课程实施：(1) 线雕—浮雕—圆雕。(2) 安全提示—各种手法和刀具的使用方法—学生实际操作—评价。

课程评价：通过对学生在雕刻课程中的学习态度、对雕刻技巧的掌握与应用，以及他们创作出的作品进行综合评价。

10. “智驾竞速——无人车”校本课程纲要

“智驾竞速——无人车”校本课程纲要

课程名称：智驾竞速——无人车

课时数：14 课时

参加对象：七年级学生

课程性质：选修

课程简介：智驾竞速——无人车，作为人工智能关键应用领域之一，融合了深度强化学习技术。该竞赛致力于培育学生在学习、训练和应用中掌握实时决策能力的赛车模型，并在实际线下竞技中锻炼他们将虚拟模型成功迁移到现实世界的能力。

课程背景：“智驾竞速——无人车”课程的背景，深植于无人驾驶技术的迅猛发展，以及其在交通、物流等多个领域的广阔应用前景。

绿洲科学智能无人车云平台，一个全面的综合性平台，致力于为学生打造一个智能无人车实践与应用的学习环境。该平台融合了高性能的虚拟环境部署服务、深度学习框架（如 TensorFlow）和代码开发环境等多种资源，旨在实现真正意义上的人工智能“训练”。

本课程致力于培育学生的创新精神与团队合作能力。学生们将通过投身于各类无人车竞赛和项目实践活动中，磨砺其创新思维与问题解决技巧。在这一过程中，他们将与团队伙伴携手并进，共同克服挑战与难关。

课程目标：让学生深入理解自动驾驶与无人车挑战赛的核心原理与关键技术；培育他们运用深度强化学习算法解决现实问题的技能；提高他们的团队协作与创新策略运用技巧；同时，强化他们的实践操作能力和竞技斗志。

课程实施：（1）理论学习：学习智能无人车强化学习概述。（2）活动时间及次数：2024 年 3 月 6 日，共 1 次。（3）通过线上或线下方式，了解无人驾驶和深度学习相关的理论知识，确保学生对无人驾驶技术和训练方法有初步认识：一是绿洲科学智能无人车云平台无人车模型的创建学习，包括动作空间、奖励函数、算法与超参数的编写和调整方法；活动时间及次数：2024 年 3 月 13 日至 2024 年 4 月 10 日，共 4 次；二是绿洲科学智能云环境进行无人车模拟训练，活动时间及次数：2024 年 4 月 11 日至 2024 年 4 月 15 日，共 4 次。掌握创建无人车赛道路径点、赛车线的选择和比赛日志分析的使用方法；三是实战项目，活动时间及次数：2024 年 4 月 16 日至 2024 年 4 月 21 日，共 5 次；四是组织无人车竞赛或挑战赛，让学生在竞技中检验自己的技术水平和策略应用能力。首先，基于绿洲科学无人车云平台社区赛事。其次，组队参加“第四届（2023—2024 学年）全国青少年科技教育成果展示大赛北京市区域赛智驾竞速——无人车挑战赛”，并进行赛事专项辅导。

课程评价：参加第四届（2023—2024 学年）全国青少年科技教育成果展示大赛的北京市区域赛——智驾竞速无人车挑战赛，旨在通过比赛成绩来评估学生的学习成效。

二、落实劳动学科素养教学设计

（一）劳动学科融合其他学科教学设计及评析

1. “小体验　大收获”教学设计及评析

授课教师：北京市房山区南尚乐中学　申立菊

评析教师：北京市房山区南尚乐中学　石馥源

小体验　大收获

课程名称：小体验　大收获

学科：劳动

跨学科领域：综合实践活动、物理、语文、生物

学段及年级：八年级

指导思想与理论依据
指导思想：《中共中央国务院关于全面加强新时代大中小学劳动教育的意见》强调，劳动教育应符合教育规律，适应学生年龄，以体力劳动为主，结合动手动脑，确保安全适度，并强化实践体验。教育部《中小学综合实践活动课程指导纲要》提出，该课程应基于学生实际生活需求，通过多种方式培养学生的全面素质，强调通过生活、社会互动和自然接触积累实践经验。教育部《关于中小学研学旅行指导意见》认为，研学旅行是连接校内外教育的创新模式，能丰富教学内容，促进学生成长。 理论依据：杜威的“做中学”“学中做”；陶行知“知行合一”理论。
主题教学背景分析
校情分析：2019 年，学校获得“北京市综合实践活动课程特色校”称号，激发了对实践课程的深入研究，并引入了创新的 CR 情境式教学模式。该模式融合校内外情境，提供实践教学体验。本主题的活动基于此模式，结合考察探究、职业体验、社会服务和设计制作，让学生在实践中学习农业。学校还建立了“耕园”种植实践基地，让学生亲身体验农耕。 学情分析：学生们主要来自学校周边的 22 个自然村，尽管他们来自农村，但多数是独生子女或来自拆迁家庭，这导致了他们对劳动的观念较为淡薄。他们往往对劳动缺乏兴趣，甚至可能对这片生养他们的土地抱有轻视的态度。本项活动的核心目的在于聚焦社会关注的热点问题，引导学生带着研究课题深入劳动实践，期望通过这一过程，学生们不仅能够获得课题研究的成果，还能收获劳动的果实。
主题教学内容及目标
教学内容：在疫情发生之前，学校精心策划并实施了一系列研学旅行项目。然而，随着疫情的降临，这些集中食宿的研学活动不得不进行调整，转而采取了一种新的形式：在学生居住地周边，确保安全的前提下，鼓励个人或小团队进行不聚集的短途探索之旅。正是在这样的背景下，“带着课题去旅行”的主题活动应运而生。

该活动分为以下几个阶段：

第一阶段：带着课题去考察（4月初）。

在校内教师的引导下，通过2018年学校组织的文化之旅，学生们得以深入新农村，通过观看录像来构建学习情境，激发了他们的思考。带着这些思考，学生们利用周末的时间深入乡村，观察并体验农耕生活，从中发现问题，并据此确定了研究课题。

第二阶段：实践体验研究（4月中旬至8月）。

随着学生们重返校园，他们抓住实践课程的契机，启动了各自的研究课题。在学校的“耕园”种植基地，他们以课题小组为单位，遵循既定的研究计划，全身心投入富有教育意义的农业职业体验活动中。教师们则扮演着协调者的角色，确保农耕活动的顺畅进行，并引导学生们深入体验。最终，学生们将他们的发现和体验凝结成一份详尽的研究报告。

第三阶段：课题成果交流展示（9月）。

在暑假期间，学生们致力于撰写结题报告并总结成果。随着9月的到来，综合实践课程将展开，届时各课题组将有机会展示和交流他们的研究成果。

教学目标：学生们通过发现问题，确定研究主题，参与园地清理和耕作，学习垃圾分类。在种植活动中，他们通过实践和访谈解决问题，了解农具使用，培养劳动观念和工作态度。他们将创意应用于设计和社会服务，承担责任，并在展示和交流环节分享体验和感受。学生们在课题研究中成长，从不自觉到自觉，最终主动探索，运用学科知识解决问题的能力得到提升。对劳动和家乡的热爱成为他们健康成长的引导，综合素质持续提升。在课题成果交流展示环节，学生们展示研究成果，通过互动和讨论深化理解，学会有效表达观点，从反馈中获得新启示。这种交流增强自信心，培养团队合作和批判性思维能力。通过活动，学生们在学术、个人成长和社会责任感方面均得到提升。

“小体验　大收获”——教学过程及成果交流展示

教学内容：青龙湖中学初二（6）班4个课题组展示了他们的研究成果。这些课题包括垃圾分类、灌溉方法、土地整理和蔬菜种植方法的研究。

教学目标：一是价值体认，通过参与农事活动和种植蔬菜，体验劳动的辛勤与价值创造的喜悦，培养积极的劳动态度；通过合作与交流，感受分享的快乐；二是问题解决，通过农事体验，学生可以掌握文献法、观察法、实验法、访谈法等方法，发现并解决实践问题，提高解决问题的能力；三是责任担当，通过成果拓展，学会奉献他人，服务他人，服务社会，增强尊重他人劳动的责任感，形成对自我、学校、社区负责任的态度和社会公德意识；四是创意物化，通过将自己的劳动体会，以不同的物化形式固化下来，提高创意实现能力。

<table>
<tr><th colspan="3">教学过程</th></tr>
<tr><th>教学环节</th><th>教师活动</th><th>学生活动</th></tr>
<tr><td>创设情境</td><td>播放种植活动视频集锦。
今天我们将展示 4 个课题组的研究成果，包括“垃圾分类”“浇地”“整地”方法和“蔬菜种植过程”，请各组代表依次上台汇报。</td><td>观看回顾。</td></tr>
<tr><td>明确目标</td><td>PPT 展示学习目标。
教师提出展示活动要求。
交流汇报者。
评价者。</td><td>理解。</td></tr>
<tr><td>课题小组交流汇报</td><td>第一小组汇报。
关于耕园“垃圾分类”的研究。
运用文献法查找资料。
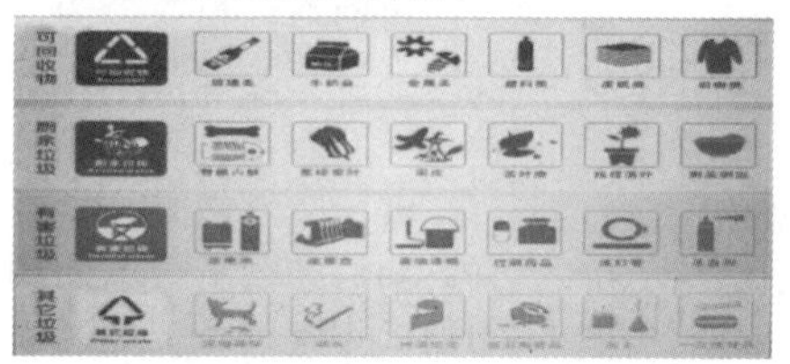
小组成员搜到的分类示意图

清理前</td><td>赵梦晨组长代表小组汇报。
研究背景：一是课题定位，关于清理小菜园的研究；二是发现，在清理过程中，发现秋天的落叶、口罩，甚至还有从栅栏外扔进的烟头，我们发现垃圾的种类很多，于是把课题改成了关于耕园“垃圾分类”的研究。
组员及分工：王静怡、王欣怡、王颖、李涵；王静怡、王欣怡负责搜集资料，研究分类依据；王颖负责照相；李涵负责宣传。
研究内容：对清理耕园时发现的垃圾进行分类。
研究过程：第一步是王欣怡和王静怡在网上找垃圾分类的示意图。第二步是李涵和王颖带领同学们拿着垃圾袋，由王静怡和王欣怡进行指导。第三步清理落叶是最困难的环节，李涵动员全班同学利用中午时间共同协助清理耕园。
研究结论：通过实践体验，我们得出的结论是垃圾分类应该走进每个人的心中。</td></tr>
</table>

垃圾分类

垃圾分类宣传

在第一小组完成汇报后，组织其他小组对汇报课题组提出问题。在提问和回答环节结束后，将进行评价。评价将通过使用评价量表，结合自我评价、相互评价和教师评价等多种方式进行。在评价过程中，对过程部分的评价将占总评价的 60%。

（评价量表见第 93 页）

成果拓展：我们在学校教学楼入口处布置了两期展板，并在课间时间积极进行宣传。我们的活动受到了政教处的大力支持，他们鼓励每位同学深入学习垃圾分类的相关知识，并组织了一场全校范围内的垃圾分类手抄报比赛。接下来，我们计划制作一个木制宣传标牌，打算挂在菜园的围栏外，以此提醒过往行人注意不随意丢弃垃圾，倡导大家积极参与垃圾分类。

研究体会：在进行垃圾分类课题研究时，我们发现，如果不在清理耕园的劳动实践中亲身体验，仅仅通过网络资料或教师讲解来掌握分类标准，是远远不够的。只有当我们亲身投入，才深刻认识到，仅仅了解分类方法是不足以解决问题的，我们必须从根本上改变意识和习惯，否则垃圾分类的进程将停滞不前。因此，我们必须从自我做起，积极宣传垃圾分类的重要性，并为学校和社会做出我们的贡献。

第二小组汇报。

吴宇恒小组：关于“浇地”方法的研究。

请教老师

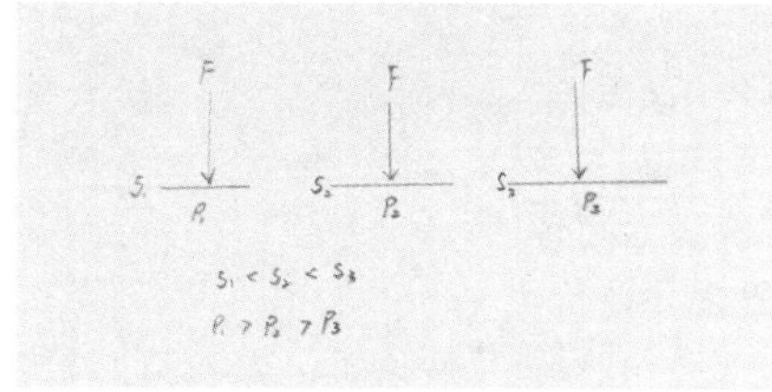

压力与压强的关系

研究背景：在乘坐车辆前往学校的途中，我注意到水轻松地从沟渠流入田地，这过程研究起来似乎并不复杂。此外，我还观察到了春天的麦田，田野里的兔子，以及初春时节的菜苗。

组建团队：6 位同学参加了这次活动。

运用文献法，上网搜集浇地的方法：鉴于学校耕园面积有限的特性，我们决定采用直接使用塑料管进行地面浇水的方式。

研究过程：在 4 月初，春雨使得翻地前的浇水变得多余。到了 4 月中旬，种植前的灌溉遇到了接水管问题，尽管有协助，塑料管还是崩裂了。后勤主任用钳子固定水管后，水才顺利流到田里。这次经历让我们意识到浇水的不易，并通过物理知识解决了水管砸坑的问题。5 至 7 月的种植到成熟期，我们发现并解决了水管穿过菜地可能伤到菜秧的问题，最终通过挖沟来避免这一问题，确保了菜秧的顺利生长。

研究结果：首先，浇地时需考虑气温因素。在天气炎热时，应选择在早晨或傍晚进行浇地，因为此时的气温较低，地面温度与水温相近，从而避免对植物根部造成伤害。其次，浇地过程与力学原理息息相关。在压力保持不变的情况下，接触面积越大，所产生的压强就越小。

<table>
<tr>
<td></td>
<td>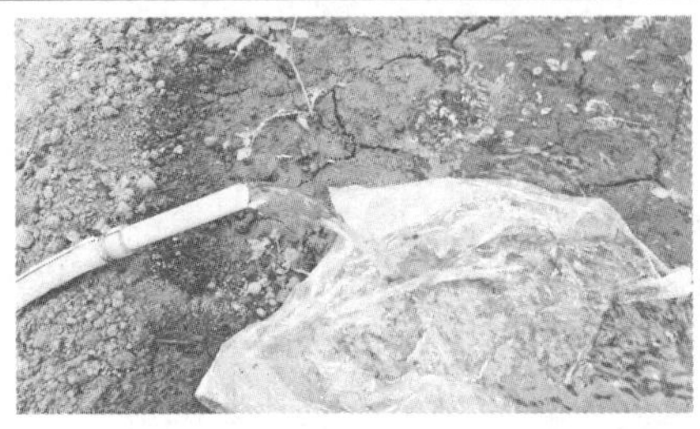
运用知识解决问题

发现新问题

解决新问题
第二小组汇报结束后，组织各小组对汇报课题组进行提问。
提问、回答结束后，进行评价。运用评价量表，采取自评、互评、师评等多元评价。其中过程部分评价占比 60%。
（评价量表见第 93 页）</td>
<td>研究体会：我们太小看浇地了。学农活动，让我们收获颇多：首先，我们深刻体会到，即便是微不足道的事物，也往往蕴藏着巨大的价值。同时，我们领悟了学以致用的真谛，以及将知识与生活实践相结合的重要性。正如老师所言，这正是真正掌握学习的精髓所在。其次，我们体会到了劳动带来的快乐和价值。当老师和同学们以赞赏的目光欣赏我们的小菜园时，尤其是当蔬菜的成果递到他们手中，我们感到无比自豪。虽然我们并非种植小组的成员，没有亲手栽种菜苗，但我们投入了辛勤的劳动，因为水是菜苗成长不可或缺的关键。最后，通过这次课题研究我们越来越喜欢自己的家乡，更加敬重村里面从事耕种的老人。我们不再觉得干农活儿是一件丢人的事，每一件农活儿都不是简单的小事，我们几个都想报考农业学校，为家乡做出贡献。</td>
</tr>
</table>

	第三小组汇报。 关于“整地”方法研究。	组长：王宇辉代表小组发言。
	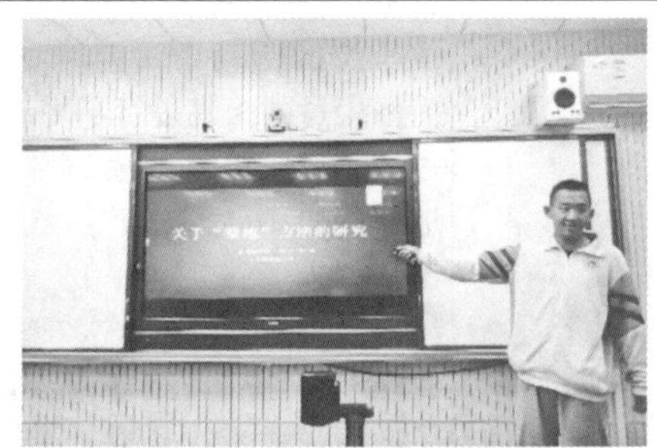 组长汇报  翻地  打畦	研究背景：我们男生想发挥自己的力量优势，承担翻地、打畦的任务。所以分工的时候，我们几个男生就抢下了这个任务，做这方面的研究。 小组成员：李洪晨、陈一鸣、刘卢紫宸、李天宝。 研究内容：整地方法。 研究过程：第一步，通过访谈收集信息，我们分别向家中的长辈询问了整地的步骤。得出的结论是：在种植蔬菜之前，需要翻耕土地，这样做有助于保持土壤水分并便于种植。接下来，需要仔细整理出畦床，以便于浇水。最后，使用耙子将土地耙平，以确保土地平整。第二步，翻地。当我们把铁锹插入坚硬的土壤时，发现土壤太硬，每次翻动胳膊都感到极度酸痛。我们用脚踩住铁锹，将其深深扎入土中，然后将土翻出，重复此动作直至完成翻地工作。由于身高较矮，陈一鸣站在了铁锹上以增加力量。第三步，打畦。借助先前翻地的经验，我们打畦的速度明显加快。首先，我们划分出大致的畦数，并做好标记。接着，从一端开始，使用铁锹将土壤堆放到一侧。完成一畦后，再将新形成的畦垄踩实，以确保其更加坚固。第四步，平整地面。起初，我们错误地使用了耙子，误将操场沙坑的耙子拿来使用，结果遭到了老师的嘲笑。后来经过浇地组检验，我们的地和地垄很结实，但是地的平整度刚及格。

<table>
<tr>
<td></td>
<td>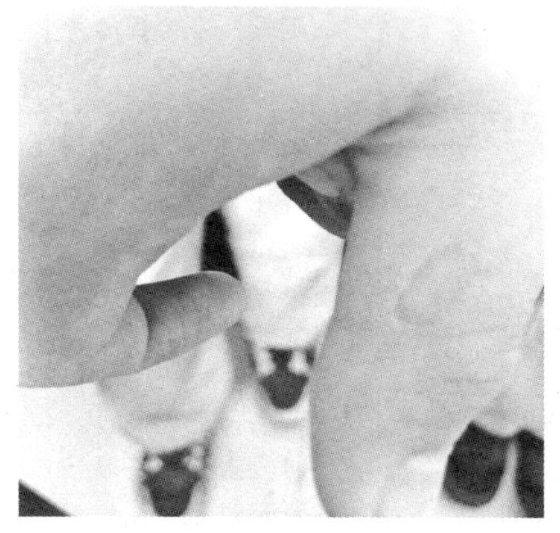
光荣而快乐负伤
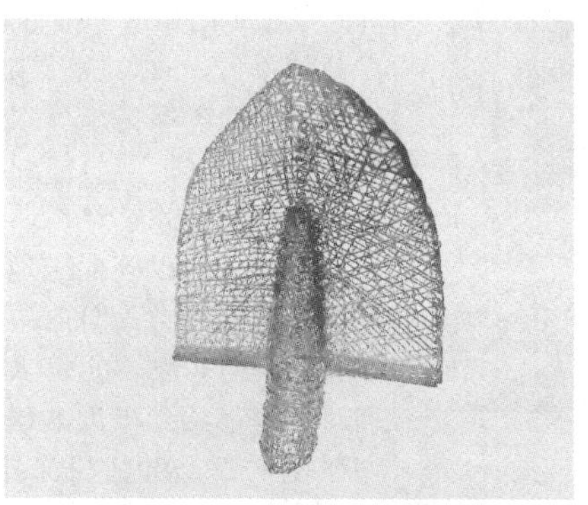
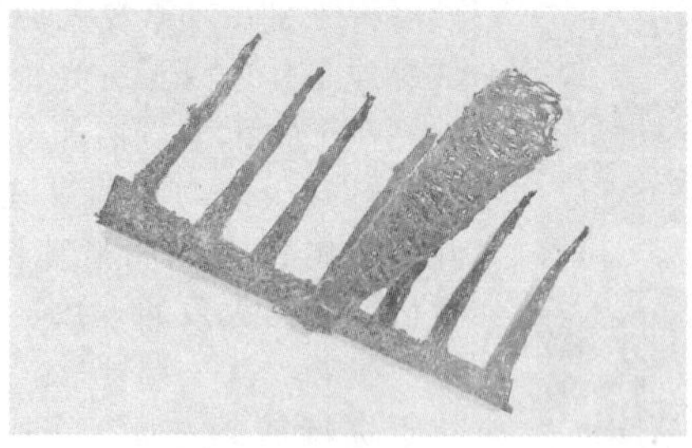
组织学生答疑　评价</td>
<td>研究拓展：土地整理完毕后，种植小组随即开始了种植工作。为了纪念首次的劳动体验，我们在科技小组的活动中，利用 3D 笔将我们使用过的工具进行了复制打印。
研究成果：整地三部曲——翻地、打畦、搂平每个环节都需要付出辛苦。
心得体会：在这次农事体验中，我们不畏小伤，坚守岗位，经受住了挑战，锻炼了意志。尽管手上磨出了水泡，但我们感到非常自豪。正是通过我们的辛勤劳动，种植小组成功地完成了种植任务，老师和同学们品尝到我们亲手种植的蔬菜。</td>
</tr>
</table>

<table>
<tr>
<td></td>
<td>第四小组汇报。
小组长邵涵志汇报　组员刘彤阳放 PPT。
关于“蔬菜种植”方法的研究。
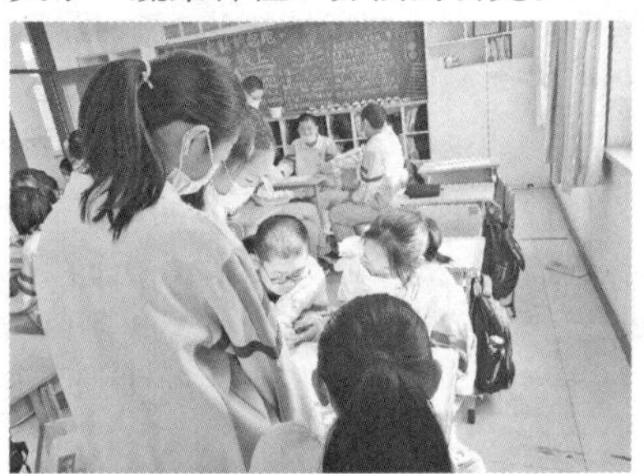

全班投入研讨

撒下种子

种子变成小鸟的美食，幸好没放农药</td>
<td>研究背景：我们小组的同学在家里都没有干过农活儿，不知道菜是怎么种出来的，我们就想学学如何种菜。
小组成员：李淑婷、李璇、白新悦、刘同杨、李天保。
研究内容：黄瓜、香菜、草莓的种植方法。
研究过程：第一步，确定种什么。我们班负责 3 块菜畦的种植工作。经过全班同学的热烈讨论，我们最终决定种植香菜、黄瓜和草莓这 3 种作物。随后，我们共同拟定了详尽的种植计划。根据分配的任务，我们小组将承担种植的具体工作。我们选择种香菜，是觉得把种子撒到地里就行了，很简单；选择种黄瓜和草莓是因为好吃。我们上网搜集资料发现草莓今年种下，明年自己会再长。第二步，制订种植方案。我们依据“职业体验手册”“做个小农民”内容制订种植方案。第三步，种植。学校按照各班选择的蔬菜，购买种子和秧苗后，让各班自己保存。实践课教师指导后种植。以种植香菜为例，我们依照搜集到的资料，将种子播撒于田间。原以为这过程十分简单，我们便在没有参加实践课程的情况下，匆忙将种子撒了下去。然而，到了第二天，我们惊讶地发现地面上只剩下了种子壳。大约有十几只小鸟在田间飞来飞去，我们顿时感到束手无策。在实践课老师指导后，我们重新种植香菜。这次，我们仔细地搓去种子的外皮，然后撒播到田地中，并用耙子轻轻覆盖上土壤。老师建</td>
</tr>
</table>

<table>
<tr>
<td></td>
<td>

栽秧和搭架
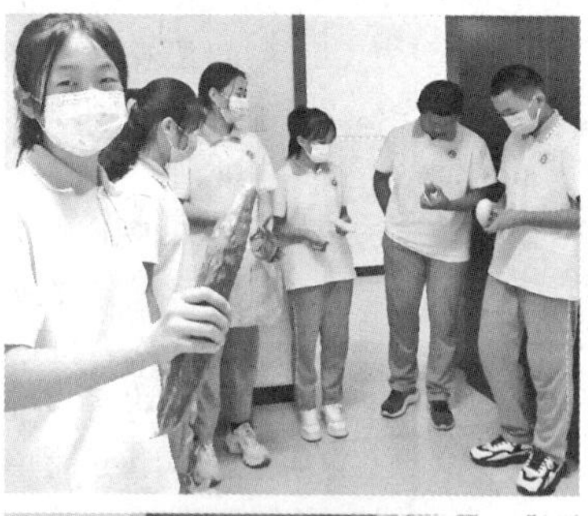

种植的成果并分享</td>
<td>议，如果种子事先浸泡一段时间再进行播种，效果会更佳。原来，撒种种植并非那么简单，需要根据种子的特性来进行。我们严格按照老师的指导，种植黄瓜秧和草莓秧。最后，我们为黄瓜秧搭建了支架，通过交叉并捆绑竹竿，创造出一个便于黄瓜攀爬且坚固的结构。我们仔细观察了种子和菜苗的成长过程，并在“职业体验手册”中记录了这些观察结果。随后，我们满怀喜悦地采摘了黄瓜、拔了香菜，并摘了新鲜的草莓，将这些劳动成果分送给老师和同学们共享。
研究结论：我们采用了文献研究法，广泛查阅了相关资料；同时，通过观察法细致地观察了种子与蔬菜的生长过程。通过这些实践体验，我们得出的结论是无论播种种子还是栽植秧苗，都不能掉以轻心。必须依据种子或菜秧的独特属性，采取科学的种植方法。
心得体会：通过参与农事活动，我们深刻体会到，做任何事情都不能仅凭主观臆断，必须脚踏实地地去实践。我们感到非常高兴，作为农村的孩子，我们学会了种植蔬菜的技能，这无疑为我们增添了一技之长。在这次农事活动中，我们不仅掌握了种植技术，还培养了耐心和细心。每一次浇水、施肥和除草，都让我们更加珍惜劳动成果。通过与同学们的合作，我们还增强了团队协作能力。这次经历让我们明白，劳动不仅能带来物质上的收获，更能带来精神上的满足和成长。</td>
</tr>
</table>

<table>
<tr><td></td><td>第四小组汇报结束后，教师组织各小组对汇报课题组进行提问。
提问、回答结束后，进行评价。运用评价量表，采取自评、互评、师评等多元评价。其中，过程部分评价占比 60%。
（评价量表见第 93 页）</td><td></td></tr>
<tr><td>公布小组成绩</td><td>结合自评、互评、师评给每个小组。
得出等级。</td><td>评价小组统计成绩。</td></tr>
<tr><td>总结拓展</td><td>课题今日圆满结束，但这并不意味着学习和体验生活的终止。我们应将每个课题与家乡的农耕生活实际相结合，进一步深化研究。同时，我们还需将研究成果转化为具体成果，开展服务教师、同学和社会的公益活动。愿这一个学期以上的课题研究和劳动体验课程，能够进一步促进同学们从认知到行动的转变。</td><td>感悟。</td></tr>
<tr><td>板书设计</td><td colspan="2">小体验　大收获
——研究成果汇报交流
汇报者
1. 表达清晰，声音洪亮
2. 体态大方，阳光自信
3. 内容完整，有感染力
评价者
1. 认真倾听，安静欣赏
2. 合作评价，公平公正
3. 勇于思考，礼貌提问</td></tr>
<tr><td rowspan="2">评价</td><td colspan="2">评价结果运用</td></tr>
<tr><td colspan="2">在评价结果公布后，被评价者需仔细分析各项得分，结合汇报过程中同学们提出的问题，明确在接下来的主题学习中应关注的问题，并吸取可借鉴的经验。</td></tr>
</table>

	本教学设计特点
	本次教学活动以主题活动为核心，覆盖了从七年级到八年级的整个时间跨度。它具有以下显著特点。 第一，该活动巧妙地融合了综合实践的 4 种实施方式，实现了课程内容与实施方法的无缝对接，体现了教育的自然融入。第二，通过小规模的农事体验，学生不仅体验了劳动的快乐，还整合了劳动与综合实践课程的教育目标。这种做法促进了德智体美劳五育的全面发展，从而在细微之处展现了对学生综合素质的提升。第三，活动特别强调家国情怀。通过一次劳动体验和一个课题研究，学生能够深刻理解父母和长辈在农事劳动中的辛勤付出，认识到农耕活动中蕴含的学科知识，并感受农事劳动的光荣，从而培养了社会主义核心价值观。第四，活动采用了情境式教学法，将课堂创设的情境与校内外真实且安全的体验情境相结合，让学生在兴趣的驱动下进行实践体验，促进其健康成长。第五，评价体系多元化，注重导向性评价，强调评价结果应作为学生在后续课题中吸取经验的参考，而非单纯关注结果本身。第六，活动形式与时俱进，创新性地结合了旅行教育，通过集中住宿和集体出行的灵活安排，即使在特殊时期，也能确保学生获得全面的教育体验。
	教学反思
	作为一项主题活动，我们以课题研究为导向，结合社会疫情的指导原则，利用学校研学旅行的独特优势，创设了富有教育意义的情境。学生们在安全的现实环境中，带着浓厚的兴趣进行课题探究和农事体验，从而提升他们的综合素质，实现德智体美劳全面发展。活动结束后，我有以下几点反思：首先，主题实践活动若时间跨度较大，能够真正关注并促进学生的发展。本次主题活动覆盖了两个学期，劳动课程与综合实践活动课题研究相结合。长期的活动不仅培养了学生的科学探究精神，还锻炼了他们坚持不懈、勇于面对挫折的劳动品质。这是短期活动所无法比拟的。其次，时间跨度长的主题活动需要学校的大力支持。作为跨越两个学期的主题实践活动，若缺乏学校的支撑，尤其是劳动课程的实施，将变得异常困难。教师的更换对课程的连续性带来挑战。此外，学校在其他方面也提供了支持，如学生成果的拓展。在本活动中，垃圾分类课题组的成果得到了学校的推广，组织的“垃圾分类从我做起”手抄报比赛不仅激发了学生对劳动的兴趣，还加深了他们对课题研究成果的理解。最后，时间跨度大的主题活动需要上级业务部门的强力支持。任何活动若得到相关部门的认可，教师的积极性都会得到显著提升。特别是相关业务部门的长期业务指导，为时间跨度大的主题活动提供了持续的动力和明确的方向。 回顾本次主题活动，我认为在以下方面还有改进的空间：我们需要确保耕种专业指导教师的稳定性。由于学校后勤的一位教师退休，我们失去了原有的种植课程专业指导教师。虽然我选择了两位具有丰富农村种植经验的其他学科教师，但由于时间限制，他们无法时刻陪伴学生。然而，这也带来了积极的一面，即学生自主解决问题的能力得到了更快的提升。在未来的活动中，我们计划返聘退休的原指导老师，以使学生在农事劳动方面的专业技能得到进一步的提升。

学习效果评价与设计

课题成果汇报评审表（教师、学生个人、同学分别进行师评、自评、互评）

<table>
<tr><td colspan="4">课题名称：</td><td colspan="2">课题组长：</td><td colspan="2">指导教师：</td></tr>
<tr><td>研究过程</td><td>A
（15—20）
好</td><td>B
（6—14）
较好</td><td>C
（1—5）
有缺陷</td><td>研究方法</td><td>A
（8—10）
合适</td><td>B
（4—7）
较合适</td><td>C
（1—3）
不合适</td></tr>
<tr><td>分工协作</td><td>A
（15—20）
合理</td><td>B
（6—14）
较合理</td><td>C
（1—5）
不合理</td><td>研究成果</td><td>A
（15—20）
优秀</td><td>B
（6—14）
中等</td><td>C
（1—5）
不合格</td></tr>
<tr><td>报告表述</td><td>A
（15—20）
清晰</td><td>B
（6—14）
较清晰</td><td>C
（1—5）
条理不清</td><td>应答能力</td><td>A
（7—10）
强</td><td>B
（4—6）
较强</td><td>C
（0—3）
较差</td></tr>
</table>

<table>
<tr><td colspan="6">各项具体评分统计（括号内为此项满分值）</td></tr>
<tr><td>研究过程
（20）</td><td>研究方法
（10）</td><td>分工协作
（20）</td><td>研究成果
（20）</td><td>报告表述
（20）</td><td>应答能力
（10）</td></tr>
<tr><td></td><td></td><td></td><td></td><td></td><td></td></tr>
<tr><td>综合成绩</td><td></td><td></td><td></td><td></td><td></td></tr>
</table>

注：评审标准A项（参考B/C项）：（1）研究过程：研究的整个流程安排得当，遵循既定计划，采取了高效的管理措施，并且在需要时能够积极寻求外部协助。（2）研究方法：所选方法恰当，研究手段多样化，注重实践与实验的结合。（3）分工协作：团队成员间分工明确，合作紧密。（4）研究成果：成功产出研究成果，内容覆盖的问题具有一定的广度和深度，且研究报告或论文的格式规范。（5）报告表述：报告陈述语言流畅，始终以宣讲的形式呈现，而非单调的宣读或逐字逐句的朗读，能够体现团队的协作精神。（6）应答能力：能够有准备地应对质疑，展现出一定的应变能力。

教学设计评析：申立菊老师的教学方案“小体验　大收获”深刻展示了如何培育和促进学生的劳动核心素养，同时彰显了跨学科教学在提升学生综合素养方面的关键作用。具体表现在以下几个方面。

首先，教学方案充分促进了学生劳动素养的发展。该方案依据学校的实际情况和学生的学习背景，通过小型种植活动，培养了学生面对困难不退缩、不惧受伤、坚持劳动的品质。在劳动过程中，学生不仅掌握了种植的基本步骤，还学到了一定的劳动技能，并深刻体会到劳动创造价值的意义，从而认识到劳动的光荣与快乐。

其次，教学方案巧妙地融合了生物、数学、物理、地理等多个学科的知识。学生在劳动中遇到的问题，通过运用所学的学科知识得以解决，这不仅确保了劳动活动的顺利进行，更可贵的是，学生亲身体会到了学科知识学习的重要性，并在实际应用中激发了对学科课堂学习的兴趣。同时，这种学习方式也潜移默化地培养了学生的学科核心素养。

最后，教学方案在实施过程中，将综合实践活动与考察探究课题研究相结合，让学生在研究中完成劳动任务。这样的做法为劳动活动增添了科学的元素，使学生从简单的实践活动提升到对小课题的研究。在这一过程中，学生提高了自主学习能力、创新思维能力、实践能力和解决问题的能力，尤其增强了信息科技素养和批判性思维。例如，在处理耕园浇地时出现的两个洞的问题时，学生从最初的土质分析到最终识别为老鼠洞，这一过程不仅让学生感到有趣，也使他们对如何有效判断信息留下了深刻的印象。

2.“走进印刷世界”教学设计及评析

授课教师：北京市房山区南尚乐中学　申立菊

评析教师：房山区教师进修学校党建指导中心副主任　白雪

走进印刷世界

课程名称：走进印刷世界

学科：劳动

跨学科领域：美术、历史、综合实践、传统文化

学段及年级：八年级

指导思想与理论依据
《义务教育劳动课程标准（2022 年版）》强调劳动课程旨在培养学生劳动素养，包括价值观、必备品质和关键技能，以满足个人和社会需求。劳动素养包括正确的劳动观念、扎实的劳动技能、优秀的劳动习惯与品质，以及劳动精神。教育部的《中小学综合实践活动课程指导纲要》指出，综合实践活动课程基于学生实际生活和成长需求，通过探究、服务、制作和体验活动，培养学生的综合素质。该课程强调通过个人体验、社会交往和与自然互动积累实践经验，促进学生对自然、社会和自我关系的理解，以及在价值认同、责任承担、问题解决和创意实现方面的能力。鉴于教育的根本宗旨是促进人的全面发展，教学活动应注重学生人文素养的培育，而不仅仅是知识技能的积累。
教学内容分析
项目式单元教学内容分析及目标
设计制作不仅构成了劳动课程的核心教学内容，而且是综合实践活动课程中实施教学的关键方式。学生们本次将深入探索的主题项目为：走进印刷世界。 教学内容：本课程包含 4 个教学环节，共计 4 课时。第 1 课时：搜集相关资料，交流并分享对中国印刷传统文化的理解；第 2 课时：选定主题，开展创意设计工作，并展示设计草图；第 3 课时：完成设计图的定稿，并着手进行纸版雕刻工作；第 4 课时：回顾整个学习过程，展示纸版雕刻、印刷和最终的物化作品，并进行交流与展示。本节课是项目教学的第 4 课时。 项目目标：依托美术和综合实践学科知识和实施方式，以提高学生设计能力、拓宽技术视野为目的，合理开发和利用课程资源，使学生在探究、实践的过程中提高学生对自然、社会和自我的内在联系的整体认识，发展学生的创新能力、实践能力、社会责任感和学生良好的个性品质。
版画制作课时内容及目标
本课程旨在为八年级学生提供一次研学旅行后的拓展体验。其目的是引导学生将研学旅行中通过实践活动获得的知识，通过劳动技能转化为具体成果。印刷术作为中国古代劳动人民智慧的结晶，是四大发明之一。唐朝时期，雕版印刷术的诞生标志着这一技术的起点，并在中后期广泛应用于社会各个领域。到了宋仁宗时期，毕昇进一步革新，创造了活字印刷术。尽管宋朝见证了活字印刷术的问世，但雕版印刷术仍旧占据主导地位。印刷术的出现，无疑为人类文明的进步铺平了道路，它促进了知识的广泛传播与交流。随后，这一技术跨越国界，传至朝鲜、日本、中亚、西亚乃至欧洲。在我们学校八年级的文化之旅研学旅行中，同学们有幸深入房山二职的印刷部，亲身体验了丝网印刷，并深刻感受到了印刷术所承载的我国劳动人民的智慧。印刷方法的分类繁多，依据所使用的版材不同，可以细分为木版、石版、锌版（亚铝版）、铝版、铜版、镍版、钢版、玻璃版、石金版、镁版、电镀多层版、纸版、尼龙版、塑胶版、橡皮版等。创意印刷一课，学生在感受中华传统文化的基础上，拓展自己的知识视野，在学习生活中，通过自己的想象创造，利用美术的构图知识，把自己的真实生活和感想用纸版印刷的方法物化出来，在动手实践的同时培养学生发现美、感受美、创造美的能力；在授课过程中以人文素养为本，潜移默化地影响学生，学生通过实践活动，感悟中华五千年的人文历史积淀，培养良好的道德情操；通过制作，体会感悟工匠精神，以及劳动的快乐。

教学背景分析
学生情况：我校位于乡村地区，相较于先进的教学资源略显不足。然而，利用日常生活中随手可得的卡纸进行雕刻创作，为学生们提供了一种全新的体验。在技艺方面，学生们在研学旅行中已经接触并尝试了丝网印刷技术。从小学阶段开始，他们已经掌握了剪纸和刻纸等基础技能，这使得他们在进行纸版印刷时能够迅速运用以往的学习经验来掌握新技巧。在创作过程中，学生们总结和反思学习生活的细节，对设计和构图进行创新和巧妙的思考。他们倾向于避免宏大主题的创作，而是选择更贴近生活的题材，这使得他们在创作中更容易体验到成功的喜悦，并培养了对传统文化的热爱。 教学方式：延续上节课的内容，从学生小组代表阐述创意设计切入课题，在老师的指导下，采用引导式教学深入主题，学生以小组的方式集体参与，通过分析、讨论、总结、实践、评价等参与过程，实现自主性的学习方法，培养学生创造性思维和自我探究能力。利用实物投影仪展示学生作品，让学生参与互评和自评，体现学生的自主性和参与性，最终达到教学目标。 教学重点：首先，本课的教学重点是学习纸版印刷的基本技法和纸版雕刻的表现方法。其次，本课程的核心目标是让学生通过创意设计、纸版雕刻和印刷课堂实践，掌握纸版印刷技术与纸版雕刻的表现技巧，并通过实践活动创作出纸版雕刻作品。 教学难点：以纸版为载体，充分抒发自己对学习生活的感悟，在创作过程中感受我国的人文与历史积淀。
教学目标：（1）知识与技能：初步掌握纸版印刷的特性后，运用纸版印刷的基础技巧创作以“探索生活中的美学”为核心主题的作品。（2）过程与方法：通过图片展示和自主探究学习，我们能体验中国传统艺术的独特魅力；通过观察比较，我们能领略设计之美；运用纸版印刷雕刻技术，我们能制作艺术作品；我们还能自我评价和相互评价课堂作业。（3）情感、态度和价值观：本课程让我们初步了解研学旅行的意义，理解传统文化与日常生活的联系。我们将学习如何将自然美转化为艺术美，激发对雕刻和印刷艺术的兴趣。通过实践活动，我们能感悟中华文明的深厚历史，并领会纸版印刷的艺术美。
问题框架
1. 请各小组代表阐述一下小组的创意设计？【通过提问，引出本节课题。】 2. 有什么问题请教我们的指导老师吗？ 【为修改创意的模板做好技术铺垫，让生活的美化为纸版印刷作品的美，引出本节课创作主题。】 3. 你能说说自己小组的纸版印刷模板需要哪些改进吗？ 【通过对比学生进一步明确纸版雕刻的技法。】 4. 请说一说你们小组的印刷作品的优点和不足？ 【在说明中进一步明确纸版印刷的技巧。】

教学流程图

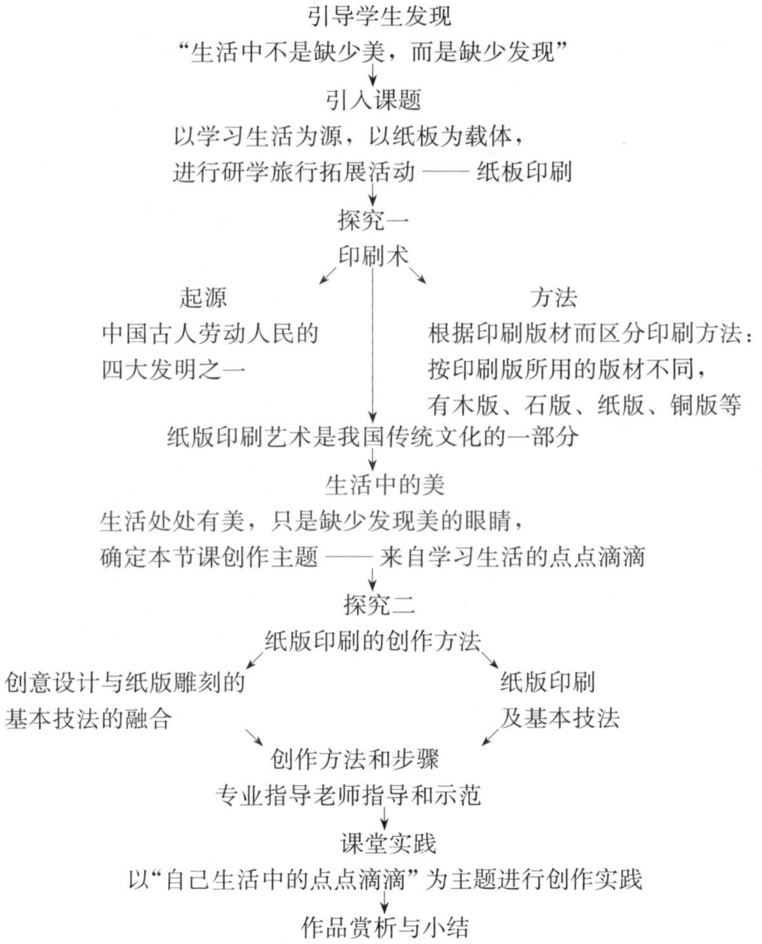

引导学生发现
“生活中不是缺少美，而是缺少发现”
↓
引入课题
以学习生活为源，以纸板为载体，
进行研学旅行拓展活动 —— 纸板印刷
↓
探究一
印刷术

起源
中国古人劳动人民的
四大发明之一

方法
根据印刷版材而区分印刷方法：
按印刷版所用的版材不同，
有木版、石版、纸版、铜版等

↓
纸版印刷艺术是我国传统文化的一部分
↓
生活中的美
生活处处有美，只是缺少发现美的眼睛，
确定本节课创作主题 —— 来自学习生活的点点滴滴
↓
探究二
纸版印刷的创作方法

创意设计与纸版雕刻的
基本技法的融合

纸版印刷
及基本技法

创作方法和步骤
专业指导老师指导和示范
↓
课堂实践
以“自己生活中的点点滴滴”为主题进行创作实践
↓
作品赏析与小结

板书设计

墙面作品展区	多媒体课件放映 教师示范	墙面作品展区

教学过程（表格描述）

教学环节	教师活动	学生活动	设置意图
新课讲解（2分钟）	在之前的两节课中，我们已经掌握了纸版雕刻的技巧，并且同学们以小组形式进行了构图练习。现在，让我们聚焦于本节课的目标任务。 学习目标：（1）通过评价，知晓版画雕刻的技巧。（2）体验合作研究、共同成长的乐趣。（3）发现问题、解决问题，完善作品，提高创新意识和制作能力。（4）感悟印刷魅力。 设问：在纸版印刷项目的学习过程中，我们是否还记得第二节课设计环节中提到的设计评价要素？	学生明确这节课在整个项目学习中的地位和具体任务。 学生思考回答设计评价要素：（1）思想性。主题鲜明突出，一目了然。（2）艺术性与装饰性。具有审美情趣。（3）趣味性与独创性。形式有情趣，个性很鲜明。（4）整体性与协调性。版面具有秩序美、条理美，有较好的视觉效果。	明确学习任务。 回忆上节课的知识，为下一步展示设计意图做铺垫。
实践创作（25分钟）	阐释创意： “考试加油”小组阐释——王雨晴小组 随着期末考试的临近，我们期望大家都能取得优异的成绩。在制作考试加油的横幅过程中，我们遇到了一些分歧，如关于“考试加油”这几个字的朝向问题。最初，字的方向是正向的，但经过讨论，我们一致认为反向刻制才能在最终产品上呈现出正面的字迹。	 考试加油	学生代表详细阐述了他们小组的创意，一方面，分享了日常生活中那些微小而美好的瞬间；另一方面，他们鼓励同学们勇于表达自己的观点，并将这些想法转化为具体的设计和实物。在学习

<table>
<tr>
<td></td>
<td>因此，我们最终确定了目前的版面设计。
“杰作”——陈潇贺小组
我们这个学期创作的理念体现在我们的作品中。这幅作品描绘了一座桥和一辆独轮车。在制作过程中，我们首先将这些物体的轮廓绘制在纸板上，接着切割出小方块，并将它们粘贴到模板上。最让我们自豪的是，一个学期的努力成果在这里得到了充分展示，这让我们感到无比的成就感。
“陋室铭”——杨洋小组
我们的小组选定的主题是《陋室铭》。在探讨这一主题时，我们首先联想到的是中国古代水墨画的山水意境，以及那些充满哲理的古典诗词。《陋室铭》所传达的作者那种淡泊名利、乐于简朴生活的态度，与我们作为学生在纷扰世界中追求宁静学习环境的心境不谋而合。因此，我们决定以《陋室铭》为灵感，创作了这幅版画作品。在创作过程中，由于构图的复杂性，雕刻工作颇具挑战。在雕刻过程中，我们遇到了一些困难，导致部分细节出现了瑕疵，甚至有些文字被雕刻反了，这需要我们进一步调整和完善。
“绿水青山”——刘刚小组
我们专注于雕刻绿水青山的景象，山的形态经过多次细致刻画，每一次都感到新鲜和挑战。与其他团队相比，我们作品中的山峰层次分明，独具</td>
<td>
杰作

陋室铭

绿水青山</td>
<td>的旅程中，尽管不乏艰辛，但同样蕴藏着许多值得我们去欣赏和探索的美。学生们通过这次实践活动，不仅提升了动手能力，还培养了团队合作精神和创新思维。他们在创作过程中学会了如何将抽象的概念具象化，并通过印刷技术将作品呈现出来。这种从构思到成品的完整过程，极大地激发了他们的学习兴趣和成就感。</td>
</tr>
</table>

<table>
<tr>
<td></td>
<td>特色。至于文字部分，我们反复修改，最初设计的文字较小，导致构图时留白过多。最让我们自豪的是这座山的雕刻，它不仅层次丰富，而且难度颇高。
点评：胡主任对 4 组的作品进行了细致的点评，他指出，4 组同学的作品给他留下了深刻的印象。他强调，要充分展现思想理念，必须在图文并茂的地方加以突出，以彰显作者的思考。以 4 组作品为例，要想将文字与图像完美地呈现，关键在于强调立体效果。尽管如此，文字部分仍需改进，我们将在后续修改中予以调整。若要通过印刷方式展现立体效果，只有将雕工与印工巧妙结合，才能更精准地传达出作者的创意。
教师示范：结合讲解与示范，强调操作步骤，首先，确保纸版固定稳固，接着，将墨放入墨盒中；然后，均匀地将墨涂抹在纸版上（要充分理解版面，需要全神贯注地投入）。将图像纸放置于纸版之上。进行拓印时，要注意墨水的湿度，避免过干。墨水需要均匀展开，从上至下进行拓印。各小组到讲台处领取墨水，小组成员先进行分工，待版面修整得差不多时即可开始作业。使用墨滚将墨水均匀涂抹。
课堂实践：（1）教师明确所给工具，强调双面胶或胶棒固定，细的笔画要用毛笔，补墨用毛笔。（2）学生修改自己的作品模板，进行印刷，教师巡视并指导。</td>
<td>学生理解、记录，做好创意设计修改准备，学生围在展台周围，观察学习印刷的技法，学习模仿教师拓印雷锋主题作品。

明确创作主题，个人为单位，完成作品创作。</td>
<td></td>
</tr>
</table>

作品赏析与小结（4分钟）	组织学生进行作品分享与赏析：(1) 组内进行作品互评。(2) 作品自评。(3) 课后完成学习效果评价。(4) 教师总结。	同学之间互相交换并赏析作品。其他同学点评。课后完成学习效果评价表。	首先，对课堂实践活动进行自评与互评。其次，通过实践活动，感悟中华五千年人文历史积淀，培养良好道德情操。
拓展（1分钟）	拓展：印刷术的发明令我们深感自豪，作为中华儿女，我们有责任继承并推进我国的印刷技术，在新时代与新技术的融合下，让印刷术为人类社会做出更加卓越的贡献。 总结：愿每个人都能拥有一双洞察之眼，在未来的学术和生活旅程中，持续地发现美、感受美并创造美。	课后学生继续完善自己的作品，作为研学旅行的成果装裱展示。	深入探索历史，理解历史与美术之间密不可分的联系，领略自然之美，激发对大自然的热爱之情。

学习效果评价设计

评价方式：课程改革强调评价过程中多元参与的重要性，主张在活动结束后通过学生间的互评和自评，继而由教师进行点评。这种民主、开放的多方协商评定方法，赋予学生评价的主导权，使评价过程转变为学生自我教育和自我激励的驱动力，成为学生发现和调整个人成长路径的关键途径。

本教学设计特点

本课在教学设计中和以往相比具有以下几个特点：

(1) 全新的创作方法。

我们就地取材，以纸版为创作素材来拓宽综合实践活动的课程资源，培养学生善于发现美、感受美和创造美的能力。印刷术不仅历史悠久，在课堂教学上更是一种全新的展现形式，它还囊括了美术设计、雕刻、黑白画、版画等艺术特色，充分展现了其源于传统艺术又有突破创新的新风格。

(2) 跨学科教学的应用。

本节课参与教师有4位，印刷专业教师的加入增加了课程的专业性，劳技教师的加入增加了学生实际操作的规范性，再加上实践课教师的课堂有效组织，全新的教师团队对于学生来说更有吸引力，能让学生在学习创作方法时事半功倍。

(3) 艺术题材的融合。

在进行纸版印刷中，了解艺术之间的相关性，带入雕刻和设计的内容，学生在体验印刷创作的同时，不仅能丰富学生的视野还能拓宽学生的创作思路，为学生的创造力打开一扇新的大门；通过与历史相结合，让学生对我国的艺术文化有了更深刻的认识，对传统文化有更浓厚的兴趣。

(4) 人文素养的融入。

在现今多元化社会的背景下，教师的教学不仅要注重学生知识技能的培养，更要注重学生人文素养，良好道德品质的培养。本课的教学内容把承载着“发现生活中点点滴滴的美”的纸版印刷与研学旅行结合，与学生的学习生活结合，让学生在创作实践过程中，感悟我国传统文化与现实生活完美的融合。

教学反思

本节课是创意印刷项目学习过程中的一个教学环节，解决如何把学习生活感受物化出来的问题，整个教学内容完成之后，有下面几点值得反思：

第一，设计制作项目活动，设计的重要性。本次项目活动，是综合实践活动课程设计制作的一个学习内容。在这个学习板块，师生往往更多注重的是制作环节，但是在《中小学综合实践活动课程指导纲要》中，明确指出，“设计制作的关键要素包括：创意设计；选择活动材料或工作；动手制作；交流展示物品或作品，反思与改进”。所以，在项目活动的第一课时，首先是让学生进行创意设计，并进行了创意设计的设计稿的交流展示。创意设计环节对创意制作有重要的作用，学生达到手脑并用，融会贯通各类知识和技巧的目的，学生充分运用了学到的数学、劳技、绘画等知识进行跨学科实践活动。

第二，项目学习设计环节，跨学科知识不能偏颇。此次教学内容，学生选择面比较广，在他们对自己的感受进行思考时，确定的主题非常多元。美术、地理、数学、语文、劳技等多学科知识的融入，对于实践课程教师来讲是一个很大的挑战。在第一课时结束的时候，在初期选择主题方面，我发现学生选择的面涉及语文的诗词、劳技的日常作品展示，同时还涉及数学的几何构图和美术的绘画。我便提醒学生在完成主题设计时，把相应的教师聘为自己小组的指导教师，对学生在学科知识运用上起到了很好的知识迁移的作用，提升了学生用日常学到的知识解决问题的能力。

第三，项目学习制作环节，多方面情况的预测不能疏忽。制作环节有许多不确定因素，都是临时出现的问题，如学生的设计稿创造难度比较大。在这个项目活动开展时，虽然我们聘请了区二职高印刷部的教师来做印刷的专业指导，但是面对“绿水青山”小组的山体的刻画难度，发现学生的活动实践经验还是不够。

第四，设计制作活动能充分培养学生的工匠精神，本次创意印刷设计制作项目，鼓励学生手脑并用，灵活掌握、融会贯通各类知识和技巧，提高学生的技术操作水平、知识迁移水平等。

评价量规

	优秀（A）	良好（B）	需努力（C分）	自评	互评	师评
知识技能	作品完整且美观；能够选择正确的表现手法完成叶雕创作；对叶脉的保留有取舍。	能够选择正确的表现手法进行叶雕创作；对叶脉的保留有取舍。	能够用叶雕的基本技法创作叶雕作品。			
情感态度	完成自己的任务；能够与同学交流自己的心得体会，并善于听取他人意见；对组内有困难的同学能热情给予帮助和支持。	很少与同学交流自己的心得体会；活动中自己完成自己的任务。	自己完成自己的任务；不与同学交流自己的心得体会。			
自我评价						

教学设计分析：申立菊老师的“走进印刷世界”教学设计巧妙地把传统文化与劳动教育进行了融合。在科技迅猛发展的今天，印刷技术正经历着日新月异的变革。尽管如此，作为中华文明的宝贵遗产，传统的纸版印刷艺术依然保持着其无法替代的独特魅力和深厚的文化底蕴。因此，将纸版印刷技艺与传统文化相结合的教学，不仅有助于这一技艺的传承与发扬，也为学生提供了深入了解传统文化的宝贵机会。

本课程旨在让学生掌握纸版印刷的基础技能和理论知识，涵盖纸版选择、印刷版制作、油墨调配和印刷操作等关键环节。同时，课程强调将学习与学生的日常生活相联系，培养他们的艺术鉴赏力和创新思维，鼓励他们在实践中不断探索和创新。

在教学方法上，申老师采用了启发式和互动式教学，有效激发了学生的学习兴趣和主动性。通过课堂讲解、示范操作、小组讨论等多种教学手段，引导学生深入理解纸版印刷技艺的核心。特别是多位老师之间的协作与接力教学，确保了专业知识的精准传递和专业性。

展望未来，我们有望进一步拓展纸版印刷教学设计的多样性和创新性，如融入数字技术和新材料等现代元素，以增强纸版印刷技艺的现代感和艺术表现力。同时，加强与其他领域的合作与交流，共同促进传统文化的传承与创新，将是未来发展的关键方向。

3. “衍纸创意制作”教学设计及评析

授课教师：北京市房山区南尚乐中学　申立菊

评析教师：北京市房山区青龙湖中学　郑万军

衍纸创意制作

课程名称：衍纸创意制作

学科：劳动

跨学科领域：美术、综合、数学、地理、物理

学段及年级：八年级

指导思想与理论依据
《义务教育劳动课程标准（2022年版）》强调培养学生的核心劳动素养，包括正确的价值观、品格和关键能力，以适应个人和社会的发展需求。劳动素养包括劳动观念、能力、习惯、品质和精神。教育部的《中小学综合实践活动课程指导纲要》指出，综合实践活动课程基于学生生活和发展需求，通过多种方式培养学生的综合素质。课程鼓励学生从个人、社会和自然互动中获得实践经验，提升对三者内在联系的认识，并发展价值体认、责任担当、问题解决和创意物化等能力。“设计制作”作为实践活动之一，结合多学科知识，旨在提升学生的综合设计能力和技术视野，通过探究和实践提高对自然、社会和自我内在联系的认识，同时发展解决问题、创新、实践和社会责任感，以及良好的劳动品质。
教学背景分析
教学内容：本课程是针对八年级学生设计的衍纸项目教学内容，专注于创意制作环节。其目的在于培养学生的实践能力，使他们能够在实际操作中不断发现并解决各种问题。同时，课程鼓励学生将研学旅行中的体验和感受转化为具体的创作成果，以此来丰富和深化研学旅行的教育内涵。 在“衍纸创意制作”课程中，学生们在掌握衍纸基础技巧的同时，不断发现并解决新问题。他们运用从地理、美术、数学、劳动技术等多学科汲取的知识，通过创意设计将研学旅行中的真实体验转化为衍纸艺术作品。在这一过程中，学生们不仅锻炼了发现和解决问题的能力，还提升了发现美、感受美和创造美的技巧。课程注重人文素养的培养，通过潜移默化的方式影响学生，使他们在实践活动中深刻体验自然的神奇和家乡的美丽，同时培养起对社会责任的认识。

学生情况分析：我校位于乡村地区，学生主要来自邻近的村落。相较于前沿的教学资源，我们的课程资源略显不足。然而，利用日常生活中易于获取的衍纸等材料进行创意制作，对学生而言是相对容易实现的。在技术层面，学生们在小学美术课程中已经初步接触了衍纸艺术的基础知识，这使得他们能够借助以往的学习经验，在教师的引导下迅速掌握衍纸的创意构思与制作技巧。 教学方式：延续上一课时的内容，我们从学生小组代表对创意设计的阐述开始引入课题。在指导老师的引领下，我们采用引导式教学方法深入探讨主题。学生们以小组形式集体参与，通过分析、讨论、总结、实践和评价等一系列参与过程，运用自主学习的方法，培养他们的创造性思维和自我探究的能力。通过实物投影仪展示学生作品，鼓励学生进行互评和自评，以体现他们的自主性和参与性，从而实现教学目标。 教学重点：创意设计的具象化，通过实践活动实现了衍纸“研学旅行感悟”这一创意设计主题。 教学难点：以衍纸艺术为媒介，尽情表达个人对研学旅行生活的深刻感悟，在创作的旅程中体验家乡自然界的壮丽奇观和从研学旅行中汲取的成长经验。 技术准备：学生在制作 PPT、运用实物投影和其他多媒体工具的能力。
对主题活动（研究课题）的描述
根据学校三年研学旅行规划，七年级第二学期的 5 月份，学生们参与了“自然之旅”的主题研学活动。该活动在确保学生健康与安全的前提下，通过参观、考察和探究的方式，鼓励学生带着问题去旅行。活动内容和顺序包括探索溶洞奇观、了解古村的兴衰、观察多样生物、研究地质变迁、保护湿地生态和追踪怪石的奥秘。具体而言，学生们前往房山河北镇的石花洞，体验喀斯特地貌的地质作用；访问房山南窖乡的水峪村，感受古村民俗；在被誉为北方小西藏的蒲洼乡东村，领略深山区的自然风光；在十渡景区，通过游山戏水来探索地质的演变；在房山长沟镇的湿地公园，研究植被并理解湿地的重要性；最后，在房山周口店镇的官地村岩石博物馆，欣赏怪石并领略大自然的神奇造化。 在实践过程中，学生们进行了考察、实验、采集标本、测量和绘制地图等活动，并进行了对比分析，提出了自己的建议。在老师的指导下，他们通过小组合作或独立完成课题研究任务。活动期间，学生们在蒲洼东村和十渡分别住宿一晚，共计两晚。 本节课是“自然之旅”研学活动的延伸与拓展，学生们将利用衍纸工艺来制作与“自然之旅”相关的感悟作品。衍纸项目学习分为 3 个课时：第 1 课时介绍衍纸的基本技法；第 2 课时设计以“研学旅行感受”为主题的作品；第 3 课时则是制作这些主题作品。
教学目标（内容框架）
“自然之旅”研学旅行活动目标：（1）通过发现问题，运用研究方法解决问题，提升科学素养和实践创新能力。（2）通过拓展生物、地理、化学等学科相关知识，提升实践中的学习能力。（3）通过自我管理和集体住宿，提升与人沟通、独立和集体生活能力。（4）通过远程旅行，培养吃苦耐劳、永不放弃的精神，让学生学会健康生活。（5）用脚

丈量家乡的土地活动，培养学生知家乡、爱家乡、保护家乡的情怀。

衍纸项目学习目标：(1) 学习衍纸基本技法，运用衍纸基本技法制作简单作品，并运用衍纸基本技法解决研学旅行感受物化的问题。(2) 在衍纸作品设计、制作过程中，解决不断出现的问题，提升克服困难、解决问题的能力。(3) 通过研学旅行感受的物化，再次感悟家乡大自然的鬼斧神工，提升家乡情怀，提升责任担当和在不断解决问题的过程中提升抗挫折能力。

本课时的教学目标：通过运用衍纸的基本技巧，创作以“研学旅行的感悟”为核心主题的艺术品，深入体验衍纸的基础卷制方法，并灵活地将这些卷制技巧应用于设计与制作过程中。同时，结合跨学科的知识，完成作品的创作，从而加深对学科知识在实际应用中的理解。

过程与方法：通过自主学习和探究学习的方法，我们修改并交流了各自的衍纸主题设计，解决了设计过程中遇到的问题。通过聆听其他小组的汇报，并通过观察和比较，我们深刻认识到设计环节的重要性。利用衍纸制作的基本技法，以及在教师指导下克服难点的策略，我们成功完成了主题作品的制作。此外，我们还能够对自己的作品进行自我评价和相互评价。

情感、态度和价值观：通过参与衍纸项目的学习，学生们不仅学习了衍纸的基本技巧，还与中国传统文化进行了融合。他们将研学旅行中的所见所感，通过衍纸作品这一形式具体化，体验了将自然之美转化为艺术之美的过程。这一过程激发了他们对衍纸艺术的热爱，同时也让他们体会到了设计与制作之间的乐趣，领略了大自然的神奇造化，以及家乡的灵秀与人才辈出。

问题框架（可选项）

1. 各个小组同学，你们的“来自研学旅行的感悟”主题衍纸设计定稿了吗？

通过提问，引出本节课题。

2. 各小组代表能够向同学们阐述一下你们的设计过程吗？

通过分享设计历程，再次明确制作主题，同时分享解决问题、完成设计。

3. 制作过程中出现了什么问题（学生制作时，教师在指导小组活动时提问或者发现）？

指导学生制作时生成的问题，解决共性和难点。

4. 请说一说你们作品的制作过程？

通过分享制作过程，在此明确作品主题，同时分享解决问题、完成制作。

5. 请评委对各小组的作品评价进行说明？

通过学生评委代表的发言，分享衍纸作品的设计制作的原则。

教学流程示意（可选项）

引入课题
以学习生活为源，以衍纸为载体，
进行“来自研学旅行的感悟”的衍纸制作
↓
探究一
设计制作过程简述
↙ ↓ ↘
小组展示衍纸主题的设计稿 | 小组分享完成主题设计的经验
↓
分享创意设计过程中解决问题的过程
↓
感悟解决问题的快乐
在不断解决问题中，完成自己的创意设计及制作，
确定本节课创作主题
↓
探究二
衍纸创意主题制作的创作方法
↙ ↘
创意设计与衍纸制作的基本技法的融合 | 灵活运用衍纸基本技法
↘ ↙
创作方法和步骤
教师进行学生生成问题指导并进行难点突破
↓
课堂实践
以“来自研学旅行的感受”为主题进行创作实践
↓
评价（小组进行自评和互评）
↓
作品赏析与小结

板书设计

难点突破 创意制作作品主题：①抓住要展现作品的特征；②抓住所用材料的特点；③运用跨学科的知识	多媒体课件放映	手绘“旭日东升”地质特点示意图

教学阶段	教师活动	学生活动	设置意图	技术应用
创设情境 温故知新	引入新课：同学们，今天我们继续深入学习衍纸项目。首先，让我们回顾一下之前课程所学的内容。在第一节课中，我们掌握了衍纸的基本技巧。在学习这些技巧的过程中，同学们提出了一个有趣的问题：“我们能否利用衍纸技术来表达在研学旅行（今年5月份，我们年级在学校组织下进行了为期3天的“自然之旅”研学旅行，走进了家乡的山山水水，同学们感受颇多）中的体验和感受呢?”在第二节课上，我们以小组形式确定了各自围绕“研学旅行感受”这一主题的设计方案。任洋小组选定的主题为“一碗面”，旨在通过这一日常食物展现研学旅行中的个人成长。李春实小组则以“旭日东升”为主题，意在反映我国改革开放40年来，如日中天的繁荣景象和美好生活。吴纯鑫小组的主题是“舞中幡”，他们希望通过这一活动来展示对中国传统文化的传承与发扬。牛润石小组则选择了“石花洞”，以此表达对家乡大自然神奇造化的敬畏与赞美。	在教师的引导下看PPT展示的图片，回顾研学旅行和衍纸项目已经学习的内容。  研学旅行活动 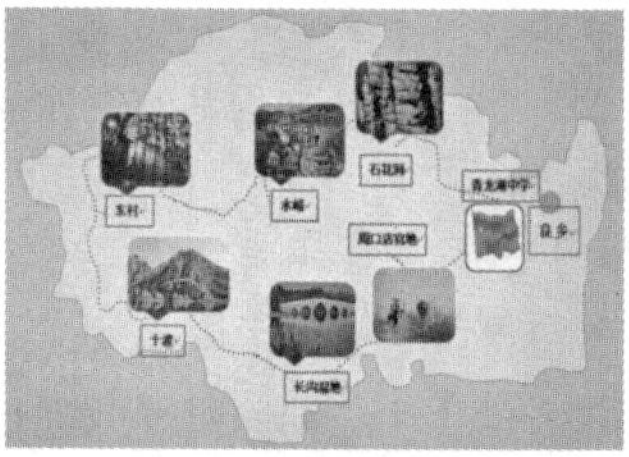 研学旅行线路图 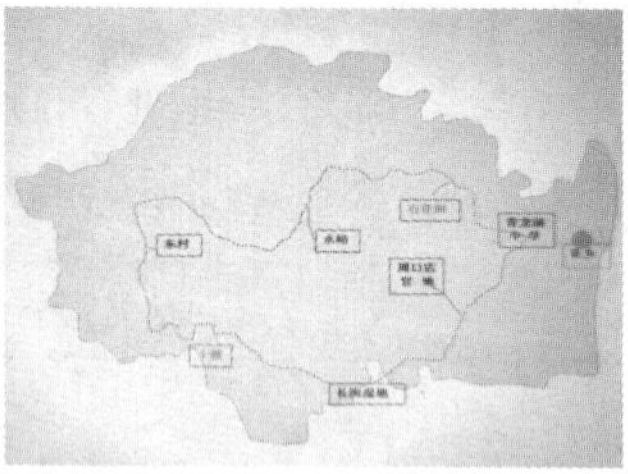 小组选择的主题	回顾以往教学内容，引发学生思考，对新课的学习奠定基础。	多媒体PPT
新课讲解	明确本节课“研学旅行感受”主题衍纸作品制作的要求：一是小组合理分工，分工合作；二是纸卷制作松紧适合主题要求；三是工具的合理使用；四是作品的整洁度；五是心态要平和。	听、理解目标和制作要求。		多媒体

<table>
<tr>
<td>实践操作</td>
<td>指导学生分享主题设计过程：老师问在课下同学们对自己的主题设计进行了修改，现在各组设计都定稿了吗?
老师协助学生用实物投影展示设计稿。
牛润石小组“石花洞”设计图。

第一稿设计
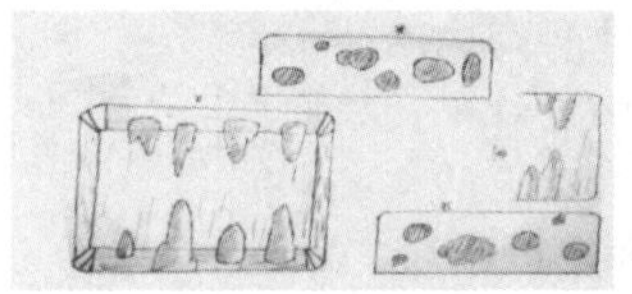
第二稿设计
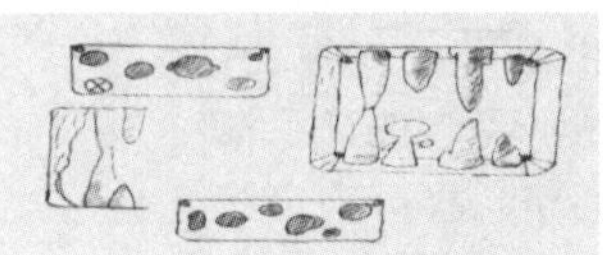
第三稿设计（定稿）
任洋小组“一碗面”设计图。

第一稿设计</td>
<td>各小组组长分享设计稿定稿过程如下。
牛润石小组：我们的作品名为“石花洞”，旨在展现洞内钟乳石的形成过程和洞内丰富多彩的自然景观。这是我们的初稿设计，展示了碳酸钙在水的作用下，通过重力影响形成的石笋，以及碳酸钙水滴沉积而成的石柱。尽管上下结构对应，但整体设计显得较为简单，未能充分表达我们的设计理念。第二稿，我们采用了三维图形设计，意图变得更加明确。然而，这一版仅突出了钟乳石的形成机制，未能捕捉到石花洞内灯光效果下所呈现的绚丽多彩。因此，在第三稿中，我们加入了地面小灯和手持手电筒的人物元素，这样的设计更有效地表达了我们的主题。
任洋小组：我们的作品主题聚焦于“一碗面”。我们希望通过这碗面，折射出我们成长过程中的故事。呈现在您面前的是我们的初稿设计。在上一堂课中，老师和同学们指出该设计缺乏立体感。针对这一问题，我们咨询了美术老师和数学老师，并采纳了他们的建议，运用了几何绘图技巧和美术立体构图法，从而完成了目前的第二稿设计。这便是我们目前</td>
<td>通过汇报交流，学会与同学分享；在介绍自己的设计稿时，更加清晰本小组的设计主题，为下一步制作提供更加清晰的思路；锻炼表达能力，体验制作的快乐。</td>
<td>实物投影</td>
</tr>
</table>

<table>
<tr>
<td></td>
<td>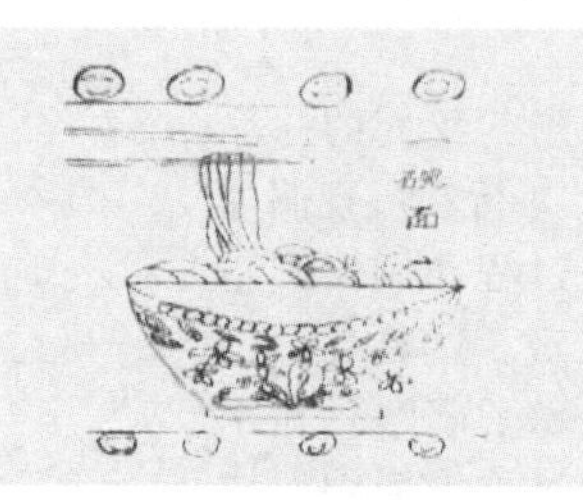
第二稿设计（定稿）
吴纯鑫小组设计图
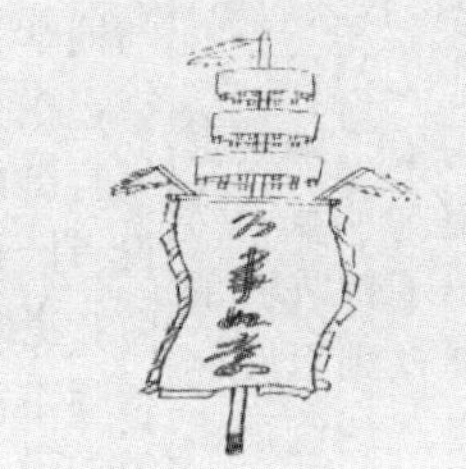
第一稿设计

第二稿设计（定稿）
李春杰小组设计图

第一稿设计</td>
<td>的设计图。它不仅呈现了一碗面，还唤起了我们对过去一次尴尬经历的回忆——当时我们未能事先询问面的价格，导致预算超支，不得不绞尽脑汁解决资金短缺的问题。在这次设计中，我们特意增加了笑脸元素，意在传达我们用智慧解决问题后所感受到的成长喜悦。此外，我们还计划在碗上绘制青花瓷图案，以此来展现我国的传统文化。
吴纯鑫小组：我们小组的作品主题聚焦于“舞中幡”。这是我们上节课所完成的初步设计。在这一版设计中，我们面临的问题是标旗上的文字未能充分展现“舞”的精髓。此外，我们原本计划使用衍纸卷来制作旗杆，但后来发现衍纸卷无法为中幡提供足够的支撑力。针对这些问题，我们进行了第二轮设计的调整。我们决定将文字元素替换为一条栩栩如生的舞动之龙，从而突出了主题的鲜明特色。同时，我们在衍纸卷内部嵌入了一根筷子，有效解决了支撑问题。在实际制作过程中，我们将继续留意可能出现的问题，并逐一解决。
李春杰小组：我们的作品主题聚焦于“旭日东升”。设计过程颇具挑战性。呈现在您面前的是初稿，展现了山体与太阳的景象。尽管这版设计成功捕捉了我国改革开放 40 年来人民生活蒸蒸日上的繁荣景象，</td>
<td></td>
<td>衍纸技法</td>
</tr>
</table>

	第二稿设计 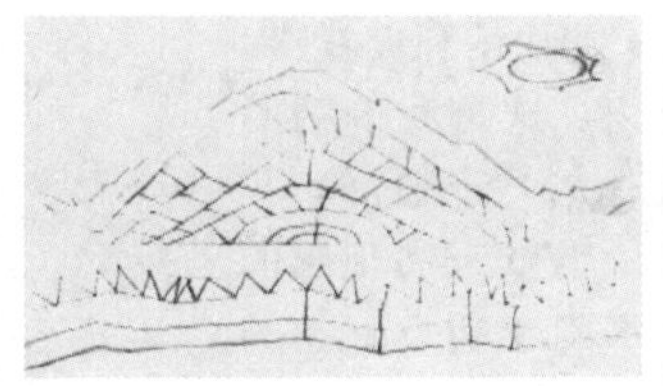 第三稿设计（定稿） 指导学生动手实践：组间巡视，解决学生生成的问题。突破难点，以旭日东升小组提出的问题为例讲解如何运用衍纸表现作品主题：（1）抓住要展现作品的特征。（2）抓住所用材料的特点。（3）运用跨学科的知识。	却未能准确反映旭日东升时的地质特征。因此，我们进行了调整，推出了第二稿，着重描绘了山体的地质成因——向斜与背斜结构，以及水面的倒影效果。然而，新的问题出现了：主题表达不够明确。于是，我们着手第三稿，通过在整体构图中融入一个朦胧的卡通太阳形象，生动地表现了太阳从水面缓缓升起，直至光芒万丈的瞬间，从而鲜明地突出了作品的核心主题。我们对此感到非常满意！ 学生们在悠扬的音乐伴奏下，依照精心设计的图纸，携手合作，动手制作精美的衍纸艺术作品。在设计过程中遇到新的挑战时，他们在老师的悉心指导下，迅速找到解决方案，最终顺利完成了他们的创作。		
分享交流	指导学生进行成果分享。 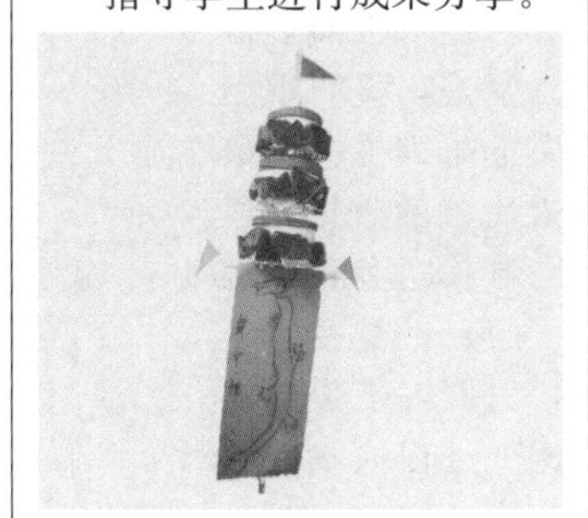 吴纯鑫小组 ——舞中幡衍纸作品图	吴纯鑫小组：这是我们精心制作的衍纸艺术作品——“舞中幡”。在创作过程中，我们巧妙地运用了三角卷、衍纸条和辅助材料，包括特定的材质和筷子。在制作过程中，将装饰贴合到圆形伞盖上时遇到了一些挑战，难以稳固。幸运的是，在老师的指导下，我们使用了珠针进行初步固定，并迅速用502胶水定型，虽然结果并非完美，但依然成功地传达了我们的创作主题。通过亲手制作，我们成功地再现了在研学旅行中最令人喜爱的传统艺术——舞中幡。我们制作的	分享成果，小组间互帮互学，共同提高；带着欣赏的眼光，运用评价量规评判。提升学生的鉴别和判断能力；让学生敢于发表自己的见解。	衍纸技法

	 任洋小组 ——一碗面衍纸作品图	版本不仅保留了这一艺术形式的核心特色，而且足够直观，能够让旁观者一目了然地理解“舞中幡”的精髓。尤其在解决过程中遇到的种种挑战，给我们带来了极大的快乐和成就感。 任洋小组：这是我们精心创作的作品——“一碗面”。我们巧妙地运用卡纸来展现碗的质感，通过水滴卷和小紧卷的技巧，生动地刻画出青花瓷的图案。面条则是用精心裁剪的衍纸条制作而成，筷子则由材质条构成，巧妙地挑起面条，赋予了整个画面以立体感。作品中洋溢的笑脸，旨在传达我们成长过程中的快乐。如今，我们已经学会在外出就餐前询问价格，明白了合理理财的重要性，并且学会了独立解决问题。在制作面条的过程中，我们遇到了一些挑战。最初，我们尝试将衍纸条团成一团，但效果并不理想，整个版面显得不够吸引人。于是，我们重新设计了衍纸条的排列方式，最终呈现出令人满意的效果。通过这一设计与制作过程，我们用作品表达了自己的感受。从构思到成品，我们一步步地克服了困难，这个过程让我们感到无比畅快。		

	 李春杰小组 ——旭日东升作品图  牛润石小组 ——石花洞作品图	李春杰小组：我们的作品名为“旭日东升”。通过运用多种颜色的衍纸卷层层叠加，我们生动地展现了山体在不同地质年代的形成过程，同时巧妙地表现了向斜和背斜的地质构造差异；利用三角形衍纸卷模拟水面的波光粼粼，而细碎的衍纸片则用来营造水中倒影的逼真效果；卡通风格的太阳形象则生动地描绘了它冲破水面的瞬间。在创作过程中，我们深刻体会到解决每一个难题的不易。我们的作品旨在展现大自然的壮丽与神奇，起初我们认为这会很简单，然而，从设计阶段开始，我们便不断遭遇挑战，尤其是在确保主题与山体特征相协调的问题上。在制作过程中，我们尝试了多种不同的表现手法来呈现山体和水面，最终呈现了这个版本。您认为这是最佳的成果吗？总体而言，我们感受到在实践中不断解决问题的过程极大地提升了我们的实践技能和创新能力，这让我们感到无比的喜悦。 牛润石小组：我们的作品名为“石花洞”。最初用纸盒制作，但效果不佳，于是采纳李潇洁的建议改用木板，并在劳技教室按比例切割。我们根据岩石颜色特点，用广告色和水彩调配颜色，效果很好。我们还用衍纸制作了石笋和石柱，有的形成钟乳石，有的呈现石花的不规则形状。这些是在任洋小组和吴鑫纯的帮助下完成		卡通画设计

		的。石幔是用废报纸揉制而成。洞内的照明通过小人手中的手电筒和灯泡来表现，展示了洞内光线和自然奇观。在解决问题的过程中，我体会到团结的力量和集体智慧的重要性。感谢老师和同学们的帮助。		木工技术
效果评价	指导学生评价：一是评价量规（见评价方式）因为时间关系，课上只进行组间互评；二是宣布组间评价结果，每个小组衍纸主题作品都得到了3颗星星。	小组代表对其他小组运用衍纸制作的小星星等作品进行了评价。 评委代表阐述了评价的理由：我们一致认为，每个作品都深刻体现了研学旅行的主题，并且真实传达了我们在旅途中的感受。作为来自不同小组的评委，从设计到制作，我们各自遇到了各种挑战。在老师和同学们的悉心指导下，通过我们自身的努力和不懈思考，最终克服了这些困难，完成了作品。尽管过程充满艰辛，但我们从中学会了如何有效解决问题，并在这一过程中不断成长。未来，面对任何困难，我们都会像这次一样，勇敢面对，积极思考解决方案。因此，我们最终评定每个小组都表现出色，给予每个小组高度评价。	提升学生的分析和决策能力。	
归纳总结	根据学生的作品和学生的互评进行小结：同学们，我建议我们以热烈的掌声向评委们精彩的点评表示感谢！同时，我也提议大家用掌声庆祝自己在衍纸项目学习过程中解决问题能力的持续提升！今天，我们的衍纸项目学习活动课堂教	理解。	学会理解别人、学会感恩、学会欣赏自己。	

	学部分就到此为止了。我期望同学们能在日常生活中创作出更多富有创意的衍纸主题作品，以表达我们的真实情感。希望你们将这种勇于面对挑战的精神和能力应用到生活的各个方面。			
拓展提高	课下，同学们运用勇于面对挑战的精神和能力，创作出更多衍纸作品，生动展现了研学旅行的全过程。	理解。		多媒体

学习效果评价设计

课程改革提出要加强评价中多元主体参与，在课堂上学生进行了小组间的评价，活动结束后学生进行自评，然后教师点评。民主、开放性的多方协商的评定法，让学生成为评价的主人，使评价成为学生自我教育、自我激励的动力，成为学生发现和调整自我成长方式的重要途径。评价依据有两个：一是课堂难点突破时强调的衍纸作品主题创作时，首先，抓住要展现作品的特征。其次，抓住所用材料的特点。最后，运用跨学科的知识。二是评价量规（见第 116 页）。

本教学设计特点

本课在教学设计上相较于以往，展现出了以下几个显著特点。

第一，实现了教学内容的全新融合。我们充分利用现有资源，以衍纸为创作媒介，丰富了综合实践活动的课程资源。通过将研学旅行的课题研究融入设计制作内容中，学生在亲身实践中不断发现问题、解决问题，从而提升了他们的解决问题能力。这些问题不仅来自生活，而且是在学生动手制作、发现美、感受美、创造美的过程中得以解决的。这一做法有效地融合了综合实践活动的不同实施形式，打破了传统单一的教学方式。第二，实现了跨学科教学的应用。本节课的内容涵盖了美术、劳技、数学、地理、物理等多学科知识，学生运用这些学科知识来解决实践中遇到的问题，这既体现了综合实践课程跨学科学习的特点，又让学生在实践中深刻体会到知识的实用价值。第三，融入了人文素养的培养。通过将品德教育与衍纸创作相结合，学生在创作过程中再次深刻领悟了研学旅行“走进自然，茁壮成长”的教育意义。他们不仅感受了我国传统文化与现实生活的完美融合，还更加深刻地体会到了家乡自然风光的神奇魅力，以及对研学旅行中成长故事的深刻回味。第四，以问题解决为核心推进课程。培养学生发现问题、解决问题的能力是综合实践课程的重要目标。本节课围绕研学旅行中发现的问题，通过衍纸项目学习来寻求解决方案。在解决问题的过程中，新的问题不断涌现，学生不断挑战自我，提升能力，并享受着解决问题的乐趣。在这一过程中，学生不仅学会了学习，还在动手实践中培养了实践与创新能力。

评价量规

	优秀（A）	良好（B）	需努力（C 分）	自评	互评	师评
知识技能	作品完整且美观；能够选择正确的表现手法完成衍纸创作。	能够选择正确的表现手法进行衍纸创作。	能够用衍纸的基本技法创作衍纸作品。			
情感态度	完成自己的任务；能够与同学交流自己的心得体会，并善于听取他人意见；对组内有困难的同学能热情地给予帮助和支持。	很少与同学交流自己的心得体会；活动中自己完成自己的任务。	自己完成自己的任务；不与同学交流自己的心得体会。			
自我评价						

教学设计评析：衍纸艺术，以其绚烂多彩的颜色、灵活多变的形态和鲜明的立体感，已成为吸引学生目光的独特创意制作形式。研学旅行，作为一种侧重于实践、体验与探究的学习方式，为学生的成长提供了宝贵的实践平台。申立菊老师的“衍纸创意制作”教学设计巧妙地将衍纸艺术与研学旅行相结合，为学生带来了一场别开生面的学习体验。

在这一教学设计中，学生不仅学习了衍纸艺术的基本知识和精湛的制作技巧，更在动手实践中锻炼了观察力、创新思维与动手能力。通过将衍纸艺术融入研学旅行的实际生活中，学生得以将所学知识应用于实践，不仅拓宽了视野，还将实践成果以物质化的形式展现出来，实现了知识与技能的提升。

此外，这一教学设计还显著增强了学生的团队协作能力，让他们在共同完成任务的过程中学会相互支持、沟通与协作，从而提升了综合素养。更重要的是，通过参与此次衍纸制作活动，学生再次深刻体会到了研学旅行的独特魅力，不仅达成了劳动教育的核心素养要求，还进一步丰富了研学旅行的教育内涵，使其意义更加深远。

综上所述，申立菊老师的“衍纸创意制作”教学设计是一次成功的跨学科融合实践，为学生提供了丰富多彩的学习体验与成长机会。

4. “水果拼盘”教学设计及评析

授课教师：北京市房山区南尚乐中学　申立菊

评析教师：北京市房山区长沟中学　王辉

水果拼盘

课程名称：水果拼盘

学科：劳动

跨学科领域：美术、数学、生物、语文、综合实践

学段及年级：七年级

<table>
<tr><td>课题</td><td>水果拼盘</td></tr>
<tr><td>课型</td><td>新授课☑　　章/单元复习课□　　专题复习课□
习题/试卷讲评课□　　学科实践活动课□　　其他□</td></tr>
<tr><td colspan="2">教学内容分析</td></tr>
<tr><td colspan="2">本节课是七年级新生创意设计制作项目之一：快乐小厨师（水果拼盘）创意制作的成果交流展示课。
要求：学生完成一个研究报告，做 PPT 进行现场汇报。</td></tr>
<tr><td colspan="2">学习者分析</td></tr>
<tr><td colspan="2">七年级学生通常好奇心旺盛，勇于表达和尝试，然而他们往往缺乏实际操作的机会，导致动手能力不足。许多孩子在家中受到过度的宠爱，很少参与家务劳动，因此，可能对父母的辛勤付出缺乏足够的感激之情。</td></tr>
<tr><td colspan="2">学习目标确定</td></tr>
<tr><td colspan="2">（1）选择食材，制作作品，提升学生解决问题的能力。（2）创意设计制作，提升学生创意物化能力。（3）职业体验，培养热爱劳动的品质。（4）交流展示，提升合作交流能力；评价交流，提升思辨能力，责任担当能力。</td></tr>
<tr><td colspan="2">学习重点难点</td></tr>
<tr><td colspan="2">创意制作</td></tr>
<tr><td colspan="2">学习评价设计</td></tr>
<tr><td colspan="2">评价量表（见第 116 页）</td></tr>
</table>

<table>
<tr><th>学习活动设计</th></tr>
<tr><td>导入：创设情境，引入厨师快乐工作的场景。激起学生兴趣，做好自己作品展示准备。
“快乐小厨师”交流展示活动开始：首先，小组分工，推荐一人算总成绩（举手通过法，每个人都要表态）。其次，教师讲解要求（板书），汇报者须表达清晰、声音洪亮，体态大方、阳光自信，汇报完整、有感染力；评价者应认真倾听、静静欣赏，合作评价、公平公正，勇于思考、礼貌提问。再次，确定交流展示顺序：何郡晧、韩一萍、张雯昕、吴旭珧、郜艺涵。学生依次交流展示：学生展示—评价者提问—汇报者回答—汇报环节结束，评价者打分，签字。和分组算总成绩。最后，教师对活动点评，重点关注学生制作态度；作品主题是否积极向上，联系生活；作品运用食材是否有创意。同时关注评价者评价是否经过了思考，是否提出了建设性的意见。</td></tr>
<tr><th>板书设计</th></tr>
<tr><td>汇报者：表达清晰，声音洪亮
体态大方，阳光自信
汇报完整，有感染力
评价者：认真倾听，静静欣赏
合作评价，公平公正
勇于思考，礼貌提问</td></tr>
<tr><th>作业与拓展学习设计</th></tr>
<tr><td>继续完善作品。</td></tr>
<tr><th>特色学习资源分析、技术手段应用说明（结合教学特色和实际撰写）</th></tr>
<tr><td>本节课是主题项目的第 4 课时，学生创意制作成果交流展示。需要运用多媒体，PPT。</td></tr>
</table>

教学设计评析：申立菊老师的“水果拼盘”教学设计属于课前教学设计，其特别强调了劳动课程中学生实践能力的培养。在课程时间的分配上，该设计确保了学生有充足的时间进行交流和展示。在评价机制方面，它不仅重视汇报者的表现，还注重学生是否能够进行有效的评价，将学会倾听和批判性思维纳入评价体系中。

5. “木工榫卯结构实践应用”教学设计及评析

授课教师：北京市房山区青龙湖中学　范桂明

评析教师：北京市房山区南尚乐中学　申立菊

木工榫卯结构实践应用

课程名称：木工榫卯结构实践应用

学科：劳动

跨学科领域：物理、数学、美术、信息技术

学段及年级：七年级

指导思想与理论依据
指导思想：《义务教育劳动课程标准（2022 年版）》明确指出，劳动课程应聚焦于日常生活劳动、生产劳动和服务性劳动三大领域。课程设计应基于学生的实际经验和成长需求，利用劳动项目作为主要载体，以劳动任务群作为核心单元。课程旨在确保学生能够全面体验劳动过程，从而构建一个包含这三类劳动、按学段逐步深入、各有侧重点的课程体系。 理论依据：课程内容的选择应遵循因地制宜的原则，以适应当地的环境条件。无论是工业还是农业领域，都应挑选与之相适应的课程方向。关键在于培育学生的自我管理能力和独立生活技能，因此，课程内容应与日常生活紧密相连，选择相关的劳动活动。同时，课程内容应考虑当地的季节变化和区域产业特色，挑选与工农业生产紧密相关的劳动项目。此外，课程设计还应注重培养学生的社会责任感，选择学生能够参与的公益劳动和现代服务业劳动内容。同时，应融入体现中华优秀传统文化和工匠精神的手工劳动，以及适当引入反映新形态、新技术、新工艺等现代劳动内容，以拓展学生的实践经验和知识视野。
教学背景分析
教学内容：本课程的实践应用制作，以传统工艺制作子模块为设计背景，是在生产劳动任务群的框架下进行的。设计制作活动计划为期 3 周，分为 3 个阶段。第一阶段为创意设计制作；第二阶段专注于实际制作；第三阶段则结合制作与展示。该课程内容涵盖了劳动、物理、数学、美术等多个学科的教学。本次课程为第三阶段，基于前期的设计与制作，旨在完成作品并进行展示与评价。 学生情况：青龙湖中学坐落在被誉为房山区后花园的青龙湖镇，这里风景秀丽、空气宜人。该校的学生主要来自周边 17 个村落。七年级的学生们普遍在动手能力方面有待加强，他们在思考问题时往往不够全面，缺乏深度和广度。然而，在经历了一个学期的木工实践教学之后，学生们已经熟练掌握了多种工具的基本操作技能，并且在创意设计方面取得了显著的进步。 教学方式：延续上一课时的内容，我们从学生小组代表的创意设计阐述开始引入课题。在指导老师的引领下，我们采用引导式教学法深入探讨主题。学生们以小组形式集体参与，通过分析、讨论、总结、实践和评价等一系列参与过程，实现了自主学习的方法。这种方法旨在培养学生的创造性思维和自我探究的能力。我们利用实物投影仪展示学生的作品，鼓励学生进行互评和自评，以体现他们的自主性和参与性。通过这一系列的教学活动，我们最终达成教学目标。 技术准备：探索榫卯结构的制作，涉及物理、几何、美术等相关知识。

问题框架

1. 你还记得我们上节课的活动吗？

引起学生的回忆。

2. 还记得你们当初的设计思路吗？

引起学生对设计初衷的思考，引出本节课的创。

3. 你能感受到在下面的活动中要注意什么吗？和上节课完成的内容有什么关系？

让学生意识到设计和制作的关联。

4. 请同学们看看你们要用到的材料？需要注意什么？

提醒学生制作时注意的事项。

教学流程图

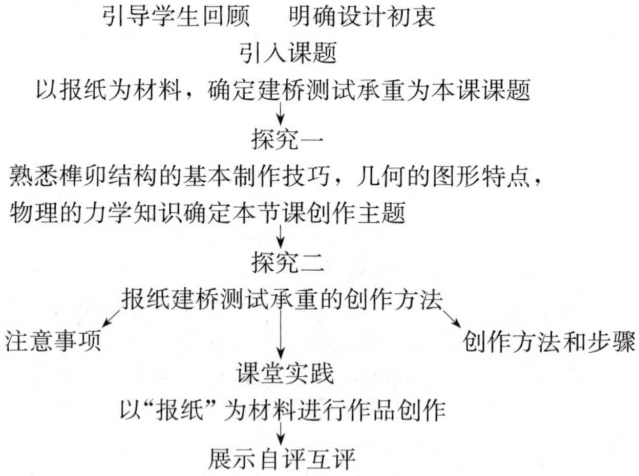

引导学生回顾　明确设计初衷

引入课题

以报纸为材料，确定建桥测试承重为本课课题

↓

探究一

熟悉榫卯结构的基本制作技巧，几何的图形特点，

物理的力学知识确定本节课创作主题

↓

探究二

报纸建桥测试承重的创作方法

注意事项　↓　创作方法和步骤

课堂实践

以“报纸”为材料进行作品创作

↓

展示自评互评

教学目标（内容框架）

教学目标：（1）知道木材的特性，熟练使用基本的木工工具和设施对木材进行加工，并能根据自己的设计完成作品的制作。（2）通过学生动手实践感悟从设计到榫卯结构的制作不同环节的技术特点。（3）通过实践感悟实践的快乐，在探究、制作、体验中学习，分析和解决现实问题，同时实践劳动、几何、物理、美术等课程学习内容。（4）关注日常生活和周围环境中的技术问题，形成持续而稳定的技术学习兴趣，具有较强的技术意识和创新意识。（5）理解从事生产劳动必须具备的品格与态度，能够安全而负责地参加劳动，具有初步的与他人进行技术合作、技术交流的态度与能力。

教学过程（文字描述）

教学步骤：一是引入；二是分组展示，①4 个小组分别展示，每个小组 2—3 分钟；②展示成果，分享设计理念；三是同学互评，教师点评并给出意见；四是学生分组进行制作完成作品；五是各组将已经完成的作品在讲台前进行展示；六是小结。

教师活动：同学们，我们上节课已经针对你们调研后的设计方案进行了修改，并也进行了集中制作，本节课我将把没有完成的作品完成，并向大家进行展示，我们应重点关注：设计图结构的合理性与可操作性，学生互评完成后给出指导意见（教师巡视就学生出现的具体技术问题进行指导，如指导学生介绍本组的设计构思，应用哪些技术手段，从中学到了什么？）本节课重点运用木工技术，结合数学、物理知识完成木工作品制作，希望同学们在作品制作和完成过程中，感受、体验、学会榫卯结构这一传统文化和技艺，做中华传统文化的传承人。活动结束后，教师进行总结，并填评价表（见第 121 页）。

学生活动：倾听、理解、准备分享。分组派代表进行设计图的展示说明，就其他组的设计方案发表自己的见解，小组内分工协作合作。制作完成作品。同学互评，积极发言。

本教学设计的特点

一是关注学生发现问题、解决问题，学生发现自己的兴趣点，进行创作，在实践设计制作过程中不断解决问题；二是跨学科教学，体现劳动实践活动课程的性质，达到了数学、物理、劳动、综合实践学科的融合，并拓展知识榫卯结构的力学支撑；三是学生在评价、展示中提升交流汇报能力和接纳倾听素养；四是通过榫卯结构实践应用的制作提升了学生的设计制作和科学素养。

评价表

作品名称	小组成员合作程度			创意			设计图			制作			总分		
	非常好 5	较好 3—4	不太好 2—0	非常好 5	较好 3—4	不太好 2—0	非常好 5	较好 3—4	不太好 2—0	非常好 5	较好 3—4	不太好 2—0	非常好 5	较好 3—4	不太好 2—0
总得分															
备注	每项 5 分，总分 20 分														

教学设计评析：范桂明老师的“木工榫卯结构实践应用”教学方案，符合《义务教育劳动课程标准（2022 年版）》中工业生产劳动任务群的要求。通过实践活动，学生们不仅掌握了榫卯结构的基础理论和制作技巧，而且在实际操作中取得了显著成果。本课程案例以简洁的语言呈现，问题设计清晰直接，直击教学核心。课程内容聚焦于关键点，特别强调学生对木工设备的操作技巧和规范使用；同时，也注重培养学生设计基础技术图样并依照这些图样制作木工产品的技能。此外，教学方案还着重于培养学生的合作精神和责任感。

6. “报纸建桥测试承重”教学设计及评析

授课教师：北京市房山区青龙湖中学　范桂明

评析教师：北京市房山区南尚乐中学　申立菊

报纸建桥测试承重

课程名称：报纸建桥测试承重

学科：劳动

跨学科领域：物理、数学

学段及年级：七年级

指导思想与理论依据
指导思想：以习近平新时代中国特色社会主义思想为指导，全面贯彻党的教育方针，落实全国和全市教育大会精神，坚持立德树人，坚持培育和践行社会主义核心价值观，把劳动教育纳入人才培养全过程，贯通各学段，贯穿家庭、学校、社会各方面，与德育、智育、体育、美育相融合，紧密结合经济社会发展变化和学生生活实际，积极探索符合区情、具有房山特色的劳动教育模式，创新体制机制，注重教育实效，实现知行和促进学生形成正确的世界观、人生观和价值观。中国传统纸工历史悠久、影响深远。然而，由于多元文化和历史因素，学生对这一传统文化了解不多。教育应促进学生全面发展，不仅传授知识技能，还要培养其人文和技术素养。 理论依据：以《义务教育劳动课程标准（2022 年版）》为依据，提高学生设计能力、拓宽技术视野为目的，合理开发和利用课程资源，使学生在探究、实践的过程中提高对自然、社会和自我的内在联系的整体认识，发展学生的创新能力、实践能力、社会责任感和其良好的个性品质。

教学内容分析
本课程旨在作为小学纸工课程的延伸，通过实践教学，引导学生从实际生活需求出发，亲身体验劳动过程的各个环节。学生将通过设计、制作、试验、改进和探究等实践活动，获得深刻的劳动体验，掌握劳动相关的知识和技能，理解劳动的价值，并培养劳动精神。 “报纸建桥测试承重”活动利用学生可获取的课程资源——废旧报纸，进行实践操作。学生将运用小学阶段学习的几何基础知识和在初一物理实验课中接触的力学知识，体验从设计到桥梁制作的各个技术环节，关注日常生活和环境中的技术问题。这不仅有助于激发学生对技术学习的持续兴趣，还能锻炼他们的综合实践能力，同时，让学生感悟到中华文明五千年的深厚人文历史，培养良好的道德情操。
教学背景分析及教学目标
学生情况：本课程面向初一学生，旨在通过设计桥梁项目，提升他们的环保意识和对家乡建设的情感。尽管学校位于农村，教学资源有限，但利用废旧报纸作为材料，为学生提供了新的学习体验。学生利用小学时期掌握的传统工艺技能，快速学习报纸加工技巧。在创作中，学生不仅关注桥梁的实用性，也注重美观，从而体验到成功的乐趣，并激发了对家乡建设的使命感和责任感。 教学方式：利用视听结合的教学方式切入课题，利用多媒体教学方式，通过回顾上节课设计过程，学生清晰自己的设计思路，教师对每个小组学生的设计进行点评，激发学生进一步创作的欲望，逐步进入创作环节。引导式教学深入主题，学生以小组的方式集体参与，通过分析、讨论、总结、实践、评价等参与过程，实现自主性的学习方法，培养学生的创造性思维和自我探究能力。通过学生对自己作品的展示，让学生参与互评和自评，体现学生的自主性和参与性，最终达到教学目标。 教学重点：报纸建桥的技巧和承重测试。本节课主要目的是学生通过课堂探究和展示交流，学会报纸建桥的技法。 教学难点：以报纸为载体，充分感悟报纸建桥承重的特点，在创作过程中感受我国的人文与历史基奠。报纸建桥测试承重结构设计与美术、几何和物理的相关知识有关联，学生在选择创作题材时，能够深刻了解良好道德品行的重要性，能够深刻感悟各个学科学习的重要性，以及学科知识与生活的紧密联系。 教学目标：(1) 知识与技能，首先，了解报纸特性，掌握基本工具使用，简易加工报纸。根据设计制作桥梁。其次，通过实践体验设计桥梁制作的技术要点。最后，体验实践乐趣，通过探究、制作、体验学习，解决实际问题，同时学习美术、几何、物理等课程内容。(2) 过程与方法，通过多媒体回顾设计环节，学生能体验桥梁设计之美和实用性；通过自主、探究学习和实践活动，提高操作技能和技术素养；通过展示和互评，有效评价课堂作业，培养合作交流能力。(3) 情感、态度和价值观，本课程旨在培养学生对日常技术问题的关注，激发他们对技术学习的持续兴趣，并增强技术与创新意识。学生将理解技术活动所需的基本品格和态度，并能安全、负责地参与其中，同时培养与他人合作和交流的技术能力。此外，课程还旨在提高学生的环境保护意识和建设家乡的热情。

问题框架

1. 你还记得我们上节课的活动吗？

引起学生的回忆。

2. 还记得你们当初的设计思路吗？

引起学生对设计初衷的思考，引出本节课的创作主题。

3. 你能感受到在下面的活动中要注意什么吗？和上节课完成的内容有什么关系？

让学生意识到设计和制作的关联。

4. 请同学们看看你们要用到的材料？需要注意什么？

提醒学生制作时要注意的事项。

板书设计

墙面作品设计展区	多媒体课件放映 教师	墙面作品设计展区

教学过程（表格描述）

教学环节	教师活动	学生活动	设置意图
创设情境（3分钟）	同学们，正如艺术家罗丹所言，“生活中并不缺少美，而是缺少发现美的眼睛”。在上一节课中，我们利用身边常见的旧报纸，设计了桥梁。桥梁的种类繁多，形态各异，它们承载着我国桥梁建设的辉煌历史，同时也为历代人民带来了福祉。创作不仅是美的创造，更是为大众带来快乐的服务。你还记得上节课的活动内容吗？是否还能回想起你们最初的设计理念？在本节课中，我们将继续进行设计的下一个阶段——制作。	学生欣赏图片再次感受桥梁的美和功能。  	通过提问，引出本课课题。

		教师课上展示的桥梁图 学生看上节课中出现过的桥梁图片，思考并回答问题。	
新课讲解（5分钟）	先来看看听教师对设计的点评。	学生进行小组设计方案的展示。 根据教师的点评修改设计。	制作前期的基础工作。
实践创作（30分钟）	示范制作过程：通过 PPT 展示制作流程照片，明确注意事项。	学生分小组根据上节课的设计思路，制作自己小组的作品。	实践创作。
作品赏析与小结（5分钟）	（1）组织学生进行作品分享与赏析。（2）作品自评。（3）组内进行作品互评。（4）教师评价（见第 126 页），并总结。	自评与互评。	能够自主评价及相互评价课堂实践活动。通过参与这些活动，深刻体验中华五千年的文化历史底蕴，从而培养高尚的道德情操。
拓展总结（2分钟）	拓展：房山区琉璃河有一座古石桥，请同学们利用休息时间上网查资料并实地考察，得出石桥的建筑特点和用途。 总结：愿每个人都有一双善于发现的眼睛；让我们在今后的学习生活中继续发现美，并通过设计制作，让感官的美转换成服务于人们生活的作品。	课后实践考察琉璃河古石桥，完成拓展作业。	深入探索历史，理解建筑与设计和人类生活之间密不可分的联系，领略自然之美，激发对家乡的热爱和建设的热情。

本教学设计的特点
本课程在教学设计上相较于以往展现出以下特点。 第一，创新的创作方法。 我们采用就地取材的方式，选取旧报纸作为创作材料，以此来丰富劳动技术课程的资源库，并培养学生发现美、感受美和创造美的能力。利用报纸进行承重测试不仅具有悠久的历史，而且在课堂教学中代表了一种全新的教学方法。这种方法融合了劳动技术、美术、数学、物理等多个学科的知识，充分体现了跨学科教学的魅力。 第二，融入人文素养。 在当今多元化的社会背景下，教师的教学不仅要关注学生知识技能的提升，更要重视学生人文素养和良好道德品质的培养。本课程的教学内容将具有“服务大众”精神的纸工艺术与桥梁设计制作相结合，让学生在创作实践中体验到我国传统艺术对人格品性的重视，并理解桥梁设计制作与日常生活的紧密联系。 第三，多样化的评价方式。 通过自评、互评和教师评价等多种评价方式，不仅展示了学生的成果，还激发了学生自主学习和创作的积极性。

学习效果评价设计表

学习效果评价设计						
	优秀（5分）	良好（3分）	需努力（1分）	自评	互评	师评
知识技能	作品完整且美观；能够选择正确的表现手法完成桥梁创作。	能够选择正确的表现手法进行桥梁创作。	能够用衍纸的基本技法创作桥梁作品。			
情感态度	完成自己的任务；能够与同学交流自己的心得体会，并善于听取他人意见；对组内有困难的同学能热情地给予帮助和支持。	很少与同学交流自己的心得体会；活动中自己完成自己的任务。	自己完成自己的任务；不与同学交流自己的心得体会。			

注：课程改革强调了评价过程中多元主体的参与，提倡在活动结束后通过学生间的互评和自评，随后由教师进行点评。这种民主、开放的多方协商评定方法，赋予学生评价的主导权，使评价转变为学生自我教育和自我激励的驱动力，成为学生发现和调整自我成长路径的关键途径。

教学设计评析：范桂明老师的教学设计“报纸建桥测试承重”是传统工艺制作任务群的延伸内容，其显著特色在于，在劳动技术应用的过程中，始终培养学生发现美、创造美的能力，确保劳动教育的课堂实践中能够实现以劳育美的教育目标。

在教学过程中，范老师注重引导学生观察生活中的桥梁结构，并鼓励他们运用所学知识进行创新设计。通过实际操作，学生不仅掌握了基本的桥梁建造技巧，还培养了团队合作精神和解决问题的能力。课堂上，学生们积极参与，互相交流想法，形成了良好的学习氛围。范老师还特别强调安全意识的培养，确保学生在动手实践时能够遵守操作规范，避免意外发生。

(二）其他学科融合劳动学科教学设计及评析

1. “Unit 4 Do it yourself” 教学设计及评析

授课教师：北京市房山区南尚乐中学　刘媛

评析教师：北京市房山区南尚乐中学　陈庆峰

Unit 4　Do it yourself

课程名称：Unit 4　Do it yourself

学科：英语

教科书：《英语八年级》(上册) 译林版

学段及年级：七年级

教学目标及重、难点
教学目标：在本课学习结束时，学生能够：(1) 完成一系列阅读任务，在任务中探索语篇中的热词和重点句型，并对重点词汇进行总结、归纳，在互动描述中掌握词汇的真正含义和应用技巧。(2) 通过劳动阶段所激活的劳动词汇记忆，来实现最终小组间同学的英语交际。(3) 总结劳动教育的收获和课堂评价的得分，并进行个人展示。 教学重点：(1) 完成一系列阅读任务，在任务中探索语篇中的热词和重点句型，并对重点词汇进行总结、归纳，在互动描述中掌握词汇的真正含义和应用技巧。(2) 通过劳动阶段所激活的劳动词汇记忆，来实现最终小组间同学的英语交际。 教学难点：总结劳动教育的收获和课堂评价的得分，并进行个人展示。

教学过程		
教学环节	主要师生活动	设计意图
Lead in	The teacher says something about Suzy's cousin Andrew and DIY according to the text and write down some main new words and phrases on the blackboard. Then explain them by using things or pictures in the classroom.	情境创设：在教学过程中，通过创设一系列与DIY相关的实际情境，帮助学生深入理解课本中介绍的“Do it yourself”概念。在课程的引入阶段，教师可以利用日常生活中的实例，描绘一个DIY项目的实施场景，激发学生的好奇心，引导他们去推测在这一过程中可能涉及的活动和步骤。
While-reading 1st	The teacher asked the students to form a salon format for mutual discussion by using the arrangement of tables, chairs, and blackboards. The teacher placed a series of DIY related tools in the center table position. During the process, it can inspire students to memorize DIY words and use simple descriptions to describe the meaning of words to classmates who do not understand the meaning of words.	从交流中提炼学习要点，以促进下一阶段课程的进展。
While-reading 2nd	What do we usually write about when we describe our friends? (Ask the students to close the books and use these key words and phrases to retell the article.) 同学分别在课文内容中勾画如下的词汇内容，并进行将近 10 分钟的交流。 Paragraph 1: be crazy about, repair, decorate, look terrible. Paragraph 2: a brighter light, make a mistake, power cut, put up a picture, hit a pipe, fill... with...	教师再次指导学生仔细阅读课本中的关键术语，并进行标记。同时，教师设计了相关问题，旨在通过阅读和小组讨论的方式，帮助学生更广泛地记忆DIY活动相关的词汇。

	Paragraph 3: living room, boring, paint… blue, ceiling, floor. Paragraph 4: a shelf, above, spend five hours, not stay, much higher. Paragraph 5: buy, advise, make him angry, attend lessons, know much more.	
While-reading 3rd	Under the organizational form of the salon, the teacher arranged 5 activity groups in sequence, allowing students to independently divide indoor tasks that can be completed according to the DIY items mentioned in the text, such as DIY for daily necessities, DIY for kitchen dishes, DIY for table and chair maintenance, and DIY for toy handicrafts. According to the DIY operation sequence, provide students with corresponding extracurricular reading materials, allowing them to explore the process independently, and use group communication to find the correct operation sequence. Students complete the DIY process through the materials around them and the DIY material package prepared by the teacher.	活动实施：为学生提供从记忆单词到实际应用的机会，让他们在劳动过程中体验自我成就感和价值感。
	The teacher encourages students to share their experiences and experiences in English during the process, and introduces some knowledge and content learned to students in this classroom	问题解决：不同小组的学生参与不同的劳动过程。
Post reading	Show one of your works of DIY in your group and try to introduce it to your classmate in English.	学习展示，为了能够将劳动教育的内涵与英语课程设计结合在一起，在本次教学过程中，教师将通过板书展示学生在课程中互动的劳动技能收获。从一开始学生在集体交流中描述的劳动单词识记情况，过程中和课程末尾学生的劳动单词识记情况，再到学生在开展课程活动之前对 DIY 的劳动经验和技能的分享，与课程结束之后，学生实际的成果展示进行比对。

<table>
<tr><td></td><td>Finally, compare the English emotional words described by the students before DIY practice with the emotional words described in English after the course ends.</td><td>从交流中探究收获，在对比中让学生感受本次课堂实际解决的深层次问题。其是让学生的劳动技能提升问题、学生的劳动知识单词储备问题和学生对劳动感受的价值体会问题。</td></tr>
<tr><td colspan="3">教学反思</td></tr>
<tr><td colspan="3">学习总结：在DIY劳动的过程中，学生得以在英语课堂上运用英语的固定句型和表达方式，将所学知识融入实践，进一步加工信息，并与劳动技术课堂上掌握的关键内容相联系，从而形成新的学习内容总结。基于本堂英语课的内容和自身的深入学习体验，学生构建了一个富有成效的presentation（演示）。
通过实践锻炼口语交流：在深度情感共鸣的推动下，学生进行的presentation（演示）和单词储备的灵活运用，激发了更多学生对英语表达的热爱，加深了对英语听说读写各项技能的训练，同时也确保了劳动教育核心目标的达成。</td></tr>
</table>

教学设计评析：刘媛老师的这堂“Unit 4 Do it yourself”教学设计巧妙地将劳动教育的精髓与英语课程融合，通过精心策划的阅读活动和劳动DIY相关的核心词汇，为学生提供了从记忆单词到实际应用的全过程体验，从而让学生体验到成就感和价值感。该教学方法将英语学习与学生感兴趣的生活实践相结合，既点燃了学生的学习兴趣和热情，又使他们在兴趣的驱动下掌握相应的英语知识。毕竟，兴趣是最好的老师。通过这种教学设计，学生不仅能够掌握必要的英语知识，而且对未来英语学习产生深远的积极影响。此外，通过小组内的英语交流，该教学法还培养了学生的团队合作精神和集体荣誉感。

2. “依法履行义务”教学设计及评析

授课教师：北京市房山区南尚乐中学（实习生）顾凯

评析教师：北京市房山区南尚乐中学　陈庆峰

依法履行义务

课程名称：依法履行义务

学科：道德与法治

教科书：《道德与法治》（下册）人教版

学段及年级：八年级

<table>
<tr><th colspan="3">教学目标及重、难点</th></tr>
<tr><td colspan="3">教学目标：让学生了解我国法律对公民义务的规定，理解依法履行义务的重要性，懂得劳动创造美好生活的道理，并能在日常劳动生活中践行权利观和义务观。
教学重点：理解依法履行义务的重要性，学会在劳动实践中依法履行义务。
教学难点：将法律知识应用到实际情境中，正确处理权利和义务的关系。
情感态度与价值观：激发学生对法律的尊重，培养学生的社会责任感和公民意识，树立劳动最光荣和依法履行义务的正确观念。</td></tr>
<tr><th colspan="3">教学过程</th></tr>
<tr><td>教学环节</td><td>教师活动</td><td>学生活动</td></tr>
<tr><td>导入新课</td><td>活动组织：劳动角色扮演小剧场。
教师预先准备了几个涉及公民义务的劳动场景小卡片，然后将学生分成若干小组，每组随机抽取一张卡片，并给予 5 分钟时间进行角色扮演的准备。
说一说：刚才大家的劳动行为是否符合法律要求呢？
教师点拨：劳动行为是否合法。
学生感悟：学生思考在劳动实践中如何维护并履行相关的权利与义务。
教师总结：总结学生表现，强调劳动是人的本质、生活的必需、幸福的来源。在劳动中，我们应克服困难，不怕辛苦，同时依法履行义务。</td><td>学生参与教学活动，并在活动中思考问题。</td></tr>
</table>

<table>
<tr>
<td>讲授新课</td>
<td>篇章一：明关系——权利与义务相统一
案例：1 月 29 日，男子吕某以遗弃父亲吕某某为目的，带领父亲吕某某从辽宁省大连市乘坐火车到达内蒙古呼伦贝尔市海拉尔区，并于 1 月 31 日，带其乘坐出租车至陈巴尔虎旗莫日格勒河景区，将其父亲遗弃在一处观景台后离开。因当日天气温度极低，导致被遗弃的吕某某双脚严重冻伤。2 月 9 日，侦查员依法传唤了犯罪嫌疑人吕某。据了解，吕某没有正式工作，日子过得比较艰苦，遂做出此行为。
说一说：该男子的行为违反了什么法律条文。给了我们什么启示？
学生活动：学生代表朗读案例，思考并回答问题。
设问：（1）为什么法律规定我们一定要履行赡养父母的义务？（2）关于我们受教育权利的实现还需要哪些人付出怎样的努力？
学生活动：思考，并回答问题。
活动小结：劳动是一切幸福的源泉。在实践生活中，我们要明确权利与义务的关系，二者是相互依存、相互促进的，没有无义务的权利，也没有无权利的义务。我们要自觉履行相应的义务，树立劳动最光荣的意识。
课堂抢答：公民的基本权利和义务。
学生活动：学生举手发言。
活动小结：（1）公民既是合法权利的享有者，又是法定义务的承担者。（2）公民的某些权利同时也是义务。

教师课件部分内容
归纳总结：权利与义务相统一，①公民的权利和义务相互依存、相互促进（作用统一）；②公民既是合法权利的享有者，又是法定义务的承担者（主体统一）；③公民的某些权利同时也是义务（内容统一）。</td>
<td>结合案例理解基础知识。

学生思考，并举手回答问题。</td>
</tr>
</table>

<table>
<tr>
<td></td>
<td>
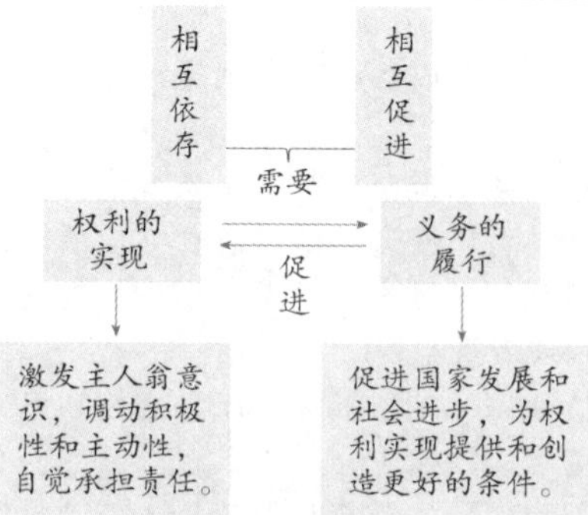

教师课堂板书
小试牛刀：判断以下观点是否正确。（1）权利即义务，义务即权利。（2）我想先享受权利，再履行义务。（3）我既不想要享受权利，更不想履行义务。（4）权利与义务是完全对等的，我享受了多少权利，就应履行多少义务。
学生活动：小组交流合作，派一位代表发言。
活动小结：权利与义务是相统一的，但不是完全对等。
课堂检测：
对下列图示认识正确的是（　　）
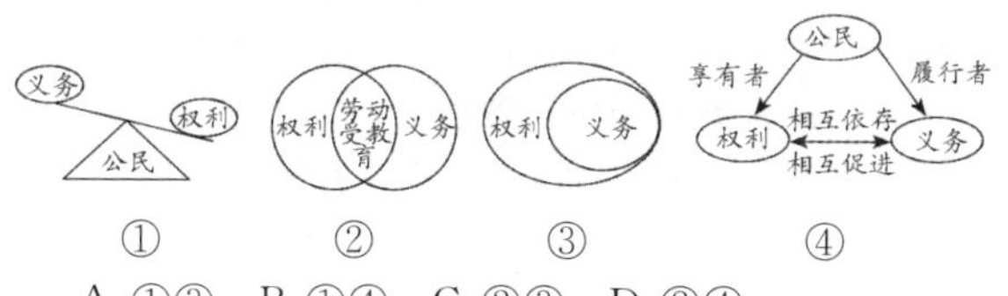

A. ①③　B. ①④　C. ②③　D. ②④
</td>
<td>学生小组合作，并举手回答问题。

学生在劳动中情景演绎，并思考相关问题。</td>
</tr>
<tr>
<td></td>
<td>
篇章二：法定义务须履行
视频情境：返还拾得遗失物，可以要报酬吗？
知识链接：《中华人民共和国民法典》第 314 条至第 317 条规定了拾得遗失物和返还拾得遗失物的情形。
学生活动：学生代表进行情景演绎，学生思考并回答问题。
活动小结：（1）法定义务：是指由我国宪法和法律规定的，具有强制性。（2）道德义务：是指人们自觉自愿去做的或帮助他人的行为；不具有强制性，需自觉自愿履行；不履行受舆论谴责。（3）公民自觉履行法定义务，是公民不可推卸的责任。
</td>
<td>阅读知识链接，思考并回答问题。</td>
</tr>
</table>

	探究分享：吕某能不能以各种理由拒绝赡养自己的父亲？ 知识链接：根据我国《刑法》第 261 条规定，遗弃罪。对于年老、年幼、患病或者其他没有独立生活能力的人，负有扶养义务而拒绝扶养，情节恶劣的，处五年以下有期徒刑、拘役或者管制。 学生活动：齐读我国《刑法》第 261 条规定，思考并回答问题。 活动小结：权利和义务的履行是保障个人劳动价值实现的重要手段，我们要依法履行义务，法律要求做的，我们必须去做。法律禁止做的，我们坚决不做。 **篇章三：违反义务须担责** 问题探究：观察漫画，说一说什么是违反法定义务的行为？思考生活中哪些行为是违反法定义务的，我们要承担什么样的责任？ 学生活动：小组交流，并回答问题。 学以致用——辩责任： 事件一：二弟和同事有矛盾，编造谣言诋毁同事，同事诉诸法律。法院依据我国《民法典》要求二弟给同事赔礼道歉、恢复名誉、停止侵害。 事件二：三弟驾车去办事，没有按照规定停放车辆，交警依据《道路交通安全法》做出了罚款 200 元的处罚。 事件三：大哥的朋友假借销售口罩名义诈骗 41 万余元，被法院依据《刑法》判处有期徒刑 8 年，并处罚金 8 万元。 学生活动：小组交流合作，派一代表回答问题。 设问：那么，吕某将受到哪种惩罚呢？ 活动小结：劳动创造美好生活，我们必须在实践生活中明确：(1) 公民违反民事法律，应当依法承担民事责任。(2) 违反行政法律，应当依法承担行政责任。(3) 违反刑事法律，构成犯罪的，应当依法承担刑事责任。 课堂总结：通过本节课的学习，我们理解了依法履行义务的重要性和不履行义务可能带来的责任。课程内容从 3 个维度展开：权利与义务的统一性、法定的义务必须得到履行，以及违反义务时必须承担相应的责任。	结合现实生活中的劳动案例，小组交流合作，并回答问题。

	特别强调了权利与义务的统一性，旨在帮助学生深刻理解权利与义务之间的关系，确立正确的权利和义务观念，从而确保能够依法履行自己的义务。劳动是推动人类社会发展的根本动力，幸福生活是通过不懈奋斗而来的。然而，在劳动实践中，我们必须培养法治意识，积极投身于劳动实践，同时严格遵守法律法规。只有当我们明确了法律的界限，才能在实践中避免违法，确保劳动实践的合法性与规范性。只有在严格遵守法律法规的基础上，我们才能继续书写劳动实践的辉煌篇章，推动社会的持续进步与发展。让我们携手努力，共同为构建一个法治、和谐、文明的社会而不懈奋斗！	

教学设计评析：顾凯老师的课程“依法履行义务”全面涵盖了教学目标、重点与难点等关键要素，主要采用案例教学和启发式教学方法，强调学生的参与度和体验感。课程设计明确地将情感态度与价值观、能力、知识 3 个维度作为教学目标，旨在培养学生的法律素养和劳动观念，同时强化他们的社会责任感和义务意识。教学内容紧密贴合课程标准和学生的实际情况，深入探讨了权利与义务的关系、法定的义务履行和违反义务时的法律责任等核心知识点。通过多样化的教学手段，如案例分析、小组讨论等，课程鼓励学生主动参与教学活动，激发他们的学习热情，并提升分析和解决问题的能力。本课程的目标是让学生深刻理解权利与义务的相互关系，树立正确的权利观和义务观，确保他们能够依法履行自己的义务。这样的教学设计不仅传授了法律知识，还帮助学生确立了清晰的劳动观、人生观和价值观，为他们的全面发展奠定了坚实的基础。尽管如此，教学评价环节仍有提升的空间。建议教师在实际教学过程中更加关注学生的个体差异和具体学习需求，采用更加多元化的评价方法，以更有效地达成教学目标。

3. “lesson 7　Time to Tidy Up”教学设计及评析

授课教师：北京市房山区南尚乐中学　马宇梅

评析教师：北京市房山区南尚乐中学　陈庆峰

lesson 7　Time to Tidy Up

课程名称：lesson 7　Time to Tidy Up

学科：英语

教科书：《英语》（上册）北师大版

学段及年级：七年级

指导思想与理论依据
指导思想：《义务教育英语课程标准（2022 年版）》建议教学应以主题为核心，通过理解、实践和创新活动，帮助学生运用知识解决实际问题，培养核心素养。本课主题关注“人与自我”，包括生活自理、卫生习惯和劳动习惯。学生通过学习语篇，理解劳动的重要性，并将其内化为个人行为。 理论依据：《义务教育劳动课程标准（2022 年版）》规定初中生应通过参与各类劳动，认识劳动对生活的重要性。课程内容任务群 1——整理与归纳，要求学生掌握整理收纳技巧，合作美化居室和教室。通过这些活动，学生应提升自我管理能力，理解劳动的价值，并培养细致的整理收纳习惯。活动建议包括从教室布置开始，征集并实施最佳设计方案。
教学内容分析
学情分析：七年级上学期，学生们发现英语话题与小学所学相似，减少了对英语的恐惧，提高了学习兴趣。他们愿意用英语完成与生活紧密相关的任务，并在“Get Ready D”部分学习了基本介词，如 on，under，in，between，next to，并能熟练描述物体位置和教室布局。 七年级是学生习惯形成的关键时期，对整个初中学习生活影响重大。学生需要每天打扫教室和房间，但有些不理解环境整洁的重要性，可能会逃避或草率完成。因此，让学生认识环境的重要性是必要的。 教学目标：通过本课学习，学生能够（1）通过听文本，获取房间物品信息和整理前后的物品摆放位置的信息（学习理解）。（2）运用听力获取的信息和语言描述 Jenny 整理前后的房间（应用实践）。（3）简要评价 Jenny 房间物品摆放情况（迁移创新）。（4）在小组内讨论，运用自己所学语言和知识，制订教室环境美化方案（迁移创新）。 语篇研读：挖掘劳动育人价值。

<table>
<tr><td colspan="3">【What】本课语篇话题为家庭用品和居室家具，以及卧室内个人物品摆放情况，一共两个小短文，内容围绕 Jenny 房间物品摆放情况进行讨论，介绍了 Jenny 房间有什么物品及摆放位置。第一个小短文介绍了 Jenny 房间物品在整理前摆放杂乱，Jenny 意识到自己应该整理房间。第二个小短文介绍了 Jenny 在整理房间后，物品摆放整齐有序，她找到了自己丢失的雨伞。
【Why】通过 Jenny 房间整理前后的对比，让学生感受通过收纳整理，营造有序的生活环境对自己的重要性，引导学生养成良好的陈列习惯和养成合理布局自己房间的意识，懂得劳动创造美好生活的道理，养成认真细致地进行整理与收纳的习惯和品质。
【How】语篇选用学生日常生活的场景，学生在情景中感知并理解单元关于房间物品的词汇，重点对比房间整理前后各种物品摆放位置的不同，能用适当的介词描述 Jenny 的房间。通过学习两段文章，初步感知介词的用法，在具体的情境中体会方位介词的词意。</td></tr>
<tr><td colspan="3">教学过程</td></tr>
<tr><td>通过听文本，获取房间物品信息和整理前后的物品摆放位置的信息（学习理解）。</td><td>学生基于图片和实物展演感知关于房间物品和位置关系的词汇，感知新语言。
学生基于图片和已有经验，在教师的启发下，预测 Jenny 要谈论的内容，学生分享自己的预测。
学生听文本内容，验证预测，理解对话大意，根据图片，用释义的方式解释生词 messy 和 tidy 的含义。
学生再听文本，理解文本细节，如“What things does Jenny have in her room? Whose model cars and planes are they? Whose umbrella is it?”找出 Jenny 房间物品的具体信息，将人物与物品信息匹配。
学生再听文本，找出在 Jenny 整理房间之前和整理房间之后的物品的位置信息。
学生听录音跟读，关注语音、语调、节奏，感知、体会和明确其表意功能。</td><td>运用图片，引入话题，激活学生已知的物品名称的词汇，并补充新词汇。
教师观察学生能否理解本段独白的主旨大意，根据学生回答，并给予鼓励。
教师根据学生获取细节信息的情况，根据学生的表现给予指导和反馈。</td></tr>
<tr><td colspan="3">设计意图：本阶段学习活动旨在帮助学生在语境中理解文本，学习文本中的词汇和核心语言。学生在教师的指导下，通过听文本内容，获取理解信息。学生通过跟读，进一步理解文本内容，内化语言，为实践活动奠定基础。</td></tr>
</table>

运用听力获取的信息和语言描述 Jenny 整理前后的房间（应用实践）。	学生在教师指导下，根据教师板书，开展同伴问答活动，描述 Jenny 房间的物品位置，体会房间整理前后的变化。 参考语言： A: Where is Jenny's ... before she tidies up? B: Her kite is ... A: Where is Jenny's ... after she tidies up? B: It's ...	教师观察学生在语境中运用核心语言问答的情况，根据表现给予指导和反馈。
设计意图：本阶段学习活动引导学生在归纳和整理语言的基础上，通过同伴问答活动，运用语言理解意义，促进语言内化，从理解过渡到应用实践，为后面的实践活动做准备。		
简要评价 Jenny 房间物品摆放情况（迁移创新）。	学生在教师指导下，就 Jenny 房间物品摆放情况进行讨论，简要进行评价，发表自己的观点。	教师根据学生的反应，引导讨论和正确评价。
在小组内讨论，运用自己所学语言和知识，制订教室环境美化方案（迁移创新）。	教师引导学生观察自己所处的教室，激发学生美化教室的愿望，学生在小组内根据所学核心语言和同伴交流，班中的物品及摆放位置，制订美化教室环境方案。 小组成员向全班展示教室环境美化方案，评选出最佳方案。	教师根据学生的讨论情况，给予帮助。观察展示情况，评价教与学的成效。
设计意图：本阶段学习活动旨在帮助学生在迁移的语境中，创造性地运用所学语言，交流教室环境美化方案。学生从课本走向现实生活，在观察和制订方案的过程中，发展语言能力，初步理解劳动对于个人生活和集体建设的意义，懂得劳动创造美好生活的道理，养成认真细致地进行整理与收纳的习惯和品质。		
作业设计：（1）根据教室环境美化方案，对教室进行整理。（2）运用所学短语和语言，介绍自己房间内的物品和摆放情况。		

教学设计评析：马宇梅老师的课程设计以北师大版七年级上册的“Lesson 7 Time to Tidy Up”为例，学生们在学习过程中深入理解了劳动的重要性，他们的实践操作能力和思维拓展能力得到了显著提升。此外，教师的教学设计条理清晰，易于理解。通过引入两个小短文，第一个短文描述了 Jenny

房间物品在整理前的杂乱无章，Jenny 意识到需要整理房间。第二个短文则展示了 Jenny 整理房间后，物品摆放得井井有条，她找回了自己丢失的雨伞。这两个小短文展示了通过自主整理房间的劳动，不仅解决了实际问题，还培养了学生的综合素养。本课的主题属于“人与自我”范畴，涵盖了“生活自理与卫生习惯、劳动习惯”等方面。学生通过学习简短的语篇，领悟到劳动的价值，并将其内化于心，外化于行。这样的课程设计旨在培养学生的综合素养。

4. “劳动创造人，劳动创造历史”教学设计及评析

授课教师：北京市房山区南尚乐中学　张永新

评析教师：北京市房山区南尚乐中学　陈庆峰

劳动创造人，劳动创造历史

课程名称：劳动创造人，劳动创造历史

学科：历史

教科书：《中国境内早期人类的代表——北京人》

学段及年级：七年级

教学目标及重、难点
教学目标：(1) 识读“中国境内主要古人类遗址分布图”，识记周口店北京人遗址位置（时空观念）。(2) 通过对北京人、山顶洞人化石及遗物、遗迹的观察分析，掌握北京人和山顶洞人的体质特征和生产生活状况（史料实证、历史解释）。(3) 通过仿制打制石器，钻木取火的实践，初步形成劳动创造人、创造人类历史的观念意识（唯物史观）。 教学重点：劳动创造人、创造人类历史。 教学难点：劳动创造人、创造人类历史。 教学资源：多媒体、鹅卵石、木板、木棍。
教学流程
环节一：识读历史地图。 教师导入：引导学生观察“中国境内主要古人类遗址分布图”，识记周口店遗址位置，分析归纳我国古人类遗址分布的特点。 学生活动：识记周口店北京人遗址位置，思考回答我国古人类遗址分布的特点。(1) 位置：北京西南周口店。(2) 特点：①数量众多，分布广泛（世界上发现遗址最多的国家之一）；②主要分布在长江、黄河流域。

设计意图：通过观察历史地图，思考回答相关问题，增强学生的时空观念。

环节二：寻找北京人被称为“人”的证据。

教师导入：周口店遗址坐落在北京西南约 50 公里的房山区，背倚连绵起伏的太行山脉，俯瞰着辽阔的华北平原。一条小河在山前静静流淌，这里不仅自然资源丰富，而且气候温和宜人。这片土地见证了 70 万年前北京猿人、新洞人和前山顶洞人的生活。自 1927 年大规模系统发掘以来，周口店遗址共发现了 27 处不同历史时期的化石和文化遗物地点，出土了代表 40 多个“北京人”的化石遗骸、超过 10 万件石器、近 200 种动物化石，以及大量用火遗迹，使其成为全球知名的古人类化石宝库，同时也是古人类学、考古学、古生物学、地层学、年代学、环境学和岩溶学等多学科综合研究的重要基地。

学生活动：阅读教材《中国境内早期人类的代表——北京人》第 3 至 5 页，寻找北京人被称之为“人”的证据。证据一：1921 年，在北京人遗址发现 3 颗北京人牙齿化石；1929 年，发现第一个北京人头盖骨化石，此后，北京人遗址又相继发掘出土 5 个头盖骨化石，共出土 40 多个个体的直立人化石。证据二：1929 年，发现北京人用火遗迹。证据三：遗址共发现北京人使用的约 10 万件石器和大量的动物化石。

教师导入：北京人化石及其使用的石器、用火等遗迹、遗物的出土发现，为复原北京人的体质特征和生活状况提供了重要证据。(1) 体质特征：北京人的头骨，前额低平，眉骨粗大，颧骨突出，鼻骨扁平，嘴部前伸，脑容量比现代人小。他们的身高平均为 157 厘米，上肢与现代人相似，下肢较上肢略长，能够直立行走。(2) 生活状况：北京人用打制石器等工具猎取动物，采集植物果实。他们结成群体生活在一起，共同进行获取食物的劳动。北京人已经学会使用火，还会长时间保存火种。北京人用火烧烤食物、防寒、照明、驱兽，从而改善了生存条件。学会用火是人类进化史上的里程碑。

设计意图：通过寻找北京人被称之为“人”的实物证据，增强学生历史实证意识、历史解释能力。

环节三：仿制北京人使用的石器。

教师导入：据现有的出土资料分析，打制石器的制作方法大致有以下几种。

(1) 碰砧法：选择好一块较小的石料向另一块作为石砧的较大的自然砾石上碰击，碰下来的石片经过第二步加工即可作为工具使用。用这种方法碰击下来的石片往往宽度大于长度，台面与石片劈裂面的石片角比较大，常在 110°以上。有的石片劈裂面上的打击点粗大而散漫，半锥体及疤痕往往不太明显。(2) 摔击法（也称“投击法”）：把选择好的石料放在地上，然后手握另一块石头摔击放在地上的石料，以此打下所需要的石片。用这种方法打下来的石片，其石片角也较大，但打击点往往不够明显。(3) 锤击法：把选择好的一块石料放在地上，然后手握一块石头作为石锤去锤击石料。在锤击时要先在石料上选择一个打击的台面（即自然平面或稍加打击的平面），然后再选择靠近台面边缘的一个点用力锤击，从石料边缘上敲剥下石片。用这种方法打制的石片，石片面较小，石片劈裂面上的半锥体、锥疤、裂纹等痕迹比较清晰。这是打制石器中比较常见的一种方法。(4) 砸击法（也称“两极打击法”）：把选择好的一块石料放在另一块上作为石砧的大石块上用一只手扶住，然后用另一只手握着石锤砸击放在石砧的石料。用这种方法砸下来的石片体积小而长。这种石片的一端或两端因受到重力影响，往往遗留有碎片剥落的痕迹，或者出现稍微内凹或边凹的现象。用这种方法打制的石片也称为“两极石片”。(5) 间接打片法：在选择好的一块石料上面放置一根木棒或骨料，然后再用一块石头作为石锤，用力锤击木棒或骨料，把重力传递到石料上，使其剥落下石片。这种石片一般长而窄，两侧近平行。这种石片称之为“石叶”。

学生活动：学生以学习小组为单位，在组长的带领下，任选一种打制石器的方法，分组仿制打制石器。

设计意图：通过仿制打制石器，增强学生的历史想象能力与历史思维能力，树立劳动创造人的思维意识。

教师导入：劳动不仅塑造了人类，更是人类生存和发展的根本动力。在劳动的直接推动下，早期人类大致经历了 4 个发展阶段：早期猿人（约生活在距今 300 万年至 200 万至 150 万年前）；晚期猿人（约生活在距今 200 万至 150 万年至 40 万至 30 万年前）；早期智人，亦称“古人”（约生活在距今 30 万至 20 万年至 5 万年前）；以及晚期智人，亦称“新人”（约从 5 万年前开始）。在从早期猿人到晚期智人的演变过程中，人类的脑容量持续增长，身体特征逐渐与猿类拉开距离，趋近于现代人类的形态。劳动工具不断得到改进和多样化，经济生活逐渐变得丰富，并开始孕育出原始的精神文明。自晚期智人起，人类逐渐演化成现代世界中多样化的种族。

教师小结：周口店北京人遗址是迄今为止所发现的世界上内容最丰富、资料最完备的直立人遗址之一。北京人及其文化的发现与研究，终结了自 19 世纪以来关于直立人是属于猿类还是人类的长期争论。通过对北京人的深入研究，我们能够揭示早期猿人向现代人类演进和发展的规律，为探讨人类起源提供了坚实的证据基础。

环节四：比较山顶洞人和北京人，看看山顶洞人相比北京人，有哪些进步？（见第 143 页表。）

教师导入：大约 3 万年前，在曾经北京人栖息的地域，另一群远古人类在此繁衍生息。他们的骨骼化石是在周口店龙骨山的山巅洞穴中被发现的，考古学家们将这一群体称为“山顶洞人”。

学生活动：阅读教材《中国境内早期人类的代表——北京人》第 5 至 6 页，比较山顶洞人和北京人有哪些进步？

设计意图：通过寻找山顶洞人比北京人进步之处，增强学生的历史比较能力，感受人类历史的发展进步。

环节五：人工取火。

教师导入：人工取火主要有以下几种方式：（1）钻木取火。首先需要一个火引子，最好是做成鸟巢一样，然后把火引子放在干燥的地面上；引火物可以是森林中的杂草、落叶、鸟巢、鼠窝、针叶松的干果、松树的树脂、羽毛、干了的动物毛和苔藓，以及布头、棉花等都可以。再找一些较硬的树枝做钻头。找到合适的木材做砧板，干燥的白杨、柳树等是不错的选择，因为它们的质地较软。然后，把砧板边缘钻出倒“V 形”的小槽，在中间转出一个小洞。接下来不停用双手从上到下来回搓动手上的木棒，用不了几下，木板的小洞就会开始冒烟。小洞里的烟会慢慢变大，当摩擦的热量足够多的时候，磨出来的精细粉末会被点着，这个时候差不多就成功了。当冒出的烟和热量足够时，将小木棍取下。小心地把火引子拿起来，轻轻地往里边吹气。这时你会看到通红的火星，烟会越来越浓，这表示马上就要冒火了。把火引子放地上，再往里边加柴火，火苗变大，钻木取火完成。(2) 阳光取火。用放大镜（凸透镜）透过阳光聚焦照射易燃的引火物（腐木、布中抽出的纱线、撕成薄片的干树皮、干木屑等）取火。此外，放大镜透过阳光聚焦照射，还可将受潮或被水浸湿后晒干的火柴点燃，由此可见，放大镜是一种重要的引火工具。如果没有现成的放大镜，可从望远镜或瞄准镜、照相机上取下一块凸透镜来代替。曾有这样的事例：100 多年前，一支外国的探险队在冰天雪地的南极，突然发生了火种断绝的意外事故。有位探险队员把一块晶莹剔透的冰块，加工成中间厚、周边薄的一个圆形特大凸透镜，再将这冰制的凸透镜立起来使其在阳光下聚焦，最后燃着了引火物获得了火种。另外，在手电筒反光碗的焦点上放引火物，向着太阳也能取火。(3) 击石取火。击石取火是人类最早的取火方法，这种方法的使用可能是受到制作石器时迸发出火花的现象的启发。我们可以找一块坚硬的石头作为“火石”，用小刀的背或小片钢铁向下敲击“火石”，使火花落到引火物上。当引火物开始冒烟时，缓缓地吹或扇，使其燃起明火。如果“火石”打不出火来，可另外寻找一块石头再试。当然并不是任何一块石头都能点燃引火物，石头击出的火花必须有一定的热量和持续时间才能点燃引火物。根据考古资料发现，用黄铁矿打击火燧石而产生的火花可以取火。(4) 弓钻取火。用强韧的树枝或竹片绑上鞋带、绳子或皮带，做成一个弓子。在弓上缠一根干燥的木棍，用它在一小块硬木上迅速地旋转。这样会钻出黑粉末，最后这些黑粉末冒烟而生出火花，点燃引火物。在平坦的木板上摩擦玻璃片，也能生热发火。待剧烈摩擦时，将引火物吹燃。(5) 藤条取火。找一根干的树干，一头劈开，并用东西将裂缝撑开，塞上引火物，用一根长约两尺的藤条穿在引火物后面，双脚踩紧树干，迅速地左右抽动藤条，使之摩擦发热而将引火物点燃。还可用两块软质的木头或竹片用力相互摩擦取火，下面垫以棕榈树皮或椰子叶底部的干燥物作引火物。

学生活动：以小组为单位，在组长的带领下，分组进行钻木取火。

设计意图：人工取火标志着人类文明的一大飞跃，它使人类首次控制了强大的自然力。这一进步不仅结束了茹毛饮血的时代，还开启了烧制陶器、冶炼金属的新纪元，并促进了化学知识的积累。正如恩格斯所言，摩擦生火是人类对自然界取得的第一个伟大胜利。

教师小结：劳动塑造了人类的历史进程。根据马克思主义理论，历史是人类通过主观能动性所创造的。劳动不仅是人类获取报酬的基本途径，更是人类不断优化自身能力、提升科技水平，并推动社会向信息化、智能化发展的关键动力。正是通过这一过程，劳动促进了整个历史长河的演进。

作业：观看世界遗产在中国（第七集）——周口店北京人遗址，写一篇 400 字左右的观后感。

北京人与山顶洞人比较表

	北京人	山顶洞人
体质特征	北京人还保留着某些猿类的特征	山顶洞人的模样和现代人基本相同
石器制作	北京人使用的是打制石器	山顶洞人已经掌握磨光和钻孔技术
用火	北京人使用的是天然火	山顶洞人已经懂得人工取火

教学设计评析：张永新教授在其教学设计“劳动创造人，劳动创造历史”中，通过叙述人类劳动的历程，引导学生深刻体验“劳动带来的快乐，以及它所创造的美好”。该课程旨在让学生领悟劳动的深远意义，认识劳动的重要性，并认同其价值，同时注重在劳动教育中培养学生的思考能力。劳动不仅塑造了人类的历史，而且通过一系列历史故事的讲述，激发学生对伟大劳动者的敬仰之情，以及对人类劳动成就的尊重。该教学设计致力于营造一个热爱劳动和劳动教育的校园文化氛围，切实提升劳动教育的质量，并开创劳动

教育的新局面。

5．“做负责任的人”教学设计及评析

授课教师：北京市房山区南尚乐中学　张鹏利

评析教师：北京市房山区南尚乐中学　陈庆峰

做负责任的人

课程名称：做负责任的人

学科：道德与法治

教科书：《道德与法治》

学段及年级：八年级

核心素养
政治认同：深刻领会“劳动托举中国梦”的内涵，勇于承担责任，为实现中华民族伟大复兴而不懈奋斗。 责任意识：深刻理解责任的重要性，认识劳动是所有幸福的根基；提升家庭责任感，积极分担家庭日常事务，明白承担义务可能伴随着牺牲，意识到逃避责任的负面后果；培养责任感，致力于成为一个有担当的人。
主题教学背景分析
教学内容分析及课时分配：“做负责任的人”作为第三单元第六课第二框的内容，在了解责任的含义及其来源、知道不同的角色承担不同的责任的基础上，进一步理解承担责任可能需要付出一定的代价，也会付出一定的回报，引导学生积极适应社会的发展，培养负责任的公民。“做负责任的人”本课包含“不言代价与汇报”和“我承担，我无悔”两个项目，教学安排1课时。 学生情况分析：通过案例分析，我们可以初步理解不同角色承担着各自的责任，且承担责任往往伴随着一定的牺牲。大多数学生对于那些敢于承担责任的人表现出敬佩和喜爱，对不负责任的行为则持批评态度。然而，由于生活经验和认知水平的差异，他们的责任意识尚不够强烈，对于如何恰当地履行社会责任的理解也不够全面。甚至有少数学生对那些为他人和社会奉献一切的杰出人物持有嘲讽的态度。

教学特色分析			
首先，在讲授“做负责任的人”这一课程时，我们特别注重结合榜样人物的事迹，精心挑选与社会大背景紧密相关的材料和人物，以便学生能够更深刻地领会课本内容，并将其内化为自己的信念。 其次，通过插入动态视频，融合动画、声音和色彩效果，我们旨在给予学生视觉上的强烈冲击，帮助他们在脑海中形成持久印象，加深对负责任概念的理解。 最后，在板书设计上，我们在保持传统的基础上进行了一些微小的创新。我们明确地将“不言代价与回报”这一概念指向主动承担的责任，即个人选择的责任，从而引出“我选择，我承担，我无悔”的核心思想。接着，我们提出“不选择，也承担?”这一问题，激发学生思考“非自愿选择的责任是否也应承担?”引导他们认识到，即使是非自愿的责任，一旦承担，也应全心投入，不抱怨、不懈怠，实现“我承担，我无悔”的境界。			
教学目标及重、难点			
教学目标：懂得承担责任会得到回报，但同时也要付出一定的代价。 教学重点：能够正确评估承担责任的代价和回报，懂得如何做负责人的人。 教学难点：增强家庭责任意识、公共服务意识，用劳动为实现中华民族伟大复兴的中国梦贡献力量。			
第一课时的教学过程			
教学阶段	教师活动	学生活动	设计意图
导入新课	图片导入：播放初三学长清理校园花坛的照片。 教师提问：图片展示了学长什么样的形象。	思考并回答问题。	引出主题词，进入新课内容的学习。
新课讲授	环节一：云居寺长走之旅。 在PPT大屏幕展示要讨论的问题，并提小组讨论的要求。（1）长走活动的组织者有谁？（2）他们扮演什么角色、承担什么责任？（3）如果他们不承担责任，会出现什么后果？引出责任既然这么重要，那到底应该如何做一个负责任的人呢。 环节二：现身说“理”。 请云居寺长走志愿服务者分享感受。 教师提问：（1）担任志愿服务者，需要付出什么代价？（2）有没有哪种选择不需要付出代价？（3）志愿服务经历对你有何启示？	环节一：围绕所给出的问题进行3分钟的小组讨论。 环节二：生生互动，师生交流。	鼓励大家在交流过程中激发思维的火花，从多角度审视责任，对承担义务所需付出的代价与所获得的回报进行客观评估，从而提升团队协作的能力；同时，体验实践学习带来的乐趣。

	环节三：出示2023年感动中国人物——杨华德的事迹及颁奖词。 事迹：在布隆迪的田间地头，有位专家就像农民一样劳作，他就是来自中国的水稻专家——杨华德。通过潜心带领专家组推广杂交水稻种植技术，8年时间成功将非洲水稻产量由平均每公顷3吨提升至10吨，让中国的杂交水稻成为摆脱贫困与粮食困境的“金钥匙”。2024年，60岁的杨华德开始了第三期援非工作，11年的辛勤耕耘，通过“一带一路”将中国的友谊和智慧，播撒在这片非洲大地上。他不只带来了优质稻种，更是传递中非友好情谊的使者。 提问学生：（1）责任意识在杨华德身上是如何体现的？（2）如何理解杨华德“既是脑力劳动者，也是体力劳动者”？	环节三：引导学生思考讨论。	通过与学生榜样的互动和分享，学生们认识到承担责任意味着需要付出代价，但同样会收获相应的回报。他们体验到通过自己的劳动服务他人所带来的幸福感、满足感和快乐感，从而增强了责任感和劳动意识。此外，学生们能够从时代楷模的光辉事迹中提炼出学科的核心知识点，这不仅提升了他们提取材料信息的能力，还增强了他们运用所学知识分析材料和解决实际问题的能力。深刻领会“劳动是幸福的源泉”“幸福是奋斗出来的”，从杨华德身上初步感悟职业魅力。
课堂小结	结合板书带着学生共同回忆这节课所讲内容。	跟随教师共同回顾本节课所学内容。	巩固知识，真正做到入脑入心。
作业布置	（1）自己收拾一次房间。（2）参加一次志愿活动。（3）为父母做顿饭。	下节课交流分享。	深刻理解责任与劳动的不可分割性，认识到责任必须通过劳动来实现，真正地在心中建立起“如何成为一位负责任的人”的知识体系。

教学设计评析：张鹏利老师的教学方案“做负责任的人”设计得非常合理，它不仅强调了基础技能的培养，还激励学生展现创新思维，有效地满足了学生的学习需求。通过“云居寺长走之旅”的活动，学生们得以亲身体验劳动人民的辛勤工作，从而培养出吃苦耐劳的精神。张老师通过现身说法，结合学生榜样的交流和分享，阐明了承担责任意味着需要付出代价，但同样会收获相应的回报。学生们通过亲身劳动服务他人，体验到了幸福感、满足感和快乐感，这进一步增强了他们的责任感和劳动意识。学生们领悟到“劳动最光荣”的真谛，并逐渐养成勤奋劳动的良好习惯。最终，通过展示 2023 年感动中国人物杨华德的事迹和颁奖词，学生们深刻理解到“劳动是幸福的源泉”和“幸福是奋斗出来的”，并从杨华德的经历中初步领略到职业的魅力，深刻体会到树立责任意识的重要性。

6.“等高线地形图模型的制作”教学设计及评析

授课教师：北京市房山区南尚乐中学　徐宗兰

评析教师：北京市房山区南尚乐中学　申立菊

等高线地形图模型的制作

课程名称：等高线地形图模型的制作

学科：地理

教科书：《地理》（上册）

学段及年级：七年级

指导思想与理论依据
指导思想：《义务教育地理课程标准（2022 年版）》强调培养学生地理实践力，包括地理实验、社会调查和野外考察等，以增强学生在真实世界中应用地理知识的能力，理解人与自然的关系，并在实践中培养坚韧品质。地理课程的跨学科主题学习以地理为核心，结合其他学科知识，旨在培育学生的探究、创新、实践能力和社会责任感，通过制作学习产品，如文本和模型来展示学习成果。《中共中央国务院关于全面加强新时代大中小学劳动教育的意见》提倡遵循教育规律，以体力劳动为主，注重实践体验，强化学生亲历劳动过程，以提高教育效果。 理论依据：杜威的“做中学”“学中做”；陶行知“知行合一”。

<table>
<tr><th colspan="3">教学背景分析</th></tr>
<tr><td colspan="3">教学内容分析及课时分配：本节课是第一章“地球和地图”的第三节，主要讲解地形图的判读。这是在学生已经掌握基础知识地图之后的深入学习，也是学习更多地理知识的基础和工具。教学中，教师引导学生通过制作地形模型、识别地形部位、分析地形类型等过程，自主发现和验证相关结论，从而掌握学习方法。教材中地形图判读的内容紧密相关，包括等高线地形图和分层设色地形图的学习，以及小尺度和大尺度地形图的判读。小尺度等高线地形图主要考查学生识别山峰、山脊、山谷等，大尺度分层设色地形图则主要考查学生识别地形类型和判断地形起伏。通过学习这两种不同尺度的地图，学生可以学习到对生活有用的地理知识。
学情分析：本校学生主要来自周边村落，基础较为薄弱，视野有限，且普遍缺乏学习热情，尚未形成主动学习的习惯。特别是初一学生，虽然具备一定的动手能力，但在空间想象力和理解力方面存在不足。这些因素使得他们在学习这部分内容时面临较大挑战，成为学习上的难点。因此，在教学过程中，我们特别安排了以小组合作形式进行的实践活动课。通过让学生亲自参与绘制等动手环节，我们旨在加强他们的感性认识，从而深化他们对知识的理解和体会。</td></tr>
<tr><th colspan="3">教学内容及目标</th></tr>
<tr><td colspan="3">教学内容：地形图的解读是对地图进行深入分析的过程，同时也是进一步探索地理知识的基础和关键工具。作为本单元教学的核心主题，地形图的解读是在教师的指导下，通过构建地形模型、识别地形特征、分析地形分类等学习活动来实现的。
教学目标：通过开展“绘制等高线地形图”的活动，学生能够在实践中掌握本课程的教学要点，克服学习难点，提升对等高线地形图的解读能力。同时，该活动有助于加强学生地理技能的培养，使他们理解学习地理知识必须采用科学的方法。此外，学生将在活动中学会欣赏同伴，培养团队合作意识，并逐步形成求真务实、坚持不懈的科学精神。</td></tr>
<tr><th colspan="3">教学过程</th></tr>
<tr><th>教学阶段</th><th>教师活动</th><th>学生活动</th></tr>
<tr><td>课前准备</td><td>（1）基本概念的学习：海拔、相对高度、等高线、等高距，等高线地形图，分层设色地形图。（2）人员准备：分组，依据班级人数分 6 个小组，每组 6 至 7 人。（3）准备材料：橡皮泥（或泥土）、刻度尺、牙签、细线或细钢丝、垫板（木板、硬纸板、泡沫板均可），水粉颜料、A4 纸、铅笔。</td><td>掌握本节的基本概念，为构建模型和绘制等高线图打下基础。</td></tr>
</table>

<table>
<tr>
<td>制作地形模型</td>
<td>（1）以木板模拟海平面，以 5 厘米为级差进行测量，先在山边木块上垂直地竖一根绿色标杆。各记号处的高度间隔要相同（即保证全图等高距相同）。
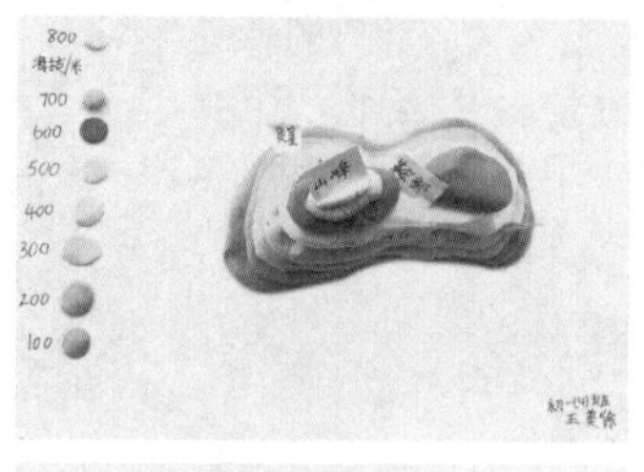

学生制作的地形模型组图
（2）将橡皮泥在垫板上堆成山体状。要求捏出山峰、山谷、山脊、鞍部、盆地和陡崖等部位。
（3）用手擦拭山体表面，使其光滑自然。</td>
<td>学生们依照操作指南精心制作地形模型。在这个过程中他们不断对模型进行微调，精确塑造出山脊、山谷、鞍部和不同坡度的陡坡和缓坡。

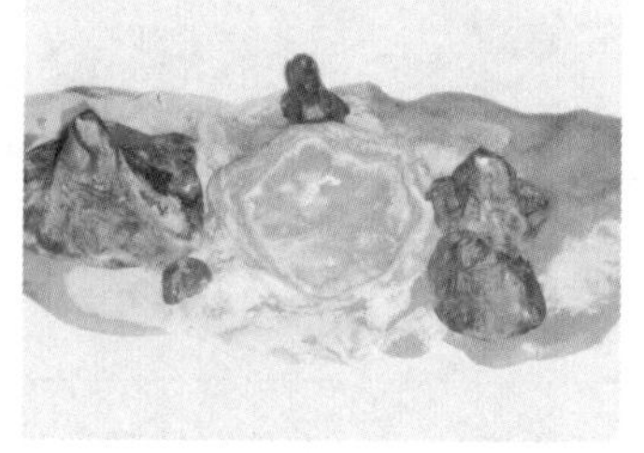
学生依操作指南创作模型及成品</td>
</tr>
<tr>
<td>绘制等高线地形图</td>
<td>（1）各组摆放制作好的山体模型。（2）将直尺垂直摆放在地形模型旁，按照相同高度间隔，用牙签在山体表面不同高度处做记号，并标出高程。（3）沿记号处将山体水平切开。（4）将切下的山体块编号后分开摆放。注意确定位置。（5）分别将取下的山体块放在白纸上，用笔沿山体块边缘描线，注出相应的高度，就得到简单的等高线地形图。（6）修订等高线地形图。（7）在等高线地形图中的不同等高线之间涂上不同颜色的水粉颜料，在图的左下角把各种颜色所代表的高度范围的图例画出来，这样就得到了用分层设色方法表示的地形图。（8）教师出示任务单（见第 151 页）。</td>
<td>同学们将自制的地形模型按操作步骤进行分割，绘制到 A4 纸上，制作成等高线地形图。根据海拔不同涂上不同的颜色，形成简单的分层设色地形图。
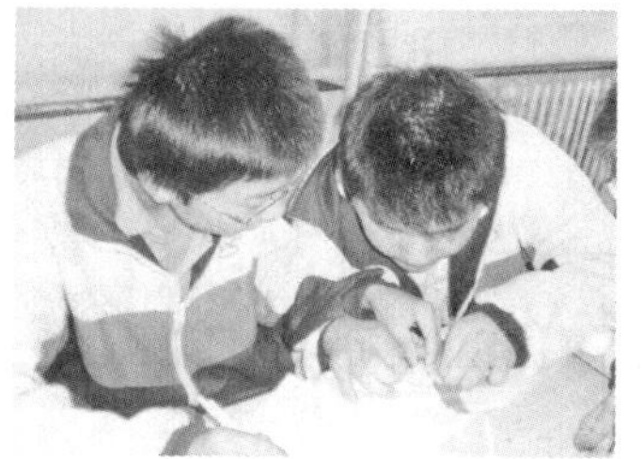
学生制作模型</td>
</tr>
</table>

<table>
<tr><td>交流展示展示成果，归纳提升</td><td>（1）根据修正过的等高线地形图，总结不同部位地形的特征，画好等高线地形图后，把山顶、山脊、山谷、鞍部、陡崖标到图上。（2）其他组同学根据汇报情况向该组提出问题，该组同学解答。（3）教师填写完任务单后，根据评价量表开展评价活动（见第151页）。
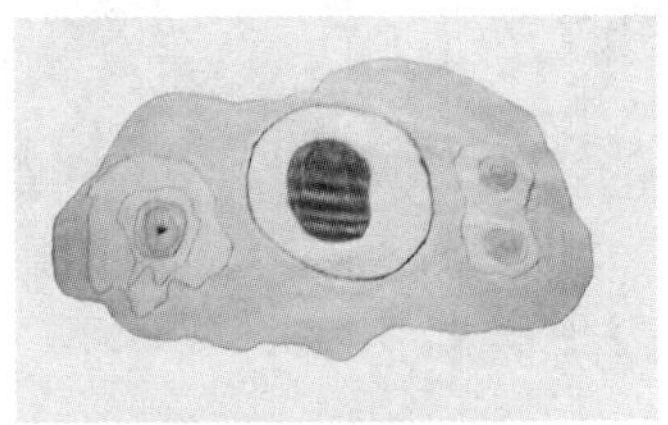
等高线地形图</td><td>小组交流展示成果：各小组组长作为代表，出示小组的作品，并指出不同的地形部位的名称，说出判断的方法，总结不同地形的特征。
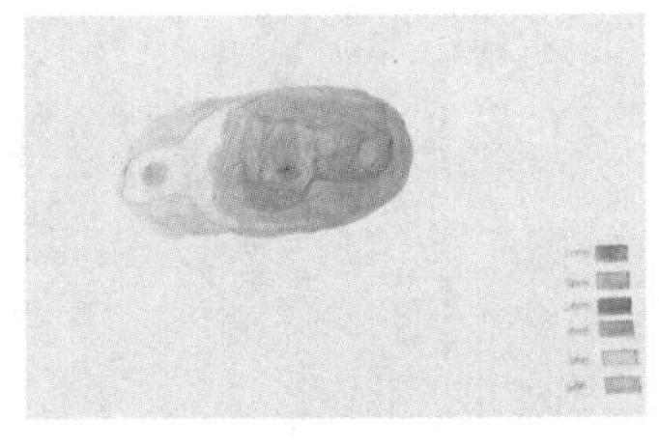
地形部位</td></tr>
<tr><td>板书设计</td><td colspan="2">制作地形模型：捏出山峰、山谷、山脊、鞍部、盆地和陡崖等部位。
绘制等高线地形图：等高线地形图上不同的地形部位特征。</td></tr>
<tr><td>课后反思</td><td colspan="2">本单元的教学理念是学习对生活有用的地理知识。为了培养学生的地理核心素养，我们专注于提升他们在真实且复杂情境下解决实际问题的能力。本节课的教学设计巧妙地结合了学生亲手制作的山体模型，引导学生逐步深入学习如何解读地形图。这一知识技能将学生的理论知识与实践操作、模型构建与景观观察、书本知识与生活经验相结合，从而锻炼学生的综合思维能力，彰显地理学科的核心素养。
识别等高线地形图上的地形是本节课的难点所在。通过动手制作模型和绘制等高线图的活动，学生在实际操作和绘图的过程中，通过与实物的对比，能够深刻体会山体不同部位的地形特征，进而提升他们的空间想象力，克服难点。同时，这一过程也加深了学生对基本概念的理解。
在活动过程中，学生也暴露出一些问题。首先，部分小组的合作意识不强，有的学生只顾自己工作，而有的学生动手能力较弱，制作的作品无法达到要求，需要小组成员协助修正以达到标准。其次，在交流展示环节，一些学生在语言表达上存在不足，无法使用地理专业术语进行描述，这表明在未来的教学中需要特别加强这方面的培养。</td></tr>
</table>

出示任务单

地形部位	山顶	盆地	山脊	山谷	陡崖	鞍部
等高线特点						
地形类型	山地	高原	平原	丘陵	盆地	
地形特征						
等高线特征						

注：完成任务单，根据评价量表开展评价活动。

评价量表

	优秀（A）	良好（B）	需努力（C分）	自评	互评	师评
知识技能	地形模型平滑标准，6种地形部位都有体现，等高线图准确、美观、整洁。地形模型与等高线地形图一致。展示交流语言描述准确，能正确说出各种地形部位的特征，任务单表述准确。	地形模型平滑标准，地形部位个别体现，等高线图准确、美观整洁。地形模型与等高线地形图一致。展示交流语言描述较为准确，能说出各种地形部位的特征，任务单表述基本准确。	有地形模型，但只体现一个地形部位，等高线图基本准确、地形模型与等高线地形图基本一致。展示交流语言表达欠准确，任务单需要更正。			
合作能力	完成自己任务；能够与同学交流自己的心得体会并善于听取他人意见；对组内有困难的同学能热情给予帮助支持。	很少与同学交流自己的心得体会；活动中自己完成自己的任务。	自己完成自己的任务；不与同学交流自己的心得体会。			

教学设计评析：徐宗兰老师的“等高线地形图模型的制作”课程设计，成功地让学生在愉悦中学习，在实践中成长。在互相协助的过程中，学生们不仅提升了个人技能，还增强了团队合作的能力。通过学习绘图技巧和参与

实践活动，学生们认识到掌握地理知识需要科学的方法。他们学会了在活动中欣赏他人，培养了合作意识，从而塑造了团队合作精神；同时，也逐渐培养了求真务实、持之以恒的科学态度。这一课程设计非常恰当，不仅传授了地理知识，还为孩子们提供了广阔的自由发挥空间。教师设计的活动充分展示了孩子们的创造力和团队协作精神。课程旨在培养学生的基础地理核心素养，锻炼他们的综合思维能力，彰显地理学科的核心素养。

7. “种下希望”教学设计及评析

授课教师：北京市房山区南尚乐中学　王凌云

评析教师：北京市房山区南尚乐中学　申立菊

种下希望

课程名称：种下希望

学科：生物

教科书：《生物学》

学段及年级：八年级

指导思想与理论依据
指导思想：2022年《义务教育生物学课程标准》和《劳动课程标准》强调了生物学教学的特殊性和实践性。教学应结合生物学科特点，注重实践和科学探究，帮助学生建立科学概念，培养科学态度和探究能力，同时结合劳动教育，促进学生形成适应个人和社会发展的价值观、品质和能力，体验劳动的满足和幸福。 理论依据：陶行知的“生活即教育”，“教学做合一”教育理论。
教学背景及教学内容
学情分析：学生在七年级时对校园内的植物进行了观察，能从外形对植物进行简单分类，学习了植物根、茎、叶、花的结构和功能，对种子结构、发育过程，以及种子萌发的条件还不了解。本节课的教学将生物知识与劳动课程相结合，综合知识内容，贯通式的大单元教学模式，提升教学效果，拓展思维，提高学生的劳动和生活能力。体会和享受劳动带来的希望、快乐和收获。 教学内容：本节内容涵盖“生物的生殖和发育”中绿色开花植物的生殖和发育。首先，介绍菜豆种子结构和种子萌发条件的理论知识。其次，指导学生种植菜豆，进行田间管理，观察其生长过程直至收获。通过结合生物学理论与劳动实践，学生能更深入理解种子从结构到生命周期的全过程。此外，劳动实践有助于学生树立正确的劳动观念，形成对劳动和劳动成果的积极态度，培养劳动技能和良好习惯。

<table>
<tr><td colspan="5">教学目标：观察种子的结构；探究种子萌发需要的条件。了解植物的生长过程及其对环境的适应性。掌握基本的园艺技能，如播种、浇水等，在劳动过程中观察记录绿色开花植物的生命周期。
过程与方法：引导学生通过使用工具，采用一定的方法完成劳动任务，能综合运用多学科知识和多方面经验解决问题，发展创造性劳动的能力。
情感态度价值观：通过参与种植活动，学生能够亲身体验并运用所学知识去分析和解决现实问题。在观察和参与劳动的过程中，他们逐步培养出严谨的科学态度和追求事实真相的科学精神。此外，这样的活动还能够加强学生的团队协作意识和责任感，同时，促进了学生对生命的尊重和对自然界的热爱，进一步提升了他们的劳动意识和劳动技能。</td></tr>
<tr><th colspan="5">教学重点、难点</th></tr>
<tr><td colspan="5">教学重点：种子包括种皮和胚等结构，种子萌发需要自身和外界条件。
教学难点：种子萌发、生长、开花、结果与死亡的生命周期。</td></tr>
<tr><th colspan="5">教学手段</th></tr>
<tr><td colspan="5">教学方式：讲授实践相结合，辅助学生完成观察现象、记录过程和劳动。
教学手段：多媒体教学设备、PPT、展示植物生长过程的视频资料等。
教学准备：种子、种植地、园艺工具等。</td></tr>
<tr><th colspan="5">教学过程（表格描述）</th></tr>
<tr><td>教学阶段</td><td>教师活动</td><td>学生活动</td><td>设置意图</td><td>技术应用</td></tr>
<tr><td>导入（2 分钟）</td><td>绿色植物遍布我们的生活，它们以各种形态存在，既美化环境，又提供食物，给人带来美的体验和对生命的敬畏。同学们，你们了解绿色植物的生命历程吗？</td><td>观察图片，认真思考，并回答问题。</td><td>激发学习兴趣。</td><td>多媒体 PPT1</td></tr>
<tr><td rowspan="2">新课教学（30 分钟）</td><td>（1）介绍植物的生长过程，包括种子的萌发、生长、开花和结果等阶段（5 分钟）。种子的结构包括种皮和胚等结构胚的发育过程。</td><td>学习生物学知识。观察菜豆种子。认识胚是幼小的植物体。</td><td>认识种子结构。胚是重要结构。</td><td>PPT2</td></tr>
<tr><td>（2）探讨植物如何适应环境，包括光照、温度、土壤和水分等关键因素，以及种子萌发所需的内在和外在条件（5 分钟）。</td><td>结合生活实际回答问题。区别萌发和生长时对光照的需求。</td><td>理解环境对生物的影响。</td><td>视频 1</td></tr>
</table>

<table>
<tr><td rowspan="2"></td><td>（3）组织学生进行分组园艺实践活动，涵盖播种、浇水、施肥等环节；指导学生挑选适当的工具，并教授其正确的使用方法；同时，进行安全教育（25 分钟）。</td><td>分组进行，完成劳动任务。
提高劳动技能。</td><td>学科融合提升素养，分组实现高效省时。</td><td>园艺场地</td></tr>
<tr><td>（4）指导学生观察植物生长情况，记录数据并进行分析（5 分钟）。</td><td>种下菜豆种子。每天观察，记录数据，直到植株死亡。</td><td>融入科学严谨，享受劳动快乐，培养劳动精神。</td><td>多媒体 PPT3</td></tr>
<tr><td>拓展延伸（10 分钟）</td><td>安排任务：考察学校花园，观察植物生长和环境。让学生分析植物在生态中的作用，讨论生物多样性对生态稳定性的影响。</td><td>课后以小组为单位完成。上交观察记录。</td><td>观察分析，推理判断，形成观念。</td><td></td></tr>
<tr><td>课堂小结（3 分钟）</td><td>掌握基础生物学知识，建立生命观念，愿意探索生命奥秘。具备初步的科学探究和跨学科实践能力，能解决实际生物学问题。学生在学习和劳动实践中培养出适应个人和社会发展的价值观、品质和能力。</td><td>掌握生物学知识，以拓宽视野、增强技能、提高劳动能力、形成劳动观念和培养劳动精神。</td><td>解决问题，培养团队合作，保持探索精神。</td><td>多媒体 PPT4</td></tr>
<tr><td colspan="5">板书设计</td></tr>
<tr><td colspan="5">种下希望
绿色开花植物的生命周期包括种子萌发、生长、开花、结果与死亡等阶段。
（1）种子的萌发：种子包括种皮和胚等结构。（2）种子萌发的条件：一是自身条件，完整有活力的胚；二是外界条件，充足的空气、适宜的稳定、适量的水等。（3）注意安全。</td></tr>
<tr><td colspan="5">本教学设计的特点</td></tr>
<tr><td colspan="5">本教学设计的特点主要体现在以下几个方面。
首先，生物学课程作为自然科学领域的一门学科，通过展示生物科学的基础知识，深刻反映自然科学的核心本质。同时，劳动课程体现了其育人价值，包括劳动观念、劳动技能、劳动习惯与品质和劳动精神的综合体现。
其次，在学科背景下，生物学和劳动课程的核心素养与总体目标得到了有效落实。
再次，在教师的引导下，学生将逐步实现从学习生物学知识到参与劳动实践和观察的过渡，从而实现从理论学习到实际生活应用的转变。在这一过程中，学生不仅能够体验学习的乐趣，还能感受劳动的快乐，并最终享受收获的喜悦。
最后，通过学科融合的设计，结合学生的实际情况，激发学生的学习兴趣和科学探究的内在动力。</td></tr>
</table>

教学反思
经验与不足：(1) 结合生物学理论与园艺实践，学生能直观理解并加深记忆，实现知识应用。(2) 学生亲自参与播种、浇水、施肥等活动，提升动手能力，培养观察和分析植物生长的能力，以及科学精神。(3) 园艺活动让学生更珍惜植物生命，深化环保意识，激发环保热情。(4) 理论与实践时间分配不合理。(5) 未充分考虑学生个体差异，导致部分学生实践困难。(6) 教学资源有限，影响学生实践体验。 改进措施：(1) 让学生做好课前准备，优化教学时间分配，保证实践活动时间。(2) 更加关注学生个体差异，根据学情提供个性化指导。分组兼顾学生情况。(3) 搜集更多教学资源，确保学生更好地体验。

教学设计评析：王凌云老师的教学方案“种下希望”具有以下显著特点：首先，它强调跨学科的学习方法，致力于培养学生的综合素养。通过结合生物学教学与劳动教育的元素，该方案在实际操作中培育学生的科技素养和劳动技能。其次，方案重视学生的实践活动，并专注于技术素养的提升。在教学设计中，尊重学生作为主体和教师的指导作用，这一点在教学时间分配和内容安排上得到了充分体现。最后，方案注重通过任务驱动来引导学生的科学探索精神。在新课程学习和拓展活动中，教师为学生设定清晰的任务目标，使学生在实践过程中带着目标去探索。这种方法不仅让学生在学习和操作中获得明确的方向，而且有助于他们在实践中发现问题，并增强解决问题的能力。

8. “黄河船夫曲”教学设计及评析

授课教师：北京市房山区青龙湖中学（实习生） 赵晓楠

评析教师：北京市房山区青龙湖中学 侯建文

黄河船夫曲

课程名称：黄河船夫曲

学科：音乐

教科书：《音乐》人教版

学段及年级：八年级

<table>
<tr><th colspan="4">教学背景及重、难点</th></tr>
<tr><td colspan="4">教材分析：《黄河船夫曲》是一首源自陕西的民歌，它巧妙地运用了重复这一音乐技巧，生动地勾勒出黄河船夫们粗犷的形象。这首歌曲并非传统意义上的节奏鲜明、一领众和的劳动号子，而是在风平浪静的时刻，船夫们自由地、悠扬地表达自己内心深处的情感和情趣。《黄河船夫曲》的歌词采用了问答式的结构，其中反复出现的“九十九”这一短语，象征着“无数”的含义，歌词朴实无华却逻辑严谨，描绘了黄河的壮丽景象和船夫们与汹涌波涛勇敢抗争的豪迈精神，展现了中华民族的民族精神。
教学目标：(1) 了解“黄河船夫曲”具有我国民歌中劳动号子的特征。(2) 能根据歌曲旋律、节奏、速度、力度等对比划分乐段，掌握歌曲每段所表现的情绪。(3) 在轻松的氛围中，激发学生从内心热爱我国的民歌艺术，体会劳动精神。
核心素养：(1) 审美感知：了解“黄河船夫曲”的创作背景，培养学生的爱国主义情怀。(2) 艺术表现：掌握“黄河船夫曲”所表现的情绪和歌曲所反映的时代精神。(3) 文化理解：了解陕北民歌与陕北人民生活之间的联系，感受、体验陕北民歌的风格特点。
教学重点：速度、力度的变化对塑造不同音乐形象的重要作用。
教学难点：了解陕北民歌与陕北人民生活之间的联系。</td></tr>
<tr><th colspan="4">教学过程</th></tr>
<tr><td>教学环节</td><td>教师活动</td><td>学生活动</td><td>设计意图</td></tr>
<tr><td>导入新课</td><td>教师展示黄河图片，介绍其全长5464公里，为国内第二长河，流经9省。黄河对中国文明有重大影响，是中华民族发源地，被誉为“母亲河”。</td><td>让学生讲解图片上的河流。</td><td>激发学生兴趣，引出课题。</td></tr>
<tr><td>讲授新课</td><td>(1) 民歌：民歌——人们在生活中为了表达思想感情而创作的一种歌曲形式，在口头代代相传中不断得到加工，是人民群众集体智慧的结晶。民歌具有语言简明、形象生动等特点。(2) 民歌分为劳动号子、山歌、小调三类：①号子——节奏鲜明、音调粗犷，与劳动紧密结合，即兴编词，一领众和；②山歌——节奏舒展自由，音调悠长高亢；③小调——节奏规整，曲调流畅、细腻。(3) 陕北民歌：陕北民歌体现了当地劳动人民的精神和情感。它主要分为劳动号子、信天游和小调三类，每种都有其独特风格，反映了社会生活和人民情感。</td><td>(1) 学生听老师介绍民歌和民歌分类。(2) 学生了解号子的特点。(3) 学生试着说一说山歌的特点。(4) 学生了解小调的特点。(5) 学生听老师介绍陕北民歌，了解陕北民歌分类、特点、发展和变迁。(6) 学生欣赏歌曲视频，说一说这首歌曲给你的感受，试着说一说这首歌曲表达了什么？(7) 学生欣赏教师</td><td>(1) 积累民歌相关知识。激发学生热爱民歌的情怀。(2) 让学生积累号子相关知识体会山歌的特点。知道小调的特点。(3) 具体了解陕北民歌的分类和</td></tr>
</table>

<table>
<tr>
<td></td>
<td>随着社会制度的变革，民歌内容和形式也发生了变化，展现了新的社会生活和人物形象，并赋予了各种体裁新的意义。(4) 歌曲欣赏：教师播放并讲解《黄河船夫曲》视频，该曲以劳动号子形式展现船夫与暴风雨搏斗的场景，体现了华夏子孙的坚韧和胜利信念。(5) 教师范唱：教师跟着伴奏音频范唱歌曲并讲解。速度：中速，情绪：豪放、自由、高亢。(6) 音程概念：两音之间距离叫音程。先后唱（奏）的两个音叫旋律音程；同时唱（奏）的两个音叫和声音程；音程的单位是：度。(7) 旋律模唱：指导学生模唱四度音程乐句。 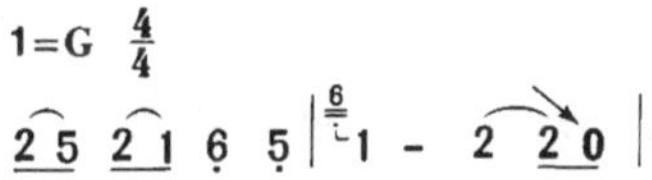

1=G $\frac{4}{4}$
25 21 6 5 | 6 1 - 2 20 |

四度音程乐句图

(8) 旋律学唱：教师伴奏指导学生唱谱，唱准装饰音。(9) 理解歌词：艄公是船尾掌舵的人，也泛指掌船的人。黄河两岸沟壑林立，水流湍急，但这些人用自己的力量与这汹涌的流水抗衡，一同书写着黄河的历史。(10) 歌词学唱：教师伴奏指导学生唱词。歌曲共有两段歌词，采取一问一答的形式，民歌体裁是劳动号子。(11) 教师总结歌曲特点，一是旋律节奏特点：旋律中有双四度跳进音程，节奏宽广自由；二是曲式结构特点：单一部曲式，采用变化重复的创作手法；三是歌曲演唱特点：声音高亢嘹亮，自由舒展，由地方方言发展而来，多有装饰音和下滑音。(12) 歌曲主题思想：陕北民歌《黄河船夫曲》是一首朴素、短小、精悍，并具有鲜明形象的民歌。这首民歌以其质朴的语言、粗犷的声调、高亢浪漫的激情，展现了陕北人民在恶劣生活环境中不屈不挠的奋斗精神和乐观向上的精神风貌，唱出了陕北人民对于黄河的深厚情谊与对自身文化的无比自豪。</td>
<td>的范唱，并回答：歌曲的速度和情绪是怎样的？(8) 学生了解音程的概念、类别音程单位，并会分辨旋律音程和和声音程。(9) 四度音程乐句，并模唱。(10) 学生看歌谱找出旋律中装饰音，跟着伴奏，哼唱旋律。(11) 学生朗读歌词，并想一想是不是天下黄河真的如歌曲中所唱的一样只有九十九道弯？艄公指的是什么人？(12) 体会劳动者的精神。(13) 学生自己试着填词唱一唱并回答：你能听出它有几段歌词，以什么形式出现。(14) 完整演唱歌曲并试着总结一个歌曲的旋律节奏特点、曲式结构特点、歌曲演唱特点。学生试着总结一下歌曲的主题思想。</td>
<td>特点。(4) 初次欣赏，给学生一个完整的印象。(5) 再次欣赏，加深印象，感受歌曲要素。(6) 积累音程相关知识。(7) 歌曲难点旋律练唱，旋律准确性的练习，培养学生的视唱能力。(8) 培养学生的自主学习能力。(9) 培养学生的分析理解能力和总结能力。(10) 深刻感受歌曲的特点和思想内涵。</td>
</tr>
</table>

课堂练习	教师播放伴奏，并参与到学生的表演中。	分成两队，每队站成一排划船，模仿黄河船夫唱《黄河船夫曲》，边划边唱，比赛谁的歌声更有韵味。	活跃课堂气氛，把课堂推向高潮。
课堂小结	《黄河船夫曲》这首民歌提醒我们深思中华民族的命运，警醒我们民族的前行之路依然充满挑战。这首歌曲可视为中华民族的史诗。民歌作为珍贵的文化遗产，承载着民族的历史与情感。我们应继续探索和了解其内涵，以传承和发扬我们的民族文化。	学生概述课程要点。	总结课程，并进行思想教育。

教学设计分析：赵晓楠老师的“黄河船夫曲”教学设计，直接针对中国学生的核心素养发展。在新课导入阶段，学生们在老师的引导和讲解下，认识到为了表达思想感情，人们在劳动生活中创造出了丰富的歌曲形式。在课堂实践环节，学生们亲身体验了黄河船夫的劳动过程，从而更深入地理解了民歌是劳动人民精神和思想感情的结晶，尤其是劳动号子。同时，学生们体会到了劳动人民在艰苦环境中所展现出的坚韧不拔和积极向上的精神面貌，体验了吃苦耐劳的美德，并感受到了社会制度根本变革为我们带来的新生活。在享受音乐带来乐趣的同时，学生们也感受到了劳动的价值。通过将音乐与劳动教育相结合，本课程充分展现了学生学科核心素养中对劳动教育的培养和发展。

9. “人猿祖先的劳动活动”教学设计及评析

授课教师：北京市房山区青龙湖中学（实习生）　张原

评析教师：北京市房山区青龙湖中学　卢劲松

人猿祖先的劳动活动

课程名称：人猿祖先的劳动活动

学科：历史

教科书：《历史》（上册）部编版

学段及年级：七年级

<table>
<tr><th colspan="2">教学目标</th></tr>
<tr><td colspan="2">教学目标：（1）知识与能力：了解元谋人、北京人、山顶洞人等远古人猿代表，掌握其活动遗迹。（2）过程与方法：了解人猿祖先在艰苦环境下的生存方式，梳理他们适应和改造自然的进化路径，以及如何通过劳动进入文明社会。（3）情感态度与价值观：学习人猿祖先的劳动，了解中国是人类起源地之一，增强学生的爱国情感和自豪感；结合现代社会成就，提升学生对劳动的认识，强调劳动教育的重要性。</td></tr>
<tr><th colspan="2">教学重点、难点</th></tr>
<tr><td colspan="2">教学重点：人猿祖先的劳动活动、劳动工具、劳动成就。
教学难点：理解劳动对于人类进化、社会进步、生产力发展的重要性；树立的科学劳动观念。</td></tr>
<tr><th colspan="2">教学方式手段</th></tr>
<tr><td colspan="2">教学方式：讲授实践相结合，辅助学生完成观察现象、记录过程和劳动。
教学手段：多媒体教学设备、PPT、展示植物生长过程的视频资料等。
教学准备：种子、种植地、园艺工具等。</td></tr>
<tr><th colspan="2">教学过程</th></tr>
<tr><td>教学环节</td><td>设计意图：立足于唯物史观的角度解读劳动教育的概念，使学生转变对劳动内容的简单经验认识，逐步形成劳动教育的理论框架，充分明确劳动教育对于自身成长的重要意义。
环节一：导入新课。
通过多媒体播放一些远古人猿的活动遗迹、人猿生活场景的动画模拟视频。让学生身临其境，更加形象生动地展现人猿祖先的生活状态，特别是有关劳动方面的生活图景，从而激发学生对远古时期劳动活动的兴趣，顺势导入新课。
环节二：新课讲授。
（1）元谋人。教师引导设问：人类如何起源，历史上众说纷纭。考古学家根据发掘的古人类化石研究，发现人类是由古猿慢慢进化而来的，那么，目前在中国境内发现了哪些早期人类呢？学生阅读教材第 2 至 6 页回答：最具有代表性的有云南元谋人、北京人、山顶洞人。教师展示 PPT（有关早期人类的基本史实）元谋人使用石器图、元谋人劳动复原想象图并提问：“元谋人已经掌握了哪些技术呢？人和动物的根本区别是什么？”
学生预回答：制作工具和使用火；根本区别是会不会制作工具。
（2）北京人。教师展示有关北京人制作的石器图片：尖状器、刮削器、石锤、石砧等。学生自主学习：阅读教材第 4—5 页并结合北京人使用的石器图片，了解归纳北京人使用的工具情况，学生发言。</td></tr>
</table>

	教师总结：了解北京人使用的石器之后，我们会发现这些工具都是石制打磨的，这也是我们历史上最重要的一个时代——旧石器时代。这个时代生产力水平是极端低下的、环境也是非常险恶的，但是我们的先祖为了生存下去，不断地通过劳动、发明创造改善生存条件，特别是火的使用，是人类进化史上的里程碑。 （3）山顶洞人。教师展示山顶洞人使用的骨针和装饰品，安排学生以历史兴趣小组为单位讨论：山顶洞人在制造工具方面掌握了哪些先进技术？在用火方面，山顶洞人获取火种的方法同北京人有什么不同？小组代表回答：掌握磨光和钻孔技术，如骨针；懂得人工取火。 （4）结合社会发展。教师引导学生朗读关于劳动的要点：首先，强调劳动对历史和未来的贡献，认为它是社会进步的关键力量，并且是人类文明进步的重要体现。其次，倡导树立正确的劳动观念，认为所有劳动都应受到尊重和鼓励，无论是体力还是脑力劳动，个人还是集体的创造。强调全社会应尊重劳动、知识、人才和创造，并以辛勤劳动为荣，反对好逸恶劳和不劳而获的态度。 （5）拓展。教师播放视频——关于现代社会发展成就（两弹一星、杂交水稻、载人航天、天眼等），让学生理解劳动对于人类进化、社会进步、生产力发展的重要性。
小结	师生共同总结。
作业	写一篇约400字的文章，阐述你对人类祖先早期劳动活动的理解，并提出一些建议，关于如何从日常小事入手，通过劳动教育来丰富和提升我们的生活品质。下节课，我们将进行分享。
板书	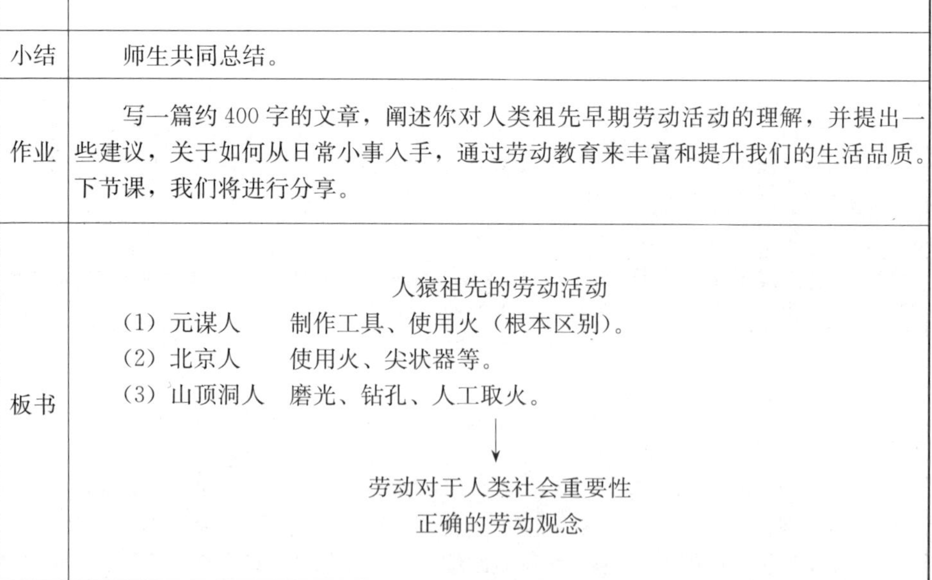 人猿祖先的劳动活动 （1）元谋人　制作工具、使用火（根本区别）。 （2）北京人　使用火、尖状器等。 （3）山顶洞人　磨光、钻孔、人工取火。 ↓ 劳动对于人类社会重要性 正确的劳动观念

教学设计评析：张原老师在“人猿祖先的劳动活动”一课中，通过主题活动紧密贴合劳动教育的相关要求，将主题目标与中国学生发展核心素养直

接对接。在拓展环节中播放的视频，让学生们更深刻地理解了劳动对于人类进化、社会进步和生产力发展的重要性。学生们在参与主题活动的过程中，通过学习、观察和体验等多种形式的跨学科实践活动，获得了积极的价值体验。最终，他们深刻认识到劳动的光荣，以及劳动是推动人类进步的最根本力量。

10. “测量正常步行时的平均速度”教学设计及评析

授课教师：北京市房山区青龙湖中学 荆淑玲

评析教师：北京市房山区青龙湖中学 卢劲松

测量正常步行时的平均速度

课程名称：测量正常步行时的平均速度

学科：校本课程

学段及年级：七年级

指导思想与理论依据
指导思想：遵循新课标理念，本课程强调从生活到物理再到社会的探究，注重问题导向和真实情境，旨在提升学生的分析和解决问题能力，以及科学思维，促进核心素养的发展。实践课强调学生主体，激发主动学习和团队合作精神，提高学科知识的应用意识，培养创新思维，将课堂扩展到户外，激发学习热情，拓宽学生探索的空间。 理论依据：陶行知的“生活即教育”，“教学做合一”教育理论。
教学背景分析
教学背景：本节课将基于之前学习的长度、时间和运动快慢的测量，进一步探讨平均速度的测量方法。通过实验探究变速运动的规律，旨在提升学生的实践技能和对日常现象的理解。 学生情况：在首次室外物理实验课中，学生们表现出浓厚的学习兴趣。他们了解速度是衡量物体运动快慢的量，且知道如何用平均速度描述变速直线运动的快慢。学生们已经掌握了使用刻度尺和停表测量长度和时间的技能，并曾测量过小车的平均速度。尽管如此，他们对实际生活中平均速度的测量还不够熟练。此外，由于这是他们首次进行室外实验，对实验方法、思路和操作的了解尚有不足，但对物理实验充满期待和热情。

<table>
<tr><th colspan="4">教学目标、重难点及流程</th></tr>
<tr><td colspan="4">教学目标：(1) 能测量长度和时间，估测它们的大小。(2) 描述并计算物体运动的速度。(3) 测量平均速度。(4) 通过团队竞争增强集体荣誉感和个人成功体验，提升自信和学习兴趣。(5) 通过实践心得交流，培养表达能力和自信心。
教学重点：会选用适当的工具测量长度和时间；能用速度描述物体运动的快慢，并能进行简单计算；会测量物体运动的速度。
教学难点：会测量路程和物体运动的速度。
器材准备：(1) 教师需准备以下教学材料：1 盒彩色粉笔；4 个秒表，以便各组学生能够准确计时；4 张已打印的实践任务记录表（见第 165 页）；4 块硬纸板和 4 个铁夹子，用于固定任务纸张，便于学生书写。(2) 学生应携带以下个人器材：每个小组至少需准备一把学生用尺（用于测量距离、绘图）；组员还需携带笔和草稿纸（用于记录和计算）。
教学流程：
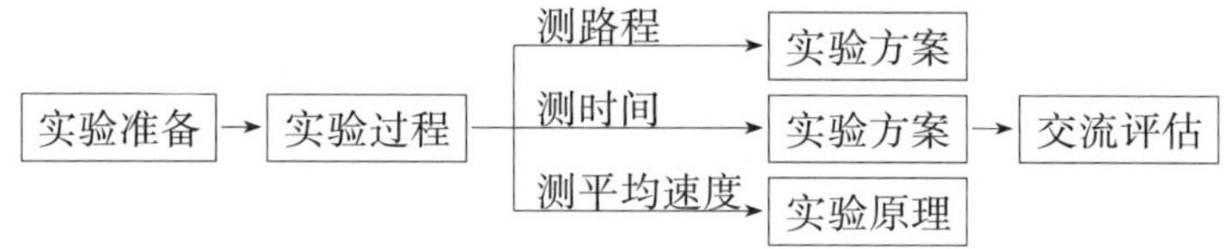
</td></tr>
<tr><th colspan="4">教学过程</th></tr>
<tr><th>教学环节</th><th>教学活动</th><th>学生活动</th><th>设计意图</th></tr>
<tr><td>引入新课</td><td>组织工作和活动介绍：
教师指导学生分组排队，组长负责管理。本节课任务是：每组用彩色粉笔画路径，起点终点在跑道中间；画完测路径长度，组员沿路径跑，并记录时间；计算平均速度。要求：路径不重复，违规取消资格；组长分配任务，协调组员；记录详细测算方法；30 分钟完成任务，超时取消资格；30 分钟后分享成果，评选优胜组。</td><td>明确实践活动的目的。
明确实践活动的要求。</td><td>本节实践课的核心内容是探究路程、时间和平均速度等知识，这些是课程标准要求学生必须掌握的实用性知识。小组成员使用不同颜色粉笔画路径，既增加趣味性，也强化团队意识和责任感，提升团队合作观念。起点和终点设置在教学楼两侧，增加测算难度，旨在激发学生的创新思维和解决问题的能力。要求学生在跑步过程中遵守规则，培养公平竞争的道德品质。同时，对小组组长提出要求，明确其领导职责，确保合作成功，并促进有效沟通和集体智慧的运用。</td></tr>
</table>

新课教学	实验过程：小组讨论确定只用20厘米的刻度尺如何测量路程的方案，并记录在报告册上：(1)如何测量时间。(2)如何测量平均速度。(3)学生通过实验劳动得出。 实验原理：平均速度＝路程÷时间。确定实验方案后，进行分组实验用秒表测出从起点到终点正常步行所用的时间。	小组讨论并记录实验方案：(1)使用直尺测量正常步行的步长。(2)计算起点到终点的步数。(3)步长×步数＝总路程。	使用20厘米直尺而非长卷尺，旨在激发学生的创新思维和解决问题的能力。学生需详细记录测量过程，以提高表达和呈现探究成果的能力。
交流与评估	首先，对各小组的表现给予肯定和赞赏，并鼓励学生为自己的成就鼓掌。其次，比较各组的工作表现，公平地选出优胜队。优胜组的组长分享了分工、协调和解决问题的经验，尽管发言简单，却赢得了学生的尊重。特别是他讲述在测算位移时遇到的挑战和巧妙的解决方法，让学生们深刻理解知识的实用性和学以致用的重要性。最后，根据学生的学习效果填写评价量规(见第164页)。	分组展示。	在课程结束前，安排10分钟让学生分享实践心得。这不仅锻炼了他们的口头表达和自信，还促进了创意和智慧的交流，激发了其他学生的思维和灵感，帮助他们通过比较和反思提高思维能力，加深对学科知识的理解。
作业	(1)在本次实践活动中，你为本团队承担了哪些工作？你自己的表现如何？(2)你们小组在实践过程中遇到了哪些问题？你是如何解决这些问题的？(3)你认为本次实践活动能够获得成功的关键是什么？(4)你觉得你们组实践中存在哪些不足？如何改进？(5)请给你的组长（组员）进行客观评价，（如责任心、所起的作用、投入程度、解决问题的能力、合作意识等）并给予相应打分（满分100分）。(6)尝试测算从学校到家里的路程与位移，写出详细方法。	结合本组表现完成课后作业。	布置的作业主要围绕本次实践活动来写。

教学反思
通过深入学习新的课程理念，我认识到在教学过程中，师生的角色应当发生转变。我们应鼓励学生成为学习的中心，而教师则应更多地扮演引导者的角色。我们的目标是最大限度地激发每位学生的主动性和积极性，使他们能够带着强烈的愿望和兴趣，主动参与合作探究式学习。基于这一理念，我产生了将学生带出教室，到户外进行实践教学的想法，并付诸了实践。 回顾这次教学活动，我注意到在团队竞争和求胜欲望的驱动下，学生们展现出了空前的学习热情和探究精神。每个团队成员都积极为团队贡献力量，面对挑战和困难时，他们的交流和讨论异常活跃。通过这些讨论，团队成员几乎都达成了思想上的共识和行动上的一致，智慧和思维的火花在团队内部不断碰撞，充分展现了团队策略的强大效力。 特别值得一提的是，4 个小组的组长们展现了他们的领导才能和协调分工的能力，他们在整体规划和时间管理方面有了显著的提升和收获。这对于培养学生的组织领导能力来说，无疑是一次宝贵的经历。团队成员之间的分工合作意识也在实践中得到了充分体现。他们共同致力于一个目标——更快更好地完成挑战。他们相互支持、相互鼓励、相互讨论，运用智慧取得了最终的胜利。 在思维的发散和创新方面，学生们都有所展现，尤其是在测算路程这一环节，他们能够充分运用所学知识，针对实际问题进行合理分析，并探索出切实可行的解决方案，将困难转化为便利。这无疑是一个巨大的成功。我相信，在他们心中，物理知识、创新思维和学以致用的意识正在逐渐形成。

评价量规

评价项目	优	良	中	得分
学生参与活动的态度	2.5 分	2 分	1.5 分	
	对问题情境表现出好奇或兴趣	参与活动比较积极主动	学生参与活动不够积极主动	
学生讨论交流后所得实验方案是否合理	2.5 分	2 分	1.5 分	
	方案非常合理	方案比较合理	方案不完整	
实验操作的规范性	2.5 分	2 分	1.5 分	
	实验操作的规范性较强	实验操作的规范性一般	实验操作的规范性较差	
交流与评估的表现	2.5 分	2 分	1.5 分	
	表达能力及实验阐述能力较强	表达能力及实验阐述能力一般	表达能力及实验阐述能力较差	
合计				

注：评价学生参与活动的态度；学生讨论交流后所得实验方案是否合理；实验操作的规范性。

实践任务记录表

<table>
<tr><td rowspan="8">实验记录</td><td colspan="4">测路程步骤</td></tr>
<tr><td></td><td>测路程（m）</td><td>时间（s）</td><td>平均速度（m/s）</td></tr>
<tr><td>组长</td><td></td><td></td><td></td></tr>
<tr><td>组员 1</td><td></td><td></td><td></td></tr>
<tr><td>组员 2</td><td></td><td></td><td></td></tr>
<tr><td>组员 3</td><td></td><td></td><td></td></tr>
<tr><td>组员 4</td><td></td><td></td><td></td></tr>
<tr><td>组员 5</td><td></td><td></td><td></td></tr>
</table>

教学设计评析：荆淑玲老师的“测量正常步行时的平均速度”教学设计在目标设定上，不仅涵盖了物理学科知识目标，而且将主题目标与中国学生发展核心素养紧密对接。该设计更加注重培养学生的团队意识、合作精神、实践探究精神、兴趣培养和自信心提升，展现了物理、数学、劳动等多学科知识的融合与应用。学生们体验了运用所学知识分析和解决实际问题的过程，从而获得了初步的职业体验和职业意识，以及解决问题的意识。

正如教师所分析的，本课程遵循新课标课程理念，引导学生从生活走向物理，再从物理走向社会。课程注重科学探究，突出真实问题情境，激发学生不断探索，提高分析问题和解决问题的实践技能和科学思维能力，促进核心素养的发展。在本节实践课中，本着体现学生主体地位的原则，鼓励学生带着求知的欲望积极主动地参与探索学习；同时，课程还注重培养学生的合作意识，强化学生的分工与协同合作的团队观念，使学生领悟高效团队合作的技巧。

11. “人物劳动动态画法”教学设计及评析

授课教师：北京市房山区青龙湖中学（实习生） 吴傲云

评析教师：北京市房山区长阳镇葫芦垡幼儿园 何静

人物劳动动态画法

课程名称：人物劳动动态画法

学科：美术

学段及年级：七年级

教学目标及重、难点
教学目标：(1) 通过本课的学习，使学生感受人物在劳动中的动态美，激发热爱劳动的情感。(2) 了解劳动时的动态规律，初步学习画人物动态的方法。(3) 在创作中进一步提高学生的观察和表现能力。 教学重点：学习人物动态的画法。 教学难点：劳动场景的美感表现。
教学流程
课前准备：(1)（学生）记号笔、油画棒、水粉画颜料等。(2)（教师）有关劳动场景的课件资料等。 教学过程：首先，情境引入，教师播放《劳动最光荣》音乐，展示不同职业的辛勤工作场景，引导学生讨论参与过的劳动活动、使用的工具及感受。随后，学生分享自己的经历和感受。其次，欣赏感受，(1) 教师展示作品——夯歌，引导学生讨论人物活动和劳动动作特征。(2) 教师总结：劳动产生规律、节奏的美。(3) 小组活动：分析其他绘画作品中的劳动动态和特点。再次，研究体验，①设问：人在劳动时身体各部位是如何保持平衡的；②体验：同桌互相模拟动态并观察分析身体各部位的变化，寻找规律；③展示：教师用课件演示人体劳动时的动作变化和身体各部位的协调、平衡关系。最后，小结，动态特征明显，头、躯干、四肢协调形成位置关系。活动产生多方向线条，即动态线。绘画中捕捉动态线有助于表现动态。 尝试练习：(1) 作业要求：用记号笔尝试描绘各种劳动的动态。(2) 提出建议：人体活动时肩胛线和骨盆线倾斜呈相反状，可以参考书的动态线范例。 作品交流：展示学生作品，师生共同评价。评价建议：作品是否表现了劳动时的动态？线条是否流畅？ 课外拓展：观察各种劳动的场景，用速写的形式记录各种劳动动态。

教学设计评析：在吴傲云老师的“人物劳动动态画法”第一课时教学设计中，目标设定不仅涵盖了美术学科的知识目标，还特别强调了与劳动课程

目标的直接对接，旨在确立“劳动最光荣、劳动最崇高、劳动最伟大、劳动最美丽”的核心观念。通过合作学习，学生将体验到劳动中的团结协作精神，从而提升与他人合作的能力。此外，学生将学会在学习、生活、探究和劳动过程中自觉主动地承担责任，不畏艰难，形成具有积极意义的价值体验。在合作与劳动的过程中，学生将积极面对困难，培养出不惧辛劳、勇于探索、追求创新的精神。

12. “基本经济制度”教学设计及评析

授课教师：北京市房山区青龙湖中学（实习生）　沈悦妍

评析教师：北京市房山区青龙湖中学　卢劲松

基本经济制度

课程名称：基本经济制度

学科：道德与法治

学段及年级：八年级

教学目标及重、难点
教学目标：(1) 知识目标：了解社会主义初级阶段的基本经济制度，包括公有制经济的定义和功能，非公有经济的形式和作用，以及公有制与非公有制经济之间的相互关系。(2) 能力目标：学生通过分析图表和资料，提高将理论应用于实际的能力，并能从经济现象中抽象出基本经济制度的功能。(3) 认同我国基本经济制度，理解公有制与非公有制经济共同发展的积极作用。 教学重点：所有制、分配制和社会主义市场经济体制的内涵和作用。 教学难点：不同分配方式、政府宏观调控。

<table>
<tr><th colspan="3">教学过程</th></tr>
<tr><th>教学环节</th><th>教师活动</th><th>学生活动</th></tr>
<tr><td>导入新课</td><td>游戏组织：教师组织“劳动我最行”游戏，观察大家都分别做了什么劳动，游戏结束后引出课题不同的劳动方式就会有不同的经济形式。
说一说：刚才大家都做了什么劳动？
教师点拨：（1）刚刚的劳动游戏累不累？（2）我们为什么一定要劳动呢？
学生感悟：学生思考并理解劳动能够带来干净的环境。
教师提问：父母平时是以什么样的形式进行劳动的。
学生讨论家长的工作性质，教师介绍不同种类的经济形式。</td><td>体验游戏过程，思考并回答问题。
以学生的亲身体验引出本节课的课题。</td></tr>
<tr><td>讲授新课</td><td>1. 公有制为主体、多种所有制经济共同发展。
热点探究：“奥司他韦”国内有哪些厂家？
材料：据国家药监局官网信息显示，目前奥司他韦在国内有30个批准文号，除上海中西三维药业和东阳光药业之外，还涉及双鹭药业、一品红制药、博瑞制药、科伦药业、倍特药业、石药欧意等。
说一说：上述各性质企业并存的局面反映了我国坚持怎样的生产资料所有制度？
教师点拨：公有制为主体、多种所有制经济共同发展。
学生感悟：各类生产企业和所有制有关。
课堂笔记：我国的生产资料所有制度？
内涵：坚持公有制为主体、多种所有制经济共同发展。
原因：我国正处于社会主义初级阶段（生产力不发达，发展不平衡、不协调。有些问题必须国家出面把控，有些问题不必国家大包大揽）。
名词解释：生产资料又称“生产手段”，是指人们从事物质资料生产所必需的一切物质条件。生产资料分类的方法也很多，如按购买者的不同，可分为工业生产资料和农业生产资料两大类。
（1）公有制经济：包括国有经济、集体经济和混合所有制经济中的国有成分和集体成分。
第一，国有经济。国民经济的主导力量，生产资料属于全体人民所有。</td><td>观看材料和视频，思考并回答问题。
结合案例理解基础知识。</td></tr>
</table>

	名词解释：国有经济服务于国家战略目标，更多投向关系国家安全、国民经济命脉的重要行业和关键领域，包括矿藏、河流、国有森林、荒地、草原和其他陆海自然资源，还包括全民所有的工厂、农场、商店、铁路、邮电和银行等。 第二，集体经济：集体经济的生产资料属于一部分劳动者共同所有。 名词解释：农村集体经济组织实行家庭承包经营为基础、统分结合的双层体制。农村中的生产、供销、信用、消费等各种形式的合作经济，是社会主义劳动群众集体所有制经济。参加农村集体经济组织的劳动者，有权在法律规定的范围内经营自留地、自留山、家庭副业和饲养自留畜。城镇中的手工业、工业、建筑业、运输业、商业、服务业等行业的各种形式的合作经济，都是社会主义劳动群众集体所有制经济。 混合所有制经济，是指不同所有制经济按照一定原则实行联合生产或经营的经济形式。混合所有制经济中的国有成分和集体成分，是公有制经济的重要组成部分，是公有制经济的重要实现形式。如一个股份制公司，同时有国家政府参股，也有个体私营参股，国家参股的那一部分就是国有成分。发展混合所有制经济有利于形成规范的现代企业制度，从而有利于实现企业运营的高效益，实现国民经济的快速发展。 （2）非公有制经济：包括个体经济、私营经济、港澳台投资经济、外商投资经济等。 名词解释：以售卖肉夹馍为例。 个体经济：不存在雇佣劳动关系，规模小。 私营经济：存在雇佣劳动关系，成规模。 港澳台或外资经济：经营资金来自大陆之外。 热点聚焦：始终把民营企业和民营企业家当作自己人。 材料：2023 年 3 月 6 日下午，习近平总书记来到北京友谊宾馆聚英厅，参加以经济界人士为主的民建、工商联界委员联组会，阐明党和国家对待民营经济的方针政策。他强调，“我们始终把民营企业和民营企业家当作自己人，在民营企业遇到困难的时候给予支持，在民营企业遇到困惑的时候给予指导”。 配套视频：《始终当作自己人》。 说一说：习近平总书记为什么说“民营企业是自己人”？ 教师点拨：因为非公有制经济是我国社会主义市场经济的重要组成部分，国家鼓励、支持和引导非公有制经济的健康发展。	

	学生感悟：非公有制经济意义重大。 课堂笔记：为什么要坚持当前的所有制度？ （1）地位：在我国，公有制经济和非公有制经济都是社会主义市场经济的重要组成部分，都是我国经济社会发展的重要基础。 （2）作用：坚持公有制为主体、多种所有制经济共同发展，促进了生产力的发展、综合国力的增强和人民生活水平的提高，为人民当家作主奠定了坚实的物质基础。 （3）态度：必须毫不动摇地巩固和发展公有制经济，毫不动摇地鼓励、支持和引导非公有制经济发展。 补充材料：十年来，民营企业数量翻两番。 2012—2021 年，我国民营企业数量从 1 085.7 万户增长到 4 457.5 万户，10 年间翻了两番，民营企业在企业总量中的占比由 79.4%提高到 92.1%，在稳定增长、促进创新、增加就业、改善民生等方面发挥了重要作用，成为推动经济社会发展的重要力量。2020 年新冠疫情发生以来，党中央、国务院把保就业、保民生、保市场主体作为宏观经济的政策取向，在税收、金融、就业、社保等方面出台一揽子扶持措施，积极营造公平竞争的市场环境，民营企业展现出强有力的发展韧性。 2. 按劳分配为主体、多种分配方式并存。 热点聚焦：2022 年人均可支配收入。 材料：“国内生产总值增长 5%左右”“居民收入增长与经济增长基本同步”“多渠道增加居民收入”……2023 年 3 月 5 日，李克强总理在所作政府工作报告中提出了今年主要预期发展目标。如何稳步提升居民收入水平，推动居民收入与经济增长同步，成为全国两会期间代表委员们热议的焦点。 配套视频：《人均可支配收入咋算的?》 说一说：说说你家的收入来源有哪些？你知道它们属于何种分配方式吗？ 教师点拨：略。 学生感悟：居民收入涉及不同的分配方式。 课堂笔记：我国的生产成果分配制度？ 内涵：坚持按劳分配为主体、多种分配方式并存。 （1）按劳分配：依据生产资料公有制，①有劳动能力的社会成员必须参加劳动；②在作了必要的扣除后，以劳动者所提供的劳动（包括劳动数量和质量）为尺度对个人进行分配，多劳多得，少劳少得。	阅读材料。观看视频，思考并回答问题。 结合案例理解基础知识。 阅读材料。 观看视频，思考并回答问题。

	（2）多种分配方式：①让劳动、资本、土地、知识、技术、管理、数据等生产要素参与收入分配，由市场评价贡献，按贡献决定报酬；②在一定条件下，人们还可以取得社会保障收入，获得社会公益事业的帮助。	结合案例理解基础知识。
	3. 社会主义市场经济体制。 热点聚焦：“奥司他韦”价格上涨的内在逻辑。 教师展示屯药与奥司他韦涨价图片。 说一说：奥司他韦的价格上涨受什么影响？药厂、药店和消费者会作出何种反应？ 教师点拨：（1）市场供不应求。（2）药厂会加大生产，药店会加大采购，消费者会继续购药。 学生感悟：药品价格受供求关系影响。	观察图片，思考并回答问题。
	课堂笔记：我国的市场经济体制？ 内涵：是指市场在资源配置中起决定作用的经济体制。 资源配置：①在市场经济中，生产什么、如何生产、生产多少，主要是通过价格、供求、竞争等机制来调节。②市场机制就像一只“看不见的手”，在资源配置中起决定作用。 热点聚焦：医药公司甲流药物涨价被罚。 材料：天眼查 APP 显示，邢台汇康医药有限责任公司于 2022 年 12 月 8 日购进用于甲型和乙型流感预防及治疗的磷酸奥司他韦颗粒（可威）药品 7500 盒，购进价格为每盒 55 元，次日该药品售价为每盒 63 元，此后两次上涨价格，12 月 20 日最终调价至每盒 75 元。当事人上述行为构成哄抬价格的违法行为，被邢台市市场监督管理局没收违法所得 6688 元、罚款 2 万余元。	结合案例理解基础知识。
	配套视频：《医药公司甲流药物半月两次涨价被罚》。 说一说：市场买卖自由。政府对该公司的涨价行为进行处罚，有何依据？ 教师点拨：我国是社会主义市场经济体制，国家通过法治对市场行为进行规范，通过政策对市场价格进行宏观调控。 学生感悟：市场行为不能为所欲为。	观看视频，思考并回答问题。
	课堂笔记：社会主义市场经济体制的优越性？ 我国社会主义市场经济体制把社会主义制度和市场经济有机结合起来，充分发挥市场在资源配置中的决定性作用，更好发挥政府作用，进行科学宏观调控，激发各类市场主体的活力，为人民对美好生活的需求提供保障。	结合案例理解基础知识。

教学设计评析：沈悦妍老师的“基本经济制度”教学设计巧妙地将劳动内容与教学内容紧密结合。在道德法治学科教学中，融合其他学科教育的精髓，紧密围绕学生的实际情况开展教学活动，将时政热点话题融入课堂教学，以丰富道德与法治学科的教学内容，激发学生的想象力，并为学生提供更广阔的自主探究空间。在本课程中，教师通过运用生活中的案例，有效地培养了学生的道德与法治意识，并极大地激发了他们探究新知识的兴趣。在进行道德与法治教学活动时，教师需要深入了解中学生的个性化特征，充分尊重学生在课堂上的主体地位，培养学生的政治认同感，并通过体验劳动、利用多媒体设备播放具有教育意义的短片，引发学生的情感共鸣。

13. “L7 Chinese New Year 劳动场景学英语”教学设计及评析

授课教师：北京市房山区青龙湖中学　罗鹏

评析教师：北京市房山区南梨园中学　宋丽萍

L7 Chinese New Year　**劳动场景学英语**

课程名称：L7 Chinese New Year　劳动场景学英语

学科：英语

学段及年级：八年级

指导思想
本课程依据《义务教育英语课程标准（2022 年版）》和英语学科核心素养，设计了英语学习活动和 3x3 英语学科能力框架。《普通高中英语课程标准》强调以学科核心素养为目标，培养学生语言能力、文化意识、思维品质和学习能力。本单元专注于提升中学生的阅读高阶思维，要求学生能整理和概括信息，构建新概念，分析信息逻辑关系，并创造性地表达观点。

<table>
<tr><th colspan="3">教学目标及教学策略</th></tr>
<tr><td colspan="3">教学目标：(1) 提取语篇大意，通过画思维导图获取、梳理并归纳 Grace 与李琳家人一起过春节的经历和感受（包括装饰、活动、感受、今昔变化等方面）[学习理解]（重点）。(2) 围绕主题“Chinese New Year”，基于自主学习与小组合作学习，分析、评价并改进思维导图，在小组内描述、阐释和分享，将结构化的语言系统地、有逻辑地表达出来［应用实践］（重点）。(3) 借助维恩结构图，对比自身与 Grace 庆祝中国春节的异同，将所学与自身实际相联系，多角度深度理解文本，辩证地看待中国传统节日和文化［迁移创新］（难点）。
教学策略：(1) 通过学习站 learning stations，画思维导图等多种方式帮助学生梳理文章结构，理解文章内容。(2) 在理解的基础上，通过复述模仿、对比批判和观点分享等多种形式鼓励学生说出完整的语句，培养学生逻辑连贯的语言表达能力。</td></tr>
<tr><th colspan="3">教学背景及学情分析</th></tr>
<tr><td colspan="3">教学背景：本课程旨在让学生理解春节传统活动的意义，弘扬文化，并思考如何更有意义地庆祝节日。课程通过 Grace 和她爸爸的即时信息对话形式，让学生了解春节期间的活动安排，并使用现在完成时态。学生将学习描述春节活动的动词短语和表达感受的形容词，同时培养通过图片预测内容和快速提取信息的阅读技能。
学情分析：授课对象为初二（3）班中等水平的英语学生，他们对英语学习感兴趣，喜欢互动交流、善于合作。该班共 25 人，分成 5 组。学生对节假日话题熟悉，有春节经历，但地域差异导致生活经验不同。他们接受过思维导图和自评互评训练，具备一定的听说能力。然而，学生在理解文章时缺乏结构性，难以快速定位关键信息，思维片面，缺乏分析总结能力。口头描述新年活动时，语言表达不足。为解决这些问题，通过设置读前学习站帮助学生克服生词障碍，激活已知知识。利用思维导图、自评互评和改进，整合和概括散点信息。通过头脑风暴和 word bank 丰富语言，使用韦恩图对比活动，帮助学生拓展思路。</td></tr>
<tr><th colspan="3">教学过程</th></tr>
<tr><td>教学活动设计</td><td>活动内容</td><td>活动意图</td></tr>
<tr><td>Warm-up Look and Guess (1min)</td><td>Ss look at the picture of Chinese New Year and guess the name of this festival.</td><td>激活已知知识，引入本课主题：新年。
唤起学生对往年新年的回忆，引导他们认识到中国传统节日的重要性和学习本文的价值所在。</td></tr>
</table>

Step 1: Leaning Stations (6min)	T give a demo of stations; Ss will rotate 3 stations: talk, vocabulary and text analysis. Station 1-Talk in your group. Station 2-Vocabulary. Station 3-TextAnalysis.	读前自主学习站 1—Talk in your group。 调动学生对话题的兴趣。 学习站 2—Vocabulary。 通过英英释义和图片辅助，帮助学生在语境中熟悉并理解词义，为后续自主阅读扫清生词障碍。 学习站 3—Text Analysis。 通过 RAFT 表格（Role，Audience，Format，Topic），帮助学生建立文本分析的意识和架构，为渗透快速阅读策略做铺垫。
Step 2: While-reading Draw mind map (12min)	Check the results of Stations. Read the Chinese New Year and draw the mind. Map independently with the question: “How did Grace spend the Chinese New Year?”	通过检验学习站的成果，我们深入应用阅读策略，并利用 RAFT 表格指导学生掌握快速捕捉文章主旨和基本内容的技巧。通过绘制思维导图，学生能够系统地整理、梳理并总结 Grace 在中国庆祝新年的相关资料。小组成员通过自我评价和相互评价，将零散的信息进行结构化整合和概括，为接下来的组内互相描述和信息补充打下坚实基础。
Step 3: Evaluation Retelling Sharing (13min)	Ss evaluate the mind map by themselves first and then evaluate their partners'. Group leaders retell the passage in group, others add something new or different. Ask S1&S2 to the front to share mind maps and other Ss appreciate and give suggestions. T take notes and write down suggestions under the projection screen.	根据思维导图的评估准则，学生通过自我评价和相互评价来完善思维导图，促进彼此学习并拓宽思路，运用批判性思维进行评价和改进。通过复述和分享，学生能够运用所学的词汇和句型构建完整且逻辑清晰的句子，逐步吸收文章内容；此外，这一过程作为口头表达与写作之间的桥梁，有助于降低表达难度，增强学生的自信心。

Step 4: Summary Q&A Discuss (2min)	Ss make a summary: Form what aspects can we talk about the Chinese New Year? Ss raise a question according to the text. T also ask a question: "What are the changes of the Chinese New Year?" past now	为了全面介绍新年，我们需要补充并丰富更多与新年相关的表达，以此拓展学生的思维，并为他们将个人的过年经历与 Grace 的过年经历进行对比的活动打下坚实的基础。通过问答环节，我们给予学生自主提问的空间，通过集体讨论，深化他们对主题意义的理解，并深入挖掘文本的深层思想。同时，我们鼓励学生辩证地看待传统节日随时代变迁而发生的变化。例如，现代人通过微信、支付宝等互联网工具发送红包和祝福，饮食习惯变得更加多元和节制，以及更加倡导低碳环保的春节庆祝方式。
Step 5: Comparison Reflection (6min)	Ss reflect on the story, compare their own Chinese New Year with Grace and share their own thoughts. hink and discuss: "Why does every family celebrate the Chinese New Year?"	通过使用韦恩图和句子结构作为辅助工具，学生们能够联系现实生活情境，完成自己与 Grace 在新年期间的相似之处和差异的比较。这一过程不仅帮助他们重组和再现所学知识，而且鼓励他们创造性地应用所学内容。 鼓励学生们深入探讨新年庆祝活动背后的含义，并分享他们的见解。
Homework	Choose one. 1. Write about your last year's New Year, at least 3-5 sentences, use the linking words and the words you learnd today. 2. Write an email to Miss Li's America friend Jason: Compare your Chinese New Year and Jason's New Year.	Jason Me

教学反思
本课程根据学生的实际情况，灵活整合教材内容，遵循语言学习的认知规律，包括信息输入、信息加工内化和信息输出 3 个阶段。针对每个阶段的教学目标，我们设计了明确且有效的教学活动，旨在为学生构建一个获取信息的平台和支撑结构。 整个课堂活动以学生为中心，任务设计兼顾了多样化的方式。例如，自主学习站（learning stations）、互动问答（Q&A）和开放式的思维导图（mind map），鼓励学生不拘泥于单一答案，从而拓展他们的思维空间。 在评价环节，我们采用小组合作的形式，这有助于培养学生的团队协作意识。同时，自我评价和同伴评价的机制能够促进学生批判性思维的发展。 教学任务设计具有层次性，由浅入深，由表及里，确保了教学活动的低起点和逐步加速。前一个教学活动为后一个活动的顺利进行打下了坚实的基础，而后续活动又在前一个活动的基础上进一步深化，使得学生能够轻松地完成任务。随着学习的深入和练习的递增，学生能够逐步接触、理解、练习并运用语言，最终培养出独立运用语言的能力。 然而，课程也存在不足之处：我们需要为学生提供更多的思考和讨论时间。

教学设计评析：罗鹏老师的“劳动场景学英语”教学设计，深刻体现了2022 年版《义务教育课程方案》的核心理念。通过创设真实的劳动场景，本课程将英语教学与劳动实践相结合，寓教于乐，让学生在实践中学习。在英语教学活动中，罗老师巧妙地设定并实施了跨学科的主题目标，尤其是劳动课程目标的实现，这不仅指向了初中学生必备的劳动素养，还引导学生树立了“劳动最光荣、劳动最崇高、劳动最伟大、劳动最美丽”的观念。学生们主动参与家庭清洁、烹饪、家居美化等日常生活劳动，进一步加强了家政知识和技能的学习与实践。通过这些活动，学生们理解了劳动创造美好生活的道理，提高了生活自理能力，并增强了家庭责任意识。

14. “校园里的菜园面积”教学设计及评析

授课教师：北京市房山区青龙湖中学　刘颖

评析教师：北京市房山区青龙湖中学　袁晓兰

校园里的菜园面积

课程名称：校园里的菜园面积

学科：数学

学段及年级：七年级

教材分析
本次安排的活动旨在实践与综合运用，重点在于让学生运用所学的面积公式来计算一些较为复杂的图形面积。同时，通过在校园内进行实际测量和计算，活动旨在提升学生将数学知识和方法综合应用于解决现实问题的能力。
教学目标、活动理念及活动目标
教学目标：本节课教授平行四边形、三角形和梯形的面积计算方法，前提是学生已经了解这些图形的特性，并熟悉矩形面积的计算。这是一节以实践为主的课程，旨在通过练习加强知识掌握，并帮助学生构建知识结构。课程还鼓励学生自我评价，总结在知识技能、学习活动和情感态度方面的进步，以实现学生全面和谐的发展。 活动理念：本节课强调现实性、趣味性、思考性和开放性，旨在激发学生的兴趣和思考，培养学生运用知识解决实际问题的能力，以及数学意识、探索精神和创新能力，为未来的高层次创新打下基础。 活动目标：(1) 学生通过活动学习如何综合运用求面积知识和割补方法计算复杂图形面积。(2) 实际测算活动旨在提升学生灵活运用数学知识和方法的能力，并让学生认识到这些知识和方法的价值。(3) 创新设计活动旨在激发学生的学习兴趣和培养合作意识。
活动准备及过程
活动准备：请提前进行实地测量，并在网上各自搜集 1—2 幅花菜园的平面设计图。 活动过程： 首先，创设情境，谈话导入。 (1) 谈话：同学们，我们每天都在校园里活动、学习，对自己的学校已非常了解，谁能用一个字来形容我们的校园呢？那么，校园美在哪些地方呢？(2) 下面，就请大家欣赏几张和校园菜园有关的照片（课件展示校园菜园典型场景）。(3) 的确非常美，可你知道吗，校园的菜园与数学知识还有很多联系呢？今天我们就一起来研究：校园的菜园面积（板书）。 说明：谈话导入新课，为学生创设一个美丽校园的菜园情境，并启发学生用刚学过的知识解决生活中的实际问题，将数学知识与日常生活紧密相连，激发学生的兴趣。 其次，实践探究，合作交流。

老师给大家安排了3个角色，分别是探究小专家、测量小能手、设计小天才，同学们想先扮演哪个角色？

说明：教材安排的是“想想算算”“量量算算”“画画算算”3项活动，这根据实际的活动内容，分别用“探究小专家”“测量小能手”“设计小天才”来取代，旨在激发学生参与角色扮演的兴趣；同时，考虑到本课主要是综合运用学过的面积公式计算一些稍复杂的图形面积，而3项活动之间并无明显的层次关系，设计时采用“课程超市”形式，让学生自主选择，根据大多数学生意愿逐项开展活动，因此，以下只是假设顺序。

活动一：测量小能手。

（1）大家看，图上3位同学正在测量什么形状的菜地？（课件出示测量平行四边形图）有哪些数据是必须测量出的？分别怎样测量呢？

提醒注意：在室外测量的时候，结果一般保留整米数。

说明：此环节主要让学生掌握一般的测量要求，提供实地测量的操作范式。

（2）根据测得的底和高完成面积计算。

（3）课前我们实地测量了校园里的菜园（课件展示测量场景），这是什么形状？我们的测量方法与前例有矛盾的地方吗？测得的数据是多少？

（4）根据测得的底和高完成面积计算。

说明：由于完成实地测量活动耗时较多，且大部分时间浪费在进出教室、纪律教育等方面，如安排课内进行则时间很难控制，教学目标也难以达成。因此，在教学前，教师可先组织全班学生找校园内相应的菜地进行测量，记录数据，并拍摄测量现场，课堂予以回放，学生兴趣浓厚，记忆深刻。

小结：可见，通过实地测量并计算，可以让我们比较准确地掌握校园菜园的基本情况，有兴趣的同学课后可以继续找我们熟悉的图形进行测量计算，做一个优秀的测量小能手。

活动二：探究小专家。

我校有一块菜园，你能算出面积有多大吗？（课件展示）

（1）这个图形不是我们熟悉的基本图形，你准备怎样计算它的面积？（2）小组讨论交流，教师巡视（提供图和答题纸）。（3）分类汇报，集中整理（实物投影）。

说明：安排讨论交流有助于学生之间的相互思维启发。汇报时采用实物投影的形式，由学生独立讲解，非常直观地展示了不同的思路和计算方法，让学生加深了对数学一题多解的认识。

小结：①刚才某某、某某某等都是把图形分割成两个基本图形，分别算出它们的面积再相加；某某、某某某等是先给它补上一部分变成基本图形，再从补成的图形的面积中减去补上的图形的面积。②割、补是为了把组合图形转化成简单的基本图形，充分利用已经掌握的数学知识解题。

（4）计算下面两个菜地的面积，并交流计算方法和结果。

活动三：设计小天才。

我校内新建几块菜地，请你在方格纸上画出菜地的形状，再算出它的面积，行吗？

说明：由于创建美丽校园，此活动再一次把数学与生活紧密联系在一起，学生均能积极为此献计献策。

(1) 学生独立设计计算。(2) 交流设计计算情况。(3) 谈话：陈老师将把比较科学、美观的设计推荐给学校领导，希望不久的将来，大家可以看到自己设计的菜地。

3. 梳理知识，反思总结。

这节课同学们体验了哪三种角色？你有什么收获？

只要我们做有心人，就能解决身边更多的数学问题，享受更多的数学乐趣。

主要成果：能正确地进行面积的计算。

教学设计评析：刘颖老师的教学设计“校园里的菜园面积”生动地展现了数学学科的应用性教学目标。该课程不仅培养了学生运用数学思维解决实际问题的能力，还促进了学生参与劳动的技能。在课程目标的设定上，除了学科知识外，主题目标紧密贴合中国学生发展核心素养，特别强调了团队意识、合作精神、实践探究精神、兴趣培养和自信心的提升，展现了数学与劳动等多学科知识的融合与应用。学生通过本课程体验了运用所学知识分析和解决实际问题的过程，获得了初步的职业体验，并形成了初步的职业意识。

本课程的设计注重科学探究，突出问题导向，强调真实问题情境的设置，引导学生不断探索，提高分析问题和解决问题的实践技能和科学思维能力，促进核心素养的发展。在本节实践课中，我们秉持体现学生主体地位的原则，鼓励学生带着求知的欲望，积极主动地投入探索学习中。

15. “品劳动精神，扬中华文化校——《中国石拱桥》《苏州园林》”教学设计及评析

授课教师：北京市房山区青龙湖中学　成悦

评析教师：北京市房山区南梨园中学　刘爱华

品劳动精神，扬中华文化校

——《中国石拱桥》《苏州园林》

课程名称：品劳动精神，扬中华文化校——《中国石拱桥》《苏州园林》

学科：语文

学段及年级：八年级

<table>
<tr><th colspan="4">指导思想</th></tr>
<tr><td colspan="4">在素质教育的背景下，强调劳动教育的重要性，并将其融入文化课程之中，已成为促进初中生全面发展的必要条件。作为基础学科之一的语文，其课程标准要求利用语文学科作为媒介，深入探索语文教材中所蕴含的劳动教育元素。通过引导学生在语文学习中体验劳动者的美德、欣赏劳动者的智慧，逐步培养他们正确的劳动价值观和劳动素养，从而真正促进初中生的全面发展。</td></tr>
<tr><th colspan="4">教学背景分析及目标</th></tr>
<tr><td colspan="4">教学目标：《中国石拱桥》是八年级上册中的一篇说明文，作者茅以升是中国著名桥梁专家。文章通过举例和数据说明中国石拱桥的特点和成就，语言生动准确、结构清晰，表达了对古代劳动者的敬意。《苏州园林》中提到苏州园林的共同设计追求，文章以此为线索，引导学生理解园林设计的匠人精神和劳动价值，培养对劳动的热爱。
学习者分析：(1) 优势：学生在小学阶段已经对说明文和说明方法具有初步了解，八年级的学生阅读说明文基本没有阅读障碍。(2) 劣势：受问题特点影响，阅读时容易生发枯燥感。在此基础上，本课的学习应当注意两个方面：一是在之前学习的基础上，提升阅读说明文的能力，并学会赏析说明方法；二是在教学过程中应当注重激发学生的学习兴趣，和对我国古代劳动人民的智慧的赞美，消除说明文阅读的枯燥感，提高学生的文化认同感。
学习目标：(1) 提升阅读说明文的能力，并学会赏析说明方法。(2) 感受中国石拱桥的光辉成就，体悟我国古代劳动人民的勤劳和智慧，激发对优秀传统文化的热爱之情。</td></tr>
<tr><th colspan="4">教学过程</th></tr>
<tr><th>教学环节</th><th>教师活动</th><th>学生活动</th><th>设计意图</th></tr>
<tr><td>打卡走访，初识桥梁、园林。</td><td>发布任务，利用假期走出家门，寻找拍摄身边的桥梁和园林。</td><td>实地寻找身边的桥梁和园林，拍摄照片，并试着写一段说明的文字。</td><td>让学生在实践中收集材料，初步使用说明方法写作。</td></tr>
<tr><td>小组合作，介绍石拱桥、苏州园林。</td><td>(1) 默读和跳读文章，找到说明石拱桥和苏州园林总体特点的句子。比对你所找的桥梁和园林哪个是石拱桥和中国古典园林。
(2) 请同学们依据文中对赵州桥与卢沟桥的介绍，选择其中一座石拱桥，为其完成一张“石拱桥卡片”，填写卡片上的基本信息，并为“一桥掠影”部分绘制一张简易的石拱桥配图。
(3) 苏州园林的哪一处景观打动你呢？能不能试着为它配图说明？</td><td>默读课文。
(1) 分组介绍说明，找出典型的石拱桥和中国古典园林，分析其特点。
(2) 学生们以小组形式合作，共同完成“石拱桥卡片”和“苏州园林卡片”的制作。</td><td>在趣味活动中掌握说明对象和说明对象的特征。</td></tr>
</table>

追根溯源，感受建筑背后的工匠精神。	（1）提问：文中还介绍了中国石拱桥取得辉煌成就的原因，以及新中国成立后我国桥梁事业的飞跃发展。每一座坚固而优美的石拱桥，都离不开一群勤劳而智慧的人们，这群人是谁呢？（2）播放石拱桥建筑科普小视频：古代没有如今的水泥和胶水，拱桥在制作前需要用木头搭建模型作为托，并在桥底座处堆积厚重石板，作为地基保证桥稳固。再将雕琢好的大石板逐一排列放好，石板需要由桥的两端向桥中放置，这里要强调一下，石拱桥最下面的一层石板每一块都是梯形的，上面的石板才会逐渐变为规整的矩形，这也取决于桥的长度与弧度。当放置到最后的石板时需要用锤子将石板夯实。这最后一块石头就叫“桥心石”，每一块桥心石都会有技艺精湛的工匠细心雕琢出精美的图案。 古人造桥绝对要具有匠人精神，马虎不得！每一块石头的大小需要精心打磨，不差分毫才能保证拱桥的稳定性。（3）让学生展示作者茅以升的资料。	（1）回答：劳动人民。（2）分享搜集到的背景资料和作者资料。（3）谈谈中国石拱桥、苏州园林建造者的精神。	学习工匠精神。
作业与拓展学习设计			
写一段说明文向外国友人介绍中国石拱桥和苏州。			

教学设计评析：成悦老师所设计的教学方案“品劳动精神，扬中华文化校——《中国石拱桥》《苏州园林》”展现了以下特点。

第一，教学中巧妙地将语文学习与劳动教育相结合，通过语文文本的深入挖掘，培养学生的综合素质，强调了跨学科的学习与整合。

第二，采用任务驱动的教学方法，有效激发学生的学习热情。在学生进行实地走访、调查和拍摄的过程中，他们能够初步领略桥梁和园林的美感，并对劳动人民的智慧有所了解。

第三，结合图文转换和视频播放的手段，引导学生在动手实践中更深入地理解文章的说明内容及其特点，从而感受我国劳动人民的智慧与创造力，并深刻认识劳动创造美的真谛。

第四，整节课的设计将阅读与实践活动紧密结合，充分体现了语文教学与劳动教育的完美融合。

第五，通过小组合作和讨论，学生们不仅提升了团队协作能力，还能在交流中互相启发，深化对劳动精神的理解。

第六，教学过程中注重学生的自主探究，鼓励他们提出问题并寻找答案，培养了他们的批判性思维和解决问题的能力。

第七，课程结束后，学生们能够将所学知识与实际生活相结合，增强了他们的社会责任感和文化自信。

三、体现劳动素养的学生成果

（一）研究报告

1. 关于“压饸饹”的研究报告

——“爱党·爱国·爱家乡”学科主题学习学生劳动实践成果

关于“压饸饹”的研究报告

——“爱党·爱国·爱家乡”学科主题学习学生劳动实践成果

基本信息			
成果名称	关于“压饸饹”的研究报告		
所属类型	研究报告类（V），创意作品类（ ），其他		
参与人员			
	姓名	学校	承担任务
设计者 实施者	武一	北京市房山区青龙湖中学初一（4）班	撰写全部研究报告
指导教师	申立菊	北京市房山区青龙湖中学	指导研究报告撰写和实践活动

活动目的
利用生物学知识制作营养面条，享受设计与劳动的乐趣；将所学知识应用于为父母准备营养餐，表达对父母辛勤养育的感激之情。通过小事展现学习党史，成为有责任感少年的承诺。
活动计划
第一步，构思设计方案；第二步，备齐所需材料；第三步，精心制作饸饹面；第四步，与家人共享劳动成果。
活动过程
介绍主题活动的细节、步骤和方法。在学党史活动中，我们应学习先烈的爱国精神，通过日常小事展现责任和爱国情怀。
活动成果（及说明）
关于“压饸饹”的研究报告 ——“爱党·爱国·爱家乡”学科主题学习学生劳动实践成果 作品名称：饸饹面。 设计制作者：武一。 创作原因：在校园内举办的党史学习活动中，我深刻体会到先烈们为国家所做出的巨大牺牲，他们献出了宝贵的生命。我渴望追随先烈们的足迹，以实际行动表达我对党、对国家、对家乡的热爱。然而，我时常困惑于如何才能有效地表达这份情感。老师告诉我们，即便是微不足道的善举，也能彰显我们的责任感和担当。爱党、爱国、爱家乡的行动可以从日常生活中的小事做起，如从关爱自己的家人开始。 在综合实践活动课上，由于疫情防控的需要，我们无法进行实地考察。因此，老师引导我们参与了云端研学项目。当我们的视线通过屏幕抵达房山区的水峪村时，那里的传统美食压饸饹引起了我的兴趣。我萌生了一个想法：利用我在生物学中学到的关于膳食合理搭配的知识，为父母准备一顿饭，让他们感受家庭的温暖和幸福。 制作活动计划：在综合实践老师的指导下，我制订了一份简单的活动方案，并根据该方案开始执行。 预计成果设计图： 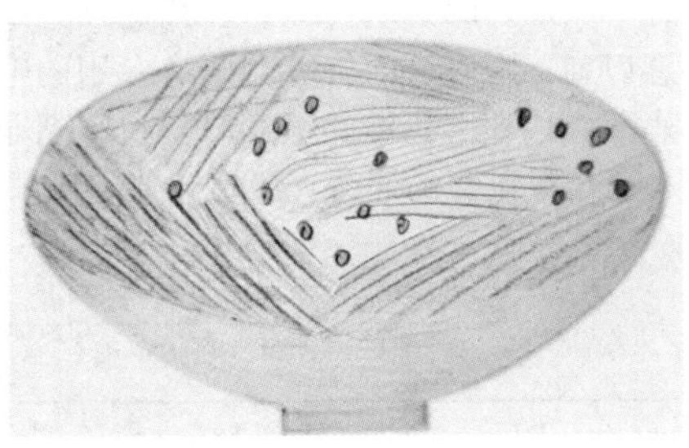 成果设计图

活动准备：(1) 上网搜集压饸饹的视频进行学习。(2) 购买压饸饹机。(3) 准备食材：1斤多面粉、豆干(3块)、胡萝卜(2根)、鸡蛋(3个)、黄瓜(1根)，还有大蒜、醋、蚝油、生抽、白糖、五香粉、香葱。(4) 准备工具：手动饸饹面机子、菜刀、锅、切面刀等。

制作过程：首先，将面粉与水混合，揉制成光滑的面团，并让它醒发30分钟(注意水分要少量多次加入，搅拌至形成面絮状)，在面团醒发的同时，将鸡蛋液搅拌均匀，煎成鸡蛋饼后切成细丝；将黄瓜、胡萝卜和豆干分别切成细丝，香葱切成小段。蒜头剁成末，然后加入4勺生抽、1勺蚝油、1勺醋、少许五香粉和糖，调制成调味汁备用。待面团醒发完成后，再次揉搓一会儿，将其分成两份，擀成略小于面条机直径的面片。此时，锅中倒入预先准备好的开水，用小火加热。取一块面片放入面条机中，顶部涂抹少许油(以防止粘连)，盖上机盖，用力挤压出面条。然后转大火，煮约半分钟后捞出面条，迅速过凉水(这样做可以使面条更加有嚼劲)，最后装盘。将之前准备的配菜和调味汁拌匀，即可完成这道美味的面条。

研究成果：经过多次尝试，面团与水的比例最终确定为8∶3。(2) 实践证明，使用温水和面能够达到最佳效果。(3) 在营养配比方面，添加一些煮熟的鸡肉丝将使面食更加营养丰富。(4) 这是制作完成的饸饹面的照片。

饸饹面成品

研究体会：烹饪确实是一项挑战。我尝试和面多次，但前几次不是水放得太多，就是面团里还有干面粉。最终，在妈妈的不断指导下，我勉强完成了任务。这次的食材分量都是凭感觉估计的，我意识到下次应该准备一个厨房专用的电子秤。尽管经历了多次失败，但当我看到爸爸妈妈开心地享用我做的饭菜时，我感到非常欣慰。我体会到了妈妈每天烹饪的辛劳。吃着自己亲手制作的面条，我感到特别快乐。

能反映活动效果的其他资料
见制作过程视频。

2. 关于“青龙湖中学平面图与立体图”的研究报告

——“小创客”创新创想创意作品

关于“青龙湖中学平面图与立体图”的研究报告

——“小创客”创新创想创意作品

作品名称	青龙湖中学平面图与立体图		
作品类别	科普创新		
作品形式	图片、视频		
作品组别	中学组		
报送单位	北京市房山区青龙湖中学		
指导教师姓名	申立菊		
作者信息（限报 2 人）	姓名	所在学校	年级
	王璐瑶（第一作者）	北京市房山区第十三中学青龙湖分校	七年级
	王汕年（第一作者）	北京市房山区第十三中学青龙湖分校	七年级
作品图片（多角度拍摄，至少 3 张图片）	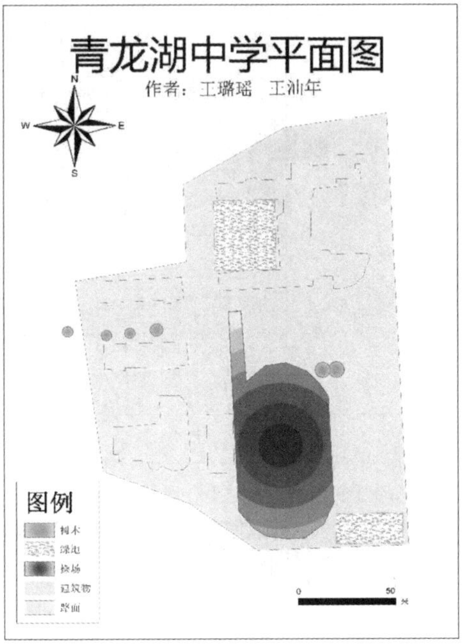		

	 青龙湖中学平面图组图
设计意图	青龙湖中学的前身是1958年成立的房山区豆各庄中学。自建校以来，青龙湖中学的主体建筑尚未实施学生自主开展的数字化工作。然而，青龙湖中学的主要建筑物的数字化工作一旦完成，将为未来优化学校建筑设计和整体布局提供宝贵的参考和模板。此外，它也将为后续的数字化工程奠定坚实的基础。值此建党百年之际，学校计划进行主题文化墙的设计。以此为契机，学校启动了跨学科的学生实践活动。在地理和综合实践课程教师的指导下，学生们绘制了青龙湖中学的平面图和立体图，为更佳的设计和布置主题文化墙打下了坚实的基础。
工具与材料	青龙湖中学卫星影像图、ARCGIS软件、青龙湖中学层高。
制作过程（附关键步骤照片和说明）	（1）运用ArcGIS软件对青龙湖中学的卫星影像图执行矢量化处理，并对其中的建筑物进行细致分类。（2）使用属性对每种地物进行数据标定，赋予新值（层数）再添加每层层高。（3）通过ArcScene软件对所定义的地物进行3D化显示，楼高为（层数×层高）其他地理事物，如操场，高度为0。

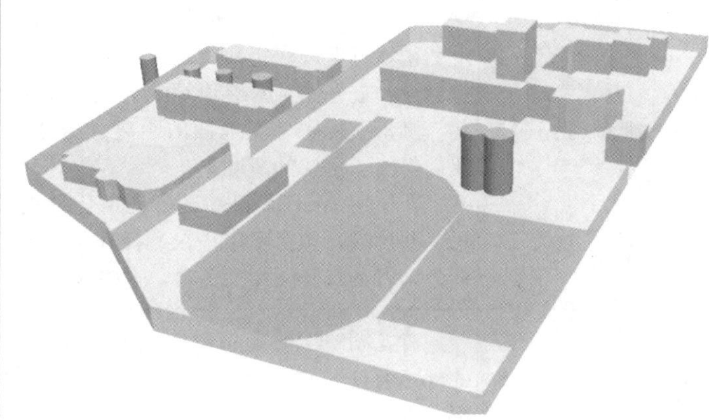

青龙湖中学 3D 立体图

同时，通过对立体图的二维化，我们也可以制作平面图。

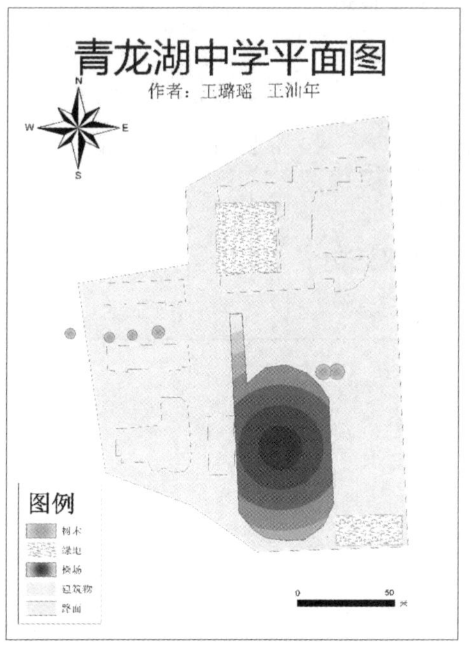

利用立体图的二维化制作平面图

遇到的困难与克服的办法	鉴于卫星影像地图的精度有限，我们必须对教学楼的实际高度和楼体宽度进行实地测量。我们采用了对比法，即利用木棍进行测量：首先测量木棍顶端到天花板的距离，然后将木棍竖直举起，测量木棍底部至地面的距离。通过多次测量并计算平均值，我们得出了楼层的高度。 在使用 ArcGIS 软件进行矢量化处理的过程中，我们也遇到了一些挑战，包括程序错误和操作步骤不明确导致的问题。通过向教师咨询和查阅相关资料，这些问题最终得到了解决。
优点	青龙湖中学的全貌得以直观呈现，更贴合人们的直观感受。此外，通过 3D 模型的深入分析，我们可以评估教学楼的日照情况，以及风力对各楼层的具体影响。数字化处理后，这些模型可应用于地理教学，进一步推动青龙湖中学地理学科的发展。
不足、改进或设想	由于误差和时间限制，本次绘制工作存在一些不足之处：食堂西侧的锅炉房未能进行测量，导致无法完整绘制所有绿化区域(包括草坪和树木)。由于冬季天气的影响，主席台、停车场和东侧走廊的绘制工作未能完成。此外，由于技术问题，未能成功获取青龙湖中学外立面的摄影图，这使得教学楼的贴图工作不得不暂时搁置，我们计划在下个学年继续进行。
完成时间	2022 年 11 月 7 日
作品知识产权声明	□是　□否　1. 作品为作者原创，不存在知识产权纠纷。 □是　□否　2. 作品已公开发布并获得商业价值或投资。 □是　□否　3. 作品与企业合作，即将对外发布。 学生签字：王璐瑶　王汕年

3. 关于“2023 国际人工智能产业发展大赛——多旋翼无人机驾驶穿越技能赛”的研究报告

关于“2023 国际人工智能产业发展大赛——多旋翼无人机驾驶穿越技能赛”的研究报告

北京市房山区南尚乐中学　隗伟

项目简介及参与人员

项目名称：2023 国际人工智能产业发展大赛——多旋翼无人机驾驶穿越技能赛。

项目背景：多旋翼无人机作为当代科技发展的前沿，已经在多个领域展现了其独特的价值和潜力。在国防、民用、商业和科研领域，无人机技术的应用日益广泛。鉴于此，参加多旋翼无人机驾驶活动不仅是对个人技术能力的挑战，也是对现代科技发展趋势的直接参与和体验。通过实际操作和应用，加深我们对科技创新的理解和兴趣。尤其在国防教育中，无人机驾驶的技能被视为重要的实践能力，旨在培养学生的技术应用能力和创新思维。

参与人员：隗伟、赵晓彤、高常晟、马昱。

人员分工：隗伟任组长，积极参与培训、竞赛，并负责组织同学们参与各项比赛；赵晓彤、高常晟、马昱同学作为小组成员，也参与了培训和比赛活动。

指导教师：单翠龙。

项目时间：2023 年 9 月 1 日至 2023 年 9 月 30 日。

项目过程

在项目的早期阶段，我与团队成员共同遭遇了操作无人机的诸多挑战，特别是在确保控制的稳定性和飞行轨迹精确度方面。得益于教练的悉心指导和团队成员之间的紧密合作，我们逐步精通了无人机的飞行动力学和高级操控技巧，如 PID 调节和飞行姿态控制，进而实现了精确的操控。

我们对无人机的基础飞行操作进行了深入研究，并掌握了应对复杂飞行动作和紧急情况的策略。这涵盖了对无人机硬件和软件架构的理解，以及在各种气象条件和技术故障情况下的安全飞行知识。通过模拟比赛的训练，我们锻炼了在高压环境下保持冷静和迅速做出决策的能力。

项目成果

经过超过50小时的密集训练，我在这次比赛中荣获一等奖，而我的同学们也取得了冠军和亚军的优异成绩。在比赛过程中，我不仅展示了精确的穿越障碍、稳定的悬停和迅捷的转弯等高级飞行技巧，还成功应对了包括迅速调整飞行策略和故障排除在内的技术挑战。

这次比赛经历加深了我对无人机驾驶的热爱，并为我在未来科技领域的学习和发展打下了坚实的基础。我将继续深入研究无人机技术，并探索其在国防、民用和商业领域的广泛应用。

这次多旋翼无人机驾驶穿越技能赛是一次具有深远影响的学习经历。它不仅提升了参与者的实践技能和科技素养，也加深了对国防教育的理解和认识。通过这样的实践活动，可以有效地激发学生在科技创新和国防技术领域的兴趣和能力。

成果拓展及应用

这次比赛经历不仅锻炼了我的飞行技能，也全面提升了我的科技素养。我对无人机的硬件组成、编程逻辑和相关安全法规有了更深刻的理解。以下是我的一些设想。

首先，关于无人机系统组成。(1) 校园巡逻无人机：负责定期在校园内巡逻，监控安全情况。(2) 学习资料传递无人机：用于将图书或学习材料快速送达学生或教师手中。(3) 校园活动记录无人机：拍摄校园活动和体育赛事，记录美好瞬间。

其次，针对无人机的应用场景。(1) 安全监控：在放学或活动时间，无人机可以监控校园的安全状况，及时发现和上报异常情况。(2) 教学辅助：在科学实验或户外教学中，无人机可以拍摄实验过程或自然景观，帮助学生获得更好的学习体验。(3) 图书传递：学生在图书馆预约图书后，无人机可将图书直接送到指定地点，方便学生借阅。(4) 体育赛事记录：在学校运动会等体育活动中，无人机可进行空中拍摄，记录比赛精彩瞬间，之后制作成视频供学生和老师回顾。

最后，利用无人机的功能特点。(1) 提升安全：通过实时监控，无人机能够增强校园的安全防护。(2) 教育互动：无人机拍摄的内容可以作为教学素材，增加课堂的趣味性和互动性。(3) 便利生活：无人机的快速传递服务，为学生和教师提供了更多便利。(4) 记录回忆：无人机拍摄的校园生活和活动照片或视频，成为珍贵的回忆。

展望未来，校园内的无人机应用可能会更加广泛和高效。例如，无人机可以协助进行环境监测，确保校园环境的健康与安全。在教育领域，无人机可以作为教学工具，增加学生对科技的兴趣和理解。此外，随着技术的发展，无人机在校园的应用将更加安全、智能，为校园生活增添更多的色彩和便捷。未来更先进的无人机会在保卫我国国防安全上，建立新功！

4. 关于“国防教育宣讲志愿服务项目阶段实施报告”的研究报告——志愿服务研究报告

关于“国防教育宣讲志愿服务项目阶段实施报告”的研究报告

——志愿服务研究报告

北京市房山区南尚乐中学　丁楠等

项目简介及参与人员
项目名称：“国防教育宣讲”志愿服务。 项目实施时间：长期。 项目起始时间：2023 年 1 月至今已经实施 1 年，时长超过 200 小时。 项目参加人员及分工：(1) 组长：丁楠，协调小组成员讲解内容及站位。(2) 组员：常睿、高佳、吴晶、田鑫可，按照具体宣讲内容分别在不同区域承担讲解任务。 项目实施背景：2022 年 9 月，中共中央、国务院、中央军委发布《关于加强和改进新时代全民国防教育工作的意见》，强调全民国防教育是建设国防和人民军队的基础，是宣传思想工作的重要部分，也是弘扬爱国主义和增强国防意识的途径。房山区南尚乐中学，位于有深厚历史文化底蕴的革命老区，2023 年 1 月荣获“八一爱民学校”称号，并于 6 月正式挂牌。学校利用当地红色资源，将国防教育作为德育的重要手段，推进教学改革，并与多种活动结合，形成了完善的国防教育课程体系。为推广国防教育成果，学校成立了“国防教育宣讲志愿服务队”，首批招募 5 名讲解员，通过自愿报名和学校评选的方式进行。
项目实施过程
2023 年 1 月，我报名参加了评选活动，并在经过初审和终审后，与孙语蔓、王梓琪、冯宇轩、王蕙荣幸地成为南尚乐中学国防教育宣讲志愿服务队的首批成员。 2023 年 3 月，我被选为宣讲队的队长。我和我的队员们共同努力，搜集国防教育相关资料，以丰富我们的知识储备。在接下来的 3 至 4 月期间，我们接受了学校提供的讲解员素养培训，学习了成为一名专业讲解员所需掌握的各种技巧。 2023 年 6 月，学校正式挂牌为“八一爱民学校”，这标志着我们首次正式上岗。怀着对革命先辈的崇高敬意，以及传承红色基因的初心，我和我的队员们分别走进了学校的国防教育展厅、五项全能培训场地和历史文化大厅，向来访的市区领导和嘉宾宣讲国防教育知识。从那时起，我们开始了国防教育志愿服务的旅程，并在学校为各级领导和来宾进行了 17 次宣讲。 2023 年 10 月，为了增强宣传效果，学校对宣讲队进行了扩充。我们作为评委参与了新成员的选拔，最终有 8 名同学加入我们的行列，为团队注入了新的活力。我们利用自己的经验优势，采取了一对二的模式，带领新成员继续开展志愿服务活动。

2023 年 12 月，我们应邀前往中国人民革命军事博物馆（以下简称“军博”）。在那里，我们首先参观了军博，搜集资料并体验感悟。随后，博物馆为我们安排了经验丰富的讲解员隗姐姐进行指导。在隗姐姐的指导下，我们体验了作为军博讲解员的紧张与兴奋。我们还提出了“如果讲解中出现错误该如何应对”和“如何在不同场景间切换解说”等问题。

这次军博之行，使我们的国防教育志愿服务活动走出了校园，拓展到了更广阔的平台。

项目成果

经过超过 50 小时的密集训练，我在这次比赛中荣获一等奖，而我的同学们也取得了冠军和亚军的优异成绩。在比赛过程中，我不仅展示了精确的穿越障碍、稳定的悬停和迅捷的转弯等高级飞行技巧，还成功应对了包括迅速调整飞行策略和故障排除在内的技术挑战。

这次比赛经历加深了我对无人机驾驶的热爱，并为我在未来科技领域的学习和发展打下了坚实的基础。我将继续深入研究无人机技术，并探索其在国防、民用和商业领域的更广泛应用。

这次多旋翼无人机驾驶穿越技能赛是一次具有深远影响的学习经历。它不仅提升了参与者的实践技能和科技素养，也加深了对国防教育的理解和认识。通过这样的实践活动，可以有效地激发学生在科技创新和国防技术领域的兴趣和能力。

成果拓展

自 2023 年 1 月起，至今已满 1 年，我们开展了 17 次校内国防教育志愿服务活动，并且在军博进行了 1 次特别宣讲。我们的宣讲团队从最初的 5 人壮大到了现在的 13 人。在传播国防知识的过程中，我们同样被我军的发展历程和战斗英雄的英勇事迹所激励。我们宣扬的红色文化，也在潜移默化中滋养了同学们的世界观、人生观和价值观。北京卫戍区的领导对我们给予了高度评价，称赞我们是传承红色基因的小使者，是国防教育的接班人。

我们计划继续在军博开展志愿活动，并且将走进社区，普及国防知识，致力于提升全民的国防意识和国防素养。我们立志成为红色文化的传播者，积极担当起“强国有我”的时代使命，成为新时代的好少年。

活动体会

在参与国防教育宣讲志愿服务的过程中，我不仅深入学习了国防知识、历史和技能，还提升了自身的国防意识和素养，强化了对军队和武力的尊重。展望未来，我立志成为一名军人，为保卫国家的国防事业贡献力量。

5. 关于“饺子创意制作”的研究报告——创意劳动研究报告

关于“饺子创意制作”的研究报告

——创意劳动研究报告

南尚乐中学　侯思含等

活动简介
活动背景：为贯彻《义务教育劳动课程标准（2022 年版）》、响应《北京市学科10%实践活动》的文件精神和《北京市中小学综合实践活动课程指导纲要》的指导方针，旨在提升学生的实践精神和创新能力，同时培养学生劳动核心素养，我校特别举办了“九九重阳、尊老敬老，学厨艺、献孝心捏饺子”实践活动。我有幸带领并组织我们小组积极参与了此次活动，并从中获得了丰富的体验，进而将活动内容拓展为“十二生肖”创意饺子的制作。 活动内容：创意饺子制作。 参加人员：“十二生肖”创意饺子制作小组成员。(1) 组长：侯思含，负责分工协调，撰写研究报告，与龚静茜合作制作生肖牛饺子等。(2) 组员：龚静茜，负责生肖牛、老虎、兔子饺子的制作；吕天琪，负责生肖狗、鸡、猴饺子的制作；戴明君，负责生肖猪、蛇、龙饺子的制作；樊沙沙，负责生肖马、羊、鼠饺子的制作。
项目实施过程
2023 年 10 月 23 日，我们小组参与了学校举办的“九九重阳、尊老敬老，学厨艺、献孝心捏饺子”活动。我们 5 位成员各司其职：揉面、切剂子、擀饺子皮、捏饺子等，每个人都专注于一项任务。在空闲时，大家都会加入捏饺子的行列中。通过团队合作和创意设计，我们最终荣获年级创意奖。 随后，我们决定将饺子的传统艺术与十二生肖文化相结合，共同创作了一系列十二生肖饺子。我们进行了明确的分工：侯思含负责协调工作和撰写研究报告，与龚静茜共同负责生肖牛、老虎、兔子饺子的制作；吕天琪则负责生肖狗、鸡、猴饺子的制作；戴明君负责生肖猪、蛇、龙饺子的制作；樊沙沙则负责生肖马、羊、鼠饺子的制作。 在制作过程中，我们遇到了一些挑战：例如，我制作的饺子较踏踏的；我们还尝试制作彩色饺子，但上色效果不佳。通过团队讨论、互相学习，以及向家长和老师求助，我们最终克服了这些难题。 我们还使用芝麻作为动物眼睛的装饰，用胡萝卜汁制作猪嘴等，这些细节的处理让我们的生肖饺子栩栩如生。

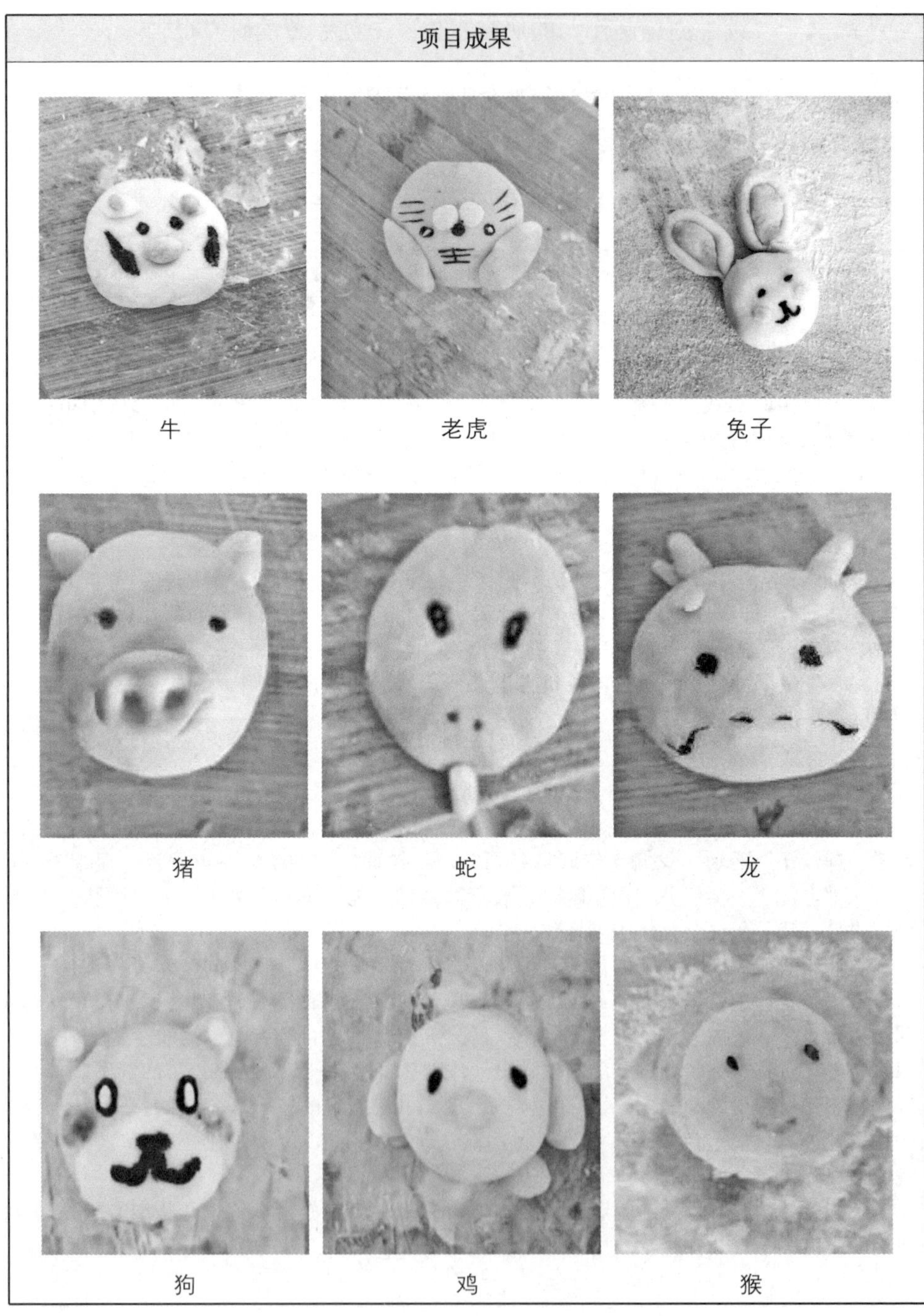
项目成果
牛
老虎
兔子
猪
蛇
龙
狗
鸡
猴

马　　　　　　　羊　　　　　　　老鼠

马尾巴在冻的过程中不小心掉落了。

活动体会
我深刻体会到了团队合作带来的乐趣；同时，我也领悟到烹饪绝非易事，从而感受到母亲日常的辛劳；当我们把亲手制作的成果呈献给父母时，我们体验到了劳动带来的快乐，认识到劳动创造了价值，我们深信劳动是最光荣的。尽管我们的成果并非完美无缺，有些甚至不尽如人意，但它们是我们努力的结晶，我们倍加珍惜这些劳动成果。

6. 关于“南尚乐中学学生心理压力的调查研究”的研究报告——心理实践活动调研研究报告

关于“南尚乐中学学生心理压力的调查研究”的研究报告

——心理实践活动调研研究报告

南尚乐中学　　王梓琪等

项目简介及参与人员
项目背景：本项目针对八年级《综合实践活动》教材中“关注中学生心理压力”主题进行研究。小组选定“中学生心理压力调查研究”作为研究项目，因为观察到同学们普遍存在心理压力，并了解到学生处理问题不当导致严重后果的新闻报道。在学习相关内容时，我们计划对南尚乐中学学生进行心理压力调查，希望通过这项研究解决一些社会问题，为学校和社会做出贡献。 项目内容：南尚乐中学学生心理压力调查研究。

<table>
<tr><td>
项目意义：近年来，中国经济的迅猛增长带来了物质生活水平的显著提升。然而，在这一背景下，中学生群体的心理健康问题日益凸显，引起了家长、学校和社会的广泛关注。中学时期是学生心理成长和成熟的关键阶段，也是未成年人向成年人过渡的重要时期。在这个阶段，行为习惯的形成尤为关键。若在此期间出现严重的心理健康问题，可能会对个体未来的工作、生活、事业和家庭产生深远的负面影响，进而对社会造成不良后果。
项目时间：2023 年 10 至 12 月，时长 51 至 100 小时。
项目小组成员及分工：(1) 组长：王梓琪，负责研究报告及初三、初二、初一 (4) 班问卷调查。(2) 组员：丁楠，负责初三、初二、初一 (5) 班问卷调查及采访校长；许梓杰，负责初三、初二、初一 (1) 班问卷调查及随机采访初三同学；冯宇轩，负责初三、初二、初一 (2) 班问卷调查及随机采访初二同学；王惠，负责初三、初二、初一 (3) 班问卷调查及随机采访初一同学。
</td></tr>
<tr><th>项目研究方法及过程</th></tr>
<tr><td>
研究方法：本次研究采用了文献分析、纸质问卷调查和随机访谈等多种方法。问卷调查覆盖了全校初中 3 个年级的 546 名学生，而随机访谈则累计进行了 3 小时，涵盖了 21 名不同背景的学生。调查范围广泛，具有一定的代表性和典型性。此外，我们还对南尚乐中学校长进行了访谈。所有调查数据均由技术人员输入电脑，并进行了详细的统计分析，确保了研究结果的科学性。
研究过程：2023 年 10 月，选定主题并策划活动方案，通过文献研究和资料汇总分析，了解国内中学生心理压力现状。11 月，设计问卷和访谈提纲，进行问卷调查和访谈，录入数据后，在专家和老师指导下分析数据，得出初步结论。12 月，完成研究报告，向学校提交研究成果，并提出减轻学生心理压力的建议。
</td></tr>
<tr><th>项目成果</th></tr>
<tr><td>
我们发放 546 份问卷，有效问卷 532 份。我们采用的是八年级教材“综合实践活动”主题四推荐的中学生应激源量表，按照教材中的压力测试表量化得出结果。
</td></tr>
</table>

中学生应激源量表

（郑全全等编制）

指导语：下面是每个人都有可能遇到的一些好的或不好的日常生活事件。这些事件可能对个人有影响（如出现紧张、有压力、兴奋或苦恼等），而且这些事件对每个人的影响程度也可能不一样。请您根据自己的实际情况，回忆近1年内有无下列的事件发生，发生的事件对自己的影响有多大，用数字表示：0=没有发生或没有影响，1=轻度影响，2=中度影响，3=重度影响，4=极重度影响。填表不记名，完全保密，请在合适的答案上打钩（在0，1，2，3，4上打“√”）。请注意，事件没有发生或发生了但是对自己没有影响，在“0”上打“√”。

事件					
1. 考试前复习紧张。	0	1	2	3	4
2. 老师教育方式粗暴。	0	1	2	3	4
3. 父母感情不和或家庭破裂。	0	1	2	3	4
4. 被同学、朋友误会。	0	1	2	3	4
5. 恐怖的影视、小说、期刊等。	0	1	2	3	4
6. 情绪不稳定。	0	1	2	3	4
7. 考试成绩不理想。	0	1	2	3	4
8. 被老师讽刺挖苦。	0	1	2	3	4
9. 家里发生天灾人祸（亲人病重、死亡、受灾等）。	0	1	2	3	4
10. 被同学朋友歧视、冷落。	0	1	2	3	4
11. 看淫秽、色情的影视、小说、期刊等。	0	1	2	3	4
12. 意志不坚强。	0	1	2	3	4
13. 学习任务过紧，心理负担过重。	0	1	2	3	4
14. 老师偏心、不公正。	0	1	2	3	4
15. 经常受父母打骂、训斥。	0	1	2	3	4
16. 与同学朋友发生争吵、纠纷。	0	1	2	3	4
17. 不良的社会风气。	0	1	2	3	4
18. 老师教学水平低。	0	1	2	3	4
19. 父母管教过严。	0	1	2	3	4
20. 当众丢面子或名誉受损。	0	1	2	3	4
21. 社会交际过多。	0	1	2	3	4
22. 有不良习惯。	0	1	2	3	4
23. 与老师有矛盾、关系紧张。	0	1	2	3	4

中学生应激源量表

（1）测量数据结果及分析。

一般压力值常模公式＝x÷4n　（x是该项填的分值，n是该项所包含的项目数）

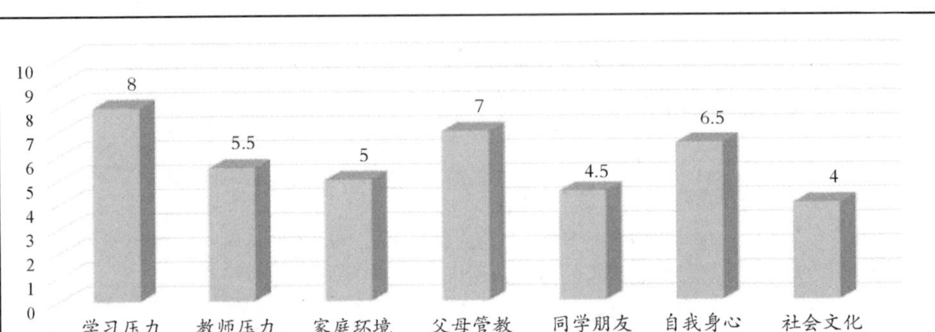

分析：初一年级学生心理压力超出压力一般值的依次是学习压力、父母管教、自我身心，同学朋友达到一般压力值，其他各项均为弱压力。

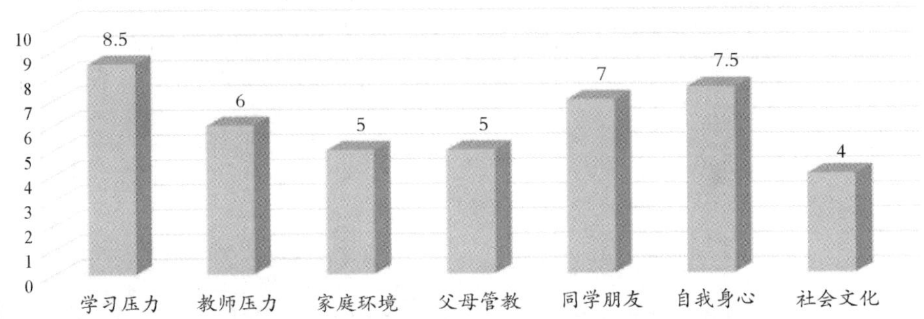

分析：初二年级学生心理压力超出压力一般值的依次是学习压力、自我身心、同学朋友，教师压力达到一般压力值，其他各项均为弱压力。

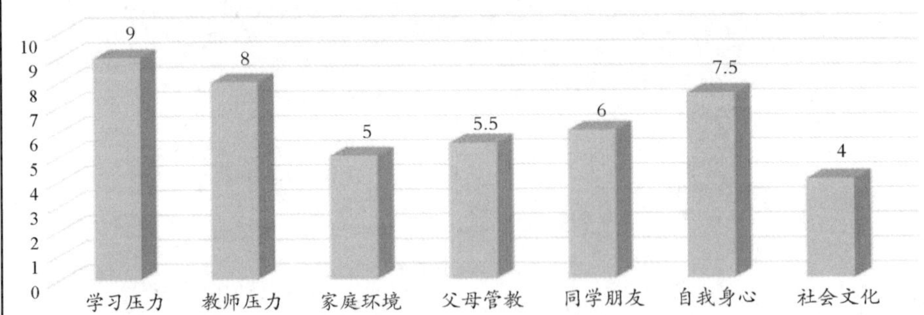

分析：初三年级学生心理压力超出压力一般值的依次是学习压力、教师压力、自我身心，同学朋友达到一般压力值，其他各项均为弱压力。

总体分析：

南尚乐中学学生初一至初三年级，学习压力、自我身心压力值均超出压力一般值，教师压力从初一到初三逐年上升，也需要引起关注。在弱压力中，社会文化值都是最低。

依据调查结果提出建议。首先，给学校提出的建议：一是学校要多组织和开展能够调节学生学习压力和自我身心压力的活动。针对学习压力，我们建议采取：学习方法讲座、丰富多彩的课外活动等方法；针对自我身心压力，我们建议采取：抗挫折的品格培养的班会和活动，心理专题讲座、推荐心理调适的小方法等；二是学校要关注教师压力值不断增加的现象，让教师更多关注学生的优点，缓解学生压力；三是学校要与家长多联系沟通，教会家长教育孩子的方法，让初一家长意识到初中和小学的孩子身心的变化，能够正确管理孩子，减缓初一家长管教的压力。其次，给同学提出的建议：一是学会学习的方法，课上课下时间合理利用；二是培养自己良好的意志品质，做有理想有担当的中学生；三是正确对待老师的管理和期待，主动与教师交流思想。

成果拓展

学校采纳了我们的建议，举办了心理讲座。课程设置丰富，包括艺术、体育、棋类和学科拓展课程，新增了无人机和3D打印等课程，校园内也增设了乒乓球台和羽毛球网供学生锻炼。学生会举办了以“我的好老师”和“克服困难”为主题的演讲活动，增进了师生间的沟通，鼓励学生勇敢面对挑战。课题小组计划继续征集和研究心理调适方法，以推广成果。

7. 关于“室内农耕操研究”的研究报告

关于“室内农耕操研究”的研究报告

青龙湖中学　王雨辰等

活动简介

活动背景：由于学校缺乏室内运动设施，每逢恶劣天气，我们只能在教室内自习。因此，我们计划设计一套室内操，确保无论天气如何，大课间都能进行锻炼。

指导教师：申立菊、王秋云、赵晓楠。

小组成员及分工：(1) 组长：王雨辰，领导团队进行研究，整合研究成果并进行推广。(2) 刘思妍，通过研究资料文献和整理同学们收集的信息；刘亦煊，访谈体育老师，学习体操的节奏和方法；李美慧，与音乐老师进行访谈，并为其配乐；李萌，体操项目资料整理。

活动内容：搜集关于农耕体操的视频和文字资料，观察村民们的农耕活动，并在体育、音乐、综合实践教师的指导下，设计一套适合室内进行的农耕体操。

研究目标、过程及方法
研究目标：首先，需完成研究报告。其次，创作并实践一套室内农耕操，将其录制为视频。最后，在校园内推广室内农耕操，确保在恶劣天气条件下，同学们仍能在室内进行锻炼。 研究过程：研究过程共分为 3 个阶段。第一阶段：2023 年 1 月确定活动主题并制订方案。第二阶段：2023 年 2 至 5 月，分工进行研究，分为 3 个小阶段：2 月搜集资料和经验，3 至 4 月进行教师访谈，5 月研究体操配乐并实践改进。第三阶段：2023 年 6 月整合成果，制作书面报告和完整视频。第四阶段：2023 年 7 月将室内农耕操推广至全校。 研究方法：文献法和调查法。
遇到的困难及解决办法
遇到的困难：首先，研究小组的成员在音乐和体操方面的基础较为薄弱，难以理解音乐或体操老师的指导，因此频繁提问，担心占用老师太多时间，同时也害怕因自己的理解能力不足而遭到老师的嫌弃，这让他们感到难以继续提问。其次，他们创作的体操动作在初次尝试时显得不协调，这引起了其他同学的嘲笑。 解决办法：为解决第一个问题，刘亦轩和李美慧负责体操和音乐任务，他们分别擅长艺术体操和音乐。他们通过录音笔和手机录视频的方式向老师学习，减少了对老师的打扰并避免了重复提问的尴尬。对于第二个问题，他们利用放学后的时间在体操教室练习，仅限小组成员参与，熟练后配乐录制视频进行推广。
研究成果
研发出一套青龙湖中学学生使用的配乐的室内农耕操。 青龙湖中学室内农耕操 序：春天到，大地复苏。第一个 8 拍：蹲撑，双手交叉贴于胸前。1 至 8 拍，从蹲撑姿势开始，缓慢站起，同时双手保持直臂，从身体内侧向外侧画圆，完成一周后恢复直立姿势。第二个 8 拍：1 至 4 拍，左脚向左侧迈出，连续行走 4 步。同时，双臂交叉画圆至起始位置。5 至 8 拍，右脚向右侧迈出，连续行走 4 步，双手同时从内向外画圆，最后恢复至直立姿势。 第一节：松土运动。在第一个 8 拍中，1 至 2 拍，双手紧握铁锹向下挖掘土壤，同时左脚踩踏铁锹。3 至 4 拍，双手翻转铁锹以松动土壤。随后，5 至 8 拍重复 1 至 4 拍的动作。进入第二个 8 拍，1 至 2 拍，双手扶稳犁具，左右摇摆。3 至 4 拍，双手进行小幅度的上下摆动，5 至 8 拍，双手向前屈伸两次。 第二节：播种仪式。在第一个 8 拍中，1 至 2 拍时，左手紧握种子容器，置于腹部前方。随后，右手向前伸展，开始播种。3 至 4 拍时，重复 1 至 2 拍的动作。5 至 6 拍时，左脚向前迈出，覆盖土壤后收回。7 至 8 拍，右脚执行相同动作，覆盖土壤后收回。进入第二个 8 拍，重复第一个 8 拍的动作，但方向相反。

第三节：插秧舞步。第 1 至 2 拍，右手提起并挽起左手的袖子。第 3 至 4 拍，左手提起并挽起右手的袖子。第 5 至 7 拍，右手执行插秧动作，重复 3 次，同时身体前屈。第 8 拍时，恢复直立姿势。接下来的第二个 8 拍动作与第一个 8 拍相同，只是方向相反。

第四节：进行浇水和施肥的运动。在第 1 至 2 拍时，左手在体前划弧后恢复原位。接着，在第 3 至 4 拍，右手进行同样的划弧动作并恢复。随后，在第 5 至 8 拍，双手模拟提水桶的动作，进行两次浇水。（双臂交替进行屈伸动作）在第二个 8 拍中，动作与第一个 8 拍相同，但方向相反。

第五节：收割运动。在第一个 8 拍中，第 1 至 2 拍，右手持镰刀。第 3 至 4 拍，全蹲姿势。第 5 至 6 拍，左手向前伸展（模拟采摘农作物动作）。第 7 至 8 拍，重复第 5 至 6 拍动作。在第二个 8 拍中，第 1 至 2 拍，双手自左向右摆动。第 3 至 4 拍，重复第 1 至 2 拍动作，第 5 至 6 拍，双手交叉旋转。第 7 至 8 拍，动作与第 5 至 6 拍相同。

第六节：丰收的喜悦。围成圆环（中间丰收的粮食），进行阿细跳跃 4 个 8 拍并欢呼！

（三）学生作品赏析

劳动之歌

作者：北京市房山区南尚乐中学初一（3）班　郑博洋

指导教师：北京市房山区南尚乐中学　高永安

黎明前的薄雾，如轻纱般轻轻覆盖着大地，万物在这朦胧中悄然苏醒。远处的田野上，一道身影已悄然出现，那是勤劳的农夫，手持锄头，开始了新一天的劳作。

阳光穿透云层，洒向大地，金色的光芒将农夫的身影拉得长长的。他弯下腰，深深地埋入泥土之中，每一锄，都充满了对土地的敬畏与热爱。泥土的芬芳，与汗水的气息交织，在空气中弥漫开来，那是劳动的香气，那是生活的香气。

时光在农夫的劳作中缓缓流逝，田野上的庄稼也在他的呵护下茁壮成长。那一片片绿油油的稻田，那一簇簇金黄的麦穗，都是他辛勤劳动的见证。他的脸上洋溢着满足的笑容，那是收获的喜悦，那是劳动的回报。

不仅是在田野上辛勤劳作的农夫，城市的每个角落也充满了默默奉献的人们。工厂中的工人熟练地操控着机器，将原材料转化为精致的产品；街头的环卫工人不辞辛劳地挥动扫帚，确保城市的每个角落都洁净如新；办公室的职员则专注地敲击键盘，将文件整理得井然有序。

劳动构成了生活的根基，是推动社会前行的力量。它超越了身份的高低、地域的差异，无论是城市还是乡村，每个人都在以自己的方式为这个世界贡献着力量。通过劳动，我们学会了坚持和毅力，深刻理解了付出与收获的真正含义。

在辛勤的劳动过程中，我们深刻体验到了生活的艰难与不易，同时也感受到了劳动带来的快乐与成就感。通过劳动，我们学会了更加珍惜生活的每一瞬间，更加深刻地理解感恩与回馈的重要性。

让我们颂扬劳动，向那些默默奉献的人们致敬。他们构成了这个世界上最动人的风景线，以自己的汗水和智慧，谱写着生活的辉煌篇章。

让我们向辛勤的劳动者致敬，向那些默默无闻的奉献者表达最深的敬意。他们是我们学习的典范，以实际行动阐释了劳动的深远意义和宝贵价值。

在未来的岁月里，我们将继续传承和发扬劳动精神，凭借我们勤劳的双手去缔造更加辉煌的生活。让劳动的旋律，永远在我们心中回响，激励我们不懈追求，迈向更加灿烂的明天。

劳动光荣

作者：北京市房山区南尚乐中学初一（3）班　谢梦瑶

指导教师：北京市房山区南尚乐中学　高永安

阳光洒满大地，万物欣欣向荣，这是大自然慷慨的馈赠。人类，作为这个世界的主人，同样需要通过辛勤的劳动来缔造美好的生活。劳动不仅是人类社会进步的基石，也是实现个人价值的途径，更是一种充满魅力的生活方式。

小时候，我经常在田野里凝视着爷爷辛勤劳作的身影。尽管他汗流浃背，脸上却总是洋溢着快乐的笑容。那时，我尚未完全理解劳动的价值。记得有一次，学校安排我们参观一个农场。在那里，我们亲自栽种了幼小的树苗，并为它们浇水、施肥……当硕果累累的季节到来，我们收获了满树的果实，兴奋得欢呼雀跃，因为那是我们辛勤劳动的结晶。在那一瞬间，我深刻体验到了劳动带来的喜悦，并领悟到了劳动的强大力量。

劳动，让我们的生活更加美好。每当周末我会帮妈妈做家务，洗碗、扫地、拖地，虽然这些事情看似微不足道，但这却让我们的家庭更加整洁、温馨。当然我们在学校里，认真学习、积极参与课堂活动，也是一种劳动。通过劳动，我们不仅能够学到知识，还能够培养自己的意志品质，让自己变得更加优秀。

劳动推动了社会的持续进步。自古以来，无数劳动者为人类文明的发展贡献了巨大的力量。他们发明了电，极大地便利了我们的日常生活；他们发明了飞机，使我们得以跨越遥远的山脉和水域，去欣赏世界的壮丽风光。正是由于这些劳动者的不懈努力，我们才能享受如此美好的生活。我们珍视劳动，尊重劳动者，并共同努力，用我们的双手创造一个更加美好的未来。

劳动的乐趣

作者：北京市房山区南尚乐中学　初一（3）班　戴明君

指导教师：北京市房山区南尚乐中学　高永安

自古以来，劳动一直被视为人类文明的基石，它不仅创造了物质财富，还在无形中塑造了我们的精神世界。对我而言，劳动不仅仅是一项任务或责任，它更是一种成长的方式，让我在汗水中汲取了无数宝贵的体验和深刻的洞察。

五一劳动节是全世界劳动人民的节日，这个特殊的日子，旨在表彰劳动者的辛勤付出和伟大贡献。尽管我们只是学生，但我们也应深刻认识到劳动的价值和意义。

在这个充满活力的日子里，妈妈在家里举办了一次盛大的大扫除活动。

随着欢声笑语，大扫除活动正式开始。我和爸爸共同承担了客厅与走廊的清洁工作，我们默契的配合让高处的灰尘和角落的蜘蛛网无处藏身。每清理一个地方，都仿佛揭开了家中的一页历史，让现实与回忆交织在一起。劳动的过程洋溢着温馨。妈妈和弟弟则专注于厨房的清洁，那些油腻的灶台和堆积的餐具，在他们灵巧的手中变得焕然一新。随后，我拿起扫把开始扫地，虽然地上的小纸屑并不多，垃圾也不算多，但每个角落都布满了细小的灰尘。我轻轻叹了口气，首先将纸屑全部清理干净，然后将灰尘集中起来，最后把它们扫进垃圾桶。接着，爸爸拿起拖把仔细拖地，不一会儿，地板就变得一尘不染。之后，我们各自回到房间开始整理。面对杂乱的房间，我毫无头绪，但还是先将被子叠得整整齐齐，床单铺平拉直，让床铺看起来既整洁又舒适。然后，我把衣柜里的衣服分类整理好，最后开始整理书桌，将书籍摆放得井井有条，文具也一一归位。

夕阳西下，大扫除活动也即将结束。环视四周，家里变得更加明亮整洁。这次大扫除让我深刻体会到了团结协作的力量，以及共同实现目标的快乐。

劳动的收获

作者：北京市房山区南尚乐中学初一（3）班　崔稚欣

指导教师：北京市房山区南尚乐中学　高永安

一年一度的五一小长假如期而至，我心里涌动着难以言表的兴奋，然而在这份兴奋中我陷入了沉思：劳动节这个名称背后到底蕴含了怎样的深意？难道它仅仅是一个让我们得以放松和享受假期的日子吗？

在探索答案的过程中，我深入研究了劳动节的历史与起源。我逐渐领悟到劳动节的深远意义。它不只是一个简单的节日，而是对劳动精神的颂扬与敬重。劳动的意义远超出于生存和获取金钱之上，它体现了个人对社会的贡献，并且是实现自我价值和追逐梦想的关键路径。

理解了这一点后，我决定利用这个假期做一些力所能及的家务，以体验劳动带来的乐趣。首先，我从自己的房间开始，将被子叠得整整齐齐。接着，我开始收拾那杂乱无章的书桌，把散乱的试卷仔细分类并叠放整齐，书籍则归置到书架上。我用抹布仔细擦拭桌面，确保一尘不染。随后，我开始了更为艰巨的任务，挥动扫帚，彻底清扫房间的每一个角落。紧接着，我抓起拖把，用力地将地面拖得光洁如新。最后，我投入洗衣的“战斗”中，将每件衣物清洗得洁净如新，散发着清新的香气。

妈妈目睹这一切后，惊喜之情溢于言表，她表扬了我。

这次劳动让我对生活中的每一件事都充满了敬畏与感激之情。我深刻认识到，无论是家务琐事还是工作学习，都需要我们全心投入去感受、去实践、去积累。唯有如此，我们才能逐步掌握其中的技巧和知识，进而不断提升自己的能力和素质。

劳动精神

作者：北京市房山区南尚乐中学初一（3）班　王禹涵

指导教师：北京市房山区南尚乐中学　高永安

劳动，如同炎炎夏日中的一杯凉水；劳动，如同凛冽冬日里的一缕阳光；劳动，如同茫茫黑夜中的一座灯塔；劳动是我们生活中必不可少的要素之一，虽然它在我们的生活随处可见，但它的意义是无穷的。

在我很小的时候，便开始承担家务劳动，尽管我对此并不热衷。记得有一天，妈妈让我清扫地面。起初，我天真地以为这是一项轻松的任务。于是，我拿起扫帚，细心地清扫每一寸地板，特别关注那些难以去除的污渍，每次都需要反复擦拭才能让它们彻底消失。然而，没过多久，我累得筋疲力尽，最终无力地坐在椅子上。然而，我才完成了一半的工作。

当我想放弃的时候，妈妈说：“女儿，你不妨去观察一下你扫过的地方和没有扫过的地方有什么不同。”我依言去查看，结果出乎我的意料。那些未被清扫的区域充斥着垃圾，角落里更是积满了灰尘。相比之下，已经打扫过的地方截然不同：每个房间都找不到垃圾的踪影，焕然一新。在那一瞬间，我豁然开朗，我的内心涌现出一股难以言表的力量，它似乎在激励我完成这项劳动。我重新拿起扫帚，像之前那样，开始打扫家里剩余的每一个角落。不一会儿，我把家里的每个房间都打扫干净了，看着这焕然一新的家，我的心中充满了难以言喻的成就感。同时，我也终于领悟到了劳动的真正意义……

现在，当我出门散步，看见那些默默无闻的环卫工人辛勤清扫街道时，我有了更深的体会。劳动的本质，远不止是一项简单的任务，它更是一种生活态度和精神的体现。

五一劳动节

作者：北京市房山区南尚乐中学初一（3）班　张熙硕

指导教师：北京市房山区南尚乐中学　高永安

五一劳动节，这个洋溢着活力与希望的节日，是对劳动的颂扬和对劳动者的尊崇。每年此时，我都会深刻体会到劳动的崇高与美好。

五一劳动节那天，阳光正好，我早早地起床，开始了我的劳动之旅。首先，我下定决心要整理自己的房间。我打开窗户，让清新的空气涌入，随后开始认真地整理床铺，擦拭书桌和柜子。经过一番辛勤的努力，房间焕然一新。凝视着自己的劳动成果，我感到无比的满足和自豪。

接下来，我走进厨房，开始帮助妈妈准备午餐。我认真地洗菜、切菜，学习烹饪。虽然过程有些艰辛，但当一道道美味的菜肴摆上桌时，我感受到了劳动带来的喜悦和成就感。我们围坐在一起，享受着美食，谈论着生活，家庭的温馨和幸福在这一刻得到了升华。

除了家庭劳动，我还帮姥姥姥爷种菜。我们挥舞着锄头，把土壤弄松；然后播上种子，再将它掩盖；最后浇上水，就大功告成了。虽然劳动的过程有些辛苦，但当我看到我们的劳动成果，姥姥姥爷的脸上露出满意的笑容时，我感到无比满足。

这一天，我深刻体会到了劳动的意义。五一劳动节，是一个值得我们铭记和庆祝的节日。在这个节日里，我们要向所有辛勤工作的劳动者们致以崇高的敬意和祝福；在未来的日子里，我将继续坚持劳动，用自己的双手创造更加美好的生活。我相信，只要我们肯付出努力，就一定能够收获幸福。

劳动的力量

作者：北京市房山区南尚乐中学初一（1）班　王霁旻
指导教师：北京市房山区南尚乐中学　蔡静雨

那是一个晴朗的周末，阳光透过树叶的缝隙洒在地面上，空气中弥漫着清新的气息。我们学校组织了一次植树活动，我有幸成为其中一员。

当天早上，我们早早地来到了学校附近的一片荒地上。这里曾经是一片废弃的工地，土地贫瘠，杂草丛生。我们的任务是在这片土地上种下新的生命，让这里焕发出勃勃生机。

我们分成几个小组，每个小组负责一片区域。我的小组由我和几个同学组成，大家都充满了热情和干劲。我们首先清理了地面上的杂物和杂草，然后用铁锹和铲子挖出一个个又大又深的树坑。这个过程并不容易，土地坚硬而干燥，每挖一次都是在与土地较量。但是，我们没有放弃，每个人都咬紧牙关，坚持不懈地努力着。

终于，树坑挖好了。我们小心翼翼地将树苗放入坑中，然后用土壤填满坑洞，轻轻压实。每一棵树苗都寄托着我们的期望和祝福，我们希望它们能够茁壮成长，为这片土地带来新的生机。

在植树的过程中，有的同学手掌磨破了，有的同学腰酸背痛，但是大家都没有放弃，我们互相鼓励、互相帮助，共同克服了一个又一个困难。我们不仅学会了如何植树，更学会了团结合作和坚持不懈的精神。

当看着那片被我们亲手种下的树苗时，我们心中充满了自豪和满足。虽然我们的付出是微不足道的，但是我们的劳动却在这片土地上留下了深深的印记。我们相信，随着时间的推移，这些树苗将会茁壮成长，成为一片片郁郁葱葱的森林，为地球母亲贡献自己的力量。

这次植树造林的活动让我深刻体会到了劳动的力量和意义。劳动不仅是一种付出和奉献，更是一种成长和收获。通过劳动，我们可以创造出美好的未来，同时，劳动也是一种精神的锻炼和洗礼，它可以让我们更加坚强、勇敢和自信。

在未来的日子里，我将继续积极参与各种劳动活动，用自己的双手为社会的进步和发展贡献自己的力量。

劳动很有趣

作者：北京市房山区南尚乐中学初一（1）班　赵艺涵

指导教师：北京市房山区南尚乐中学　蔡静雨

金秋时节，黄叶扑朔扑朔落了下来，学校大扫除也拉开了帷幕。

进入班里，我发现大家都在认真收拾书包，收拾好的同学已经坐在座位上等待老师发布指令。

老师说：“好，现在我们开始大扫除。”同学们都情绪高涨，争先恐后去拿工具。

李华转身拿扫帚，与张三、王五等人一起分配工作，打扫班里的地板。

王丽、秦峰和刘牧三人各自携带一块抹布前往厕所打扫。不久后，陈琪也与几位同学返回洗抹布。在他们的齐心协力下，班里的桌子、椅子、讲台和后方的柜子被擦拭得一尘不染。在欢声笑语中，他们迅速把班里的设施擦得焕然一新。

这时，李冉看见教室的窗户特别脏，就让赵雨和周鑫一起去找保洁阿姨，要了玻璃水和擦玻璃的工具，便一起热火朝天地擦起了玻璃。

当我站在教室中央，抬头审视四周时，发现灯管上积聚了厚厚的灰尘。我询问道：“谁有多余的抹布？请借我用用。”我的话音刚落，同学们便纷纷转过身来，递给我抹布。我搬来一张凳子，将其放置在桌子上。在两位同学的协助下，我站上了椅子。尽管起初感到些许头晕目眩，但很快我就振作起来，把灯管擦拭得干干净净。

打扫完毕后，我们站在各自的桌旁，凝视着焕然一新的教室，脸上洋溢着幸福的笑容。

任何劳动都蕴含着其独特的乐趣。一旦我们能够发掘这些乐趣，劳动便能变成一项极为有趣的游戏。

劳动使我快乐

作者：北京市房山区南尚乐中学初一（1）班 王厚然

指导教师：北京市房山区南尚乐中学 蔡静雨

人的一生中会做很多很多的事情，有些事情很难做，但最终的结果是快乐充实的。

在五一劳动节期间，我和同学们外出游玩儿时，意外发现了一棵硕大的杏树。它被郁郁葱葱的绿叶所覆盖，挂满了青涩的杏子。这棵杏树周围散布着几棵小树。突然，一根粗壮的树枝断裂，横跨在几棵小树的枝杈上，遮挡了阳光。温度骤然下降，我们便萌生了用树枝和树杈将周围围起来，形成一个小小的树枝屋以阻挡阳光的念头。我们立刻行动，有的同学搬石头，有的拉扯树枝，还有的清扫落叶……就在大家非常投入的工作时，发现树枝不够了。有同学建议掰些树枝来用，但这个提议立刻被其他人否决了，大家都认为掰树枝是一种破坏环境的行为。因此，我们决定将那个缺口保留，作为进出的通道。这个奇特的结构宛如一个鸟巢，我们站在中央，仿佛一群小鸟，在这个“鸟巢”中茁壮成长。大杏树的树干缝隙中，有许多由树脂形成的白色小球，它们圆润而坚硬，按压下去还会留下凹痕。树下也遍布着这些小球。我在树后的土坡上挖了一个小洞，同学们将地上的小球都放了进去。大约 20 分钟后，小洞里已经装满了小球，看到自己劳动后的成果，这种心旷神怡的感觉真的很美妙。

所以，五一劳动节来了，你也行动起来吧。

劳动最光荣

作者：北京市房山区南尚乐中学初一（1）班　王美怡

指导教师：北京市房山区南尚乐中学　蔡静雨

阳光洒在大地上，金光闪闪，仿佛在向人们诉说着劳动的美好。在这美好的一天里，我们看到了一群身穿橙色工作服的环卫工人，他们手持扫帚、铲子，忙碌地清扫着街道，他们的身影在阳光下显得那么高大、那么光荣。

环卫工人，他们是街道的美容师，是保护环境的卫士。每天清晨，当人们还在梦乡时，他们已经开始了一天的辛勤劳动。他们穿梭在城市的大街小巷，用扫帚扫去一片片落叶，用铲子清理着垃圾。他们的工作并不轻松，却始终坚守在自己的岗位上，为街道的整洁贡献着自己的力量。

记得有一次，我在放学回家的路上，看到一位环卫工人正在清扫马路。那天正值炎炎夏日，阳光炙烤着大地，仿佛要把人烤焦。然而，这位环卫工人却依然坚守在岗位上，他的额头已经出了很多汗水，但他依然坚持着，时不时擦擦汗水，并且用手中的木夹子把垃圾夹到垃圾袋里。再往前走走，我又看到了一位女环卫工人。这位女环卫工人年纪看起来 50 多岁，她戴着帽子，但耳朵两边露出来的头发有几根是白色的。她正弯着腰，一只手拿着簸箕，另一只手拿着笤帚，正在把道边上的垃圾一点点扫进簸箕里。她的皮肤被太阳晒得黝黑，手上也有些皱纹。我一转头，马路的另一边也有一位 50 多岁的环卫工。他的衣服已经被汗水浸湿了，但手中的活儿从来没有停过，周边的路面上非常干净。

无论什么样的天气，他们依然会坚守在自己的岗位上。不管是刮大风下大雪，街道中总能看见他们“橙黄色”的身影。一尘不染的街道背后，是环卫工人汗水与坚持的交响。他们与太阳赛跑，与时间竞走，不畏艰辛，只为街道的整洁。尽管烈日炎炎，他们的身影依旧穿梭在每一个角落。他们是街道的美容师，用实际行动诠释着劳动最光荣。

劳动的快乐

作者：北京市房山区南尚乐中学初一（1）班　尹贺勋
指导教师：北京市房山区南尚乐中学　蔡静雨

一天，妈妈说要盖新房子。我一听，兴奋地说：“我也要去看看!”妈妈说：“好的。不过你可要找到事情做哟。”我说：“没问题。”于是，妈妈开着车，载着我和外公、外婆，向我们未来的新家驶去。

到了目的地，我把房子参观了一遍后，很是高兴。这时，妈妈走过来说：“天天，你应当为新房子装修出些力，找些事做。去给瓷砖填缝吧。”“好啊好啊。”我非常高兴，心想：填缝？听起来很好玩儿。我跟着妈妈走进卫生间，妈妈拿起一把奇形怪状的“刀”对我说：“这是专门填缝的工具——海绵刀。你先看我示范，然后再填。”她说完，从一个大袋子里用木板挑出一些白色的粉末，倒进一只大勺子里，加水调成浆糊状，告诉我：“这是用来填缝的填缝剂。”她又拿起海绵刀，用横着的“刀身”上的三角形“刀尖”在大勺子里沾上些许填缝剂，熟练地在瓷砖缝上一抹，将填缝剂塞进去，接着用海绵刀立体长方形“刀身”的一条边一压，把填缝剂压实，然后再塞再压。很快，一条缝就填好了。我见了，手顿时痒了起来，对妈妈说：“快给我试试!”边说边抢过海绵刀，用“刀尖”学着妈妈的动作试着把剩下的填缝剂塞进缝中。可是，无论我怎样塞，它就是不进去，还有一部分黏在瓷砖上，把我急坏了。妈妈见了，告诉我要把海绵刀斜成45度角，才可以塞进去。我照着她说的话去做，嘿，真灵！填缝剂一下子就乖乖地钻进缝里了。我再接再厉，把这条缝填满后用刀边一压，填缝剂就结实了。我继续填压。不一会儿，又填好了一条缝。

我十分高兴，按照妈妈教我的方法，又填起了旁边的缝。可当我兴致勃勃地填着，却忽然发现我填了又压，压了又填，这条缝却始终没有被填满。咦，它难道是无底洞不成？我丈二和尚——摸不着头脑了。妈妈见了，笑着说：“你每次都压得很重，填缝剂就被你压出来了。这样，你填多少次也不会填满。”我听了，恍然大悟，原来是我想把填缝剂压紧，便努力地压，不想却弄巧成拙。我再一试，用海绵刀轻轻一压，果然既填满了又填实了。我继续如法炮制，不一会儿，就把卫生间的一面墙的缝全部填好了。

看着自己的劳动成果，我高兴地笑了。

劳动让我成长

作者：北京市房山区南尚乐中学初一（1）班　宋祥赫

辅导教师：北京市房山区南尚乐中学　蔡静雨

记得那是一个炎热的夏日，阳光洒满了大地，连空气都仿佛带着一丝焦灼。我，作为家中的一员，被赋予了一个重要的任务——和父亲一起收割稻子。

那天早上，我和父亲早早地来到了稻田边。一眼望去，金黄的稻穗在微风中轻轻摇曳，仿佛一片金色的海洋。然而，这美丽的景象背后，却是无尽的辛劳和汗水。

父亲递给我一把镰刀，他示范了一下如何正确地割稻子，然后让我开始尝试。我学着父亲的样子，弯下腰，一手抓住稻子，一手挥动镰刀。然而，刚开始的几刀，我并不熟练，不是割得太深就是割得太浅。我累得满头大汗，手臂也酸得几乎抬不起来。我忍不住抬头看向父亲，只见他熟练地挥动着镰刀，一行行稻子在他手下迅速倒下。他的脸上满是汗水，但眼中却闪烁着坚定的光芒。我咬了咬牙，决定不能放弃。于是，我重新调整姿势，继续挥动镰刀。渐渐地，我找到了感觉，割稻子的速度也快了起来。虽然汗水湿透了衣服，虽然手臂依旧酸痛，但我没有停下来。

终于，在我和父亲的共同努力下，整片稻田都被我们收割完毕。看着那一堆堆金黄的稻子，我的心中充满了成就感。

回家的路上，父亲拍了拍我的肩膀，说：“儿子，你做得很好。劳动虽然辛苦，但它能锻炼我们的意志，让我们变得更加坚强。你要记住，只有通过劳动，我们才能真正理解生活的意义。”那天，我深深地体会到了劳动的不易和劳动的价值。我明白了，劳动不仅是一种身体上的锻炼，更是一种精神上的成长。它让我学会了坚持和毅力，让我变得更加成熟和坚强。

从那以后，我更加珍惜每一次劳动的机会，无论是做家务还是参加学校的劳动活动，我都会全力以赴。因为我知道，只有通过劳动，我才能不断地成长和进步。

劳动让我成长，也让我更加珍惜生活的每一刻。我会继续努力，用勤劳的双手创造更加美好的未来。

劳动让我懂得农民的不易

作者：北京市房山区南尚乐中学初一（1）班　狄佳淇

指导教师：北京市房山区南尚乐中学　蔡静雨

四月带着春天和柳絮悄然离去，五月伴随着夏的热意如期而至。我们又迎来一年一度的五一劳动节，这个舒服的五一假期，我想要和爷爷一起去干农活儿。

“沙沙沙”整理东西的声音把我从睡梦中吵醒，抬眼一看，原来是爷爷已经起床了，正在叠被子呢。拿起手机一看，才凌晨 5 点啊：“爷爷，这么早你去干什么？难不成现在就去地里吗？”爷爷答道：“是啊，你今天还跟我去吗？”我心中感叹无比，原来农民们也都起这么早啊！虽然心中非常不愿去，但是已经决定好，我只好快速换好衣服，和爷爷出了家门。

我们来到一片玉米地，在这里不只我们爷孙俩，还有别的农民伯伯，他们正奋力地掰玉米。我和爷爷也开始行动起来，我不会掰，就先看着爷爷掰。只见爷爷先用锄头把玉米砍倒，然后掰掉玉米棒和玉米外皮，最后往篮子里一丢，就好了。我赶忙照做，成功掰掉了一个、两个、三个……我说：“爷爷，这也不怎么累呀，甚至还挺好玩儿的呢！”爷爷只是笑笑，没有说话。我也继续掰玉米，太阳一点点升起，我也渐渐感觉累了。

等到烈日当空时，我已经累得不行，可农民伯伯们还在不停地掰棒子。往下一看，鞋上已经沾满了土；往上一看，阳光像暖炉一样照着我；看了看爷爷，汗水布满他的脸颊，顺着脖颈滑到他皱巴巴的、沾满污痕的背心上。

我忽然感到愧疚，因为每当吃饭时，我总会剩一些饭菜，可我没想到农民伯伯居然这么辛苦啊，今天仅仅是掰玉米就把我累得要命，可他们每天都要干好多的农活儿，辛苦无比。经过这次劳动，我终于体会到了农民伯伯们的不容易啊！

劳动使我快乐

作者：北京市房山区南尚乐中学初一（1）班　李东颜

指导教师：北京市房山区南尚乐中学　蔡静雨

劳动创造财富，辛勤换来快乐。劳动是价值的源泉，是成长的磨砺，是快乐的源泉。只有劳动才能真正体验到成功的喜悦，只有在汗水浸润的土壤里，才能开出成功的花朵。劳动是生活的调色板，每一份辛勤都能涂抹出快乐的色彩。

一个风和日丽的下午，这是一个周末，我怡然自得地躺在绿荫下摇晃的春秋椅上，享受着微风吹过的凉爽。正当我沉醉于秋天的美好时，妈妈跑进院子里，喊道：“闺女，玉米熟了，快来帮忙！”我很诧异，平时家里的活儿基本上都不会让我参与，怎么会叫我呢？我从椅子上跳了起来，反正我也写完作业了，难得的机会，去看看吧。

我看到地里的情景，明白了为什么要我来帮忙。一排排比我还高的玉米，紧密地排列在田埂上，繁茂的叶子遮住了路。看到这样的一派景象，我心中不由得震撼。

钻进这茂密的玉米地中，一片绿色尽收眼底，我慢慢摸索着，摸到了一个玉米，我拨开玉米紧致的外皮，颗颗金黄的果实呈现在眼前。我尝试着拔了几下都无济于事，于是我看了看妈妈，照妈妈的样子做，先把玉米秆上的叶子向下压一压，再用左手把住玉米秆子，右手紧抓玉米棒子，使劲一甩，咔嚓一声，便掰下来一个，就这样我一口气掰下来 5 个玉米放到了姥爷的小推车里。我心想：干活儿这么简单？可是不一会儿，掰的玉米越来越多，我的手腕小臂隐隐作痛，额头上的汗珠滚落了下来。我此刻知道了，这真不是一个轻松的活儿啊！

这次掰了不少，姥爷运了好几次小推车，可真是一个大丰收。

院子里铺满了玉米，把玉米的深绿外衣扒开，把金黄的玉米粒剥下来。看到大人都这样做，我非常好奇的去询问了姥姥。姥姥跟我说：“这玉米粒用处可多了，可以磨成玉米面粉用来做饭吃，还可以用来做动物的饲料，可好了！”闻言我也坐下来一起剥玉米粒，我用手剥了没几个，手指就非常痛，看到姥爷拿了个改锥把玉米粒推下来，我也有样学样用改锥推。这个方法真是个好方法。过了很长一段时间，院子里便铺满了玉米粒，金灿灿的像黄金一般。

虽然掰玉米和剥玉米粒都是不轻松的活儿，但是看着劳动后的成果，我心里莫名生出满满的成就感。沃夫纳格说：“艰苦劳动的果实，是所有欢乐中最甜美的。虽然劳动很累，但是换来的却是幸福。”

劳动使我快乐

作者：北京市房山区南尚乐中学初一（1）班 王馨悦

指导教师：北京市房山区南尚乐中学 蔡静雨

在浩瀚的人生中，快乐有许多种形式，有的人从阅读中品味快乐，有的人在旅行中寻找快乐。对我而言，我的快乐源于劳动，特别是那一次种玉米的经历。

那是一个春天阳光明媚的午后，阳光洒在土地上，空气中弥漫着泥土的芬芳，我拎着一袋玉米种子，扛起一把锄头，准备在自家地里种玉米。我对这片土地充满了期待，希望能在这片土地上收获满满的果实。

在着手播种之前，我和妈妈仔细地挑选着种子。尽管这些种子外观上看似无异，我却深知每一粒都蕴含着它独有的生命力，都有潜力成长为一株健壮的玉米。我们的任务是细心地剔除那些可能坏掉的种子。在挑选过程中，我小心翼翼，唯恐遗漏任何一粒优质的种子。接下来是翻土的环节，我挥动锄头，用力挖，然后翻转土壤。尽管这个过程颇费体力，但当我看到被翻动的土壤变得松软时，内心涌现出一种成就感。我明白这片土地已经做好了准备，正期待着我撒下种子的那一刻。

播种的过程实际上是一种享受。我遵循妈妈教我的方法，将每一粒种子仔细地埋入土壤中，接着用泥土轻柔地覆盖，确保每粒种子都得到了精心的安置，仿佛我在培育一个个微小的希望。

在播种的过程中，我突然发现了一只小虫子正在努力地爬向一颗玉米粒，似乎想要把它吃掉。我轻轻拿起虫子，把它放回草丛里。我知道这只小虫子也是生命的一部分，我们不能随意伤害它。

播种完之后，我站在田地里看着这片被我精心呵护的土地，心中充满了喜悦。我知道这片土地将会在我的照料下变得生机勃勃，而我也将在这片土地上收获满满的快乐。

这次种玉米的经历让我深刻体会到了劳动的快乐和价值，它不仅让我学会了如何耕种和收获，更让我明白了劳动的意义在于付出和收获的过程，而不仅仅是结果。

劳动最光荣

作者：北京市房山区南尚乐中学初一（1）班　黄金婕

指导教师：北京市房山区南尚乐中学　蔡静雨

“劳动是世界上一切欢乐和一切美好事情的源泉。”这是高尔基对劳动的诠释，也是劳动的真谛。劳动是光荣的，它创造了历史的辉煌，创造了灿烂的人类文明，每一点，每一处都会显露出劳动的光荣，有时虽是星星点点，却那样照耀人心！

阳光照进房间，好像每件物品都镶上了金边。鱼缸里的鱼儿轻轻游着，这一切都是那样的安宁。突然咚咚咚的敲门声把在梦乡里的我拽了出来，我睡眼蒙眬地开了门，妈妈把头探进房间说：“闺女，咱们今天要去菜园锄草，你快点儿起床。”我不情愿地点了点头。

我们很快便抵达了菜园，放眼望去，那些小草不仅繁茂，而且已经长到了农作物的一半高度。我立刻感到一阵焦虑，心想这该如何是好。抬头望向太阳，它金光闪闪，照得人几乎睁不开眼。我注意到爸爸妈妈已经开始动手除草，于是我也加入了他们的行列。我朝一棵玉米走去，打算拔掉它下面的小草，却突然被一个玉米根绊倒，身体向前扑去。我的上半身重重地摔在了地上，妈妈和爸爸急忙过来查看我是否受伤。我被他们扶起，拍了拍身上的尘土，轻描淡写地说：“我没事，只是自己不小心摔倒了。”随后，我们继续着手中的农活儿。我不停地拔草，抓到了一棵不大不小的草，用力一拔，叶子被我拔掉了一半，根和剩下的叶子还牢固地挺立在土壤中，我并没有放在心上，又用力一拔，这次是一点草都没有拔掉，我不服气。妈妈看到了笑着说：“这样的草用锄头把土一刨就好了。”我接过锄头，把土翻了过来，这棵小草顺利地倒在了地上，我感觉很有成就感。我拔着拔着感觉拔不动了，想和妈妈换一换锄草，妈妈让我试一试。我接过锄头，一脚踩下去，再抬起锄头，妈妈说：“要用力踩，踩地深一点儿。”我就加大力气，慢慢地，我累得筋疲力尽，可是看看爸爸妈妈还在努力的劳动着，我又继续坚持干。终于，我们把这片菜地上的草都锄完了，现在的这块儿菜地上只有各种各样的农作物，我看着这生机勃勃的农作物，感觉很有成就感。

劳动虽然是艰苦的，但也是快乐的，更是光荣的。通过这次的劳动，我认识到了劳动人民是那么的辛苦，我们也应该认真劳动，更应该珍惜他人的劳动。

劳动的乐趣

作者：北京市房山区南尚乐中学初一（2）班　樊沙沙

指导教师：北京市房山区南尚乐中学　蔡静雨

劳动是快乐的，劳动是美好的，劳动是幸福的，劳动能陶冶情操，让人感到无比幸福，在我的记忆里第一次劳动至今使我记忆犹新。

记得那是一个周六的早上，看到妈妈还在睡梦中，我便灵机一动想给她一个惊喜。

做什么好呢？红烧肉、辣子鸡、还是手抓饼？一道道我喜欢吃的菜，出现在我的脑海中，可是这些都太难了。

我打开冰箱，看到有西红柿和鸡蛋，太好了！番茄炒蛋简单，说干就干！我挽起袖子，系上妈妈的围裙，笨手笨脚地把西红柿切成大小不等的布丁，拿着鸡蛋模仿着妈妈平时打蛋的样子，在碗边磕了起来，一下，两下，顽皮的鸡蛋像跟我作对似的怎么也敲不破，我已忍不了它的“软磨硬泡”，使劲一敲，蛋清与蛋黄犹如快乐的“小鸟”，飞快地从笼子里钻了出来。

接着，我搅匀蛋糊拿出炒锅，俗话说：热锅凉油！我打开火，往锅里倒入适量的油，等油热一些，倒入鸡蛋，只听“刺啦”一声，蛋液变成了蛋饼，黄澄澄、金灿灿的，香气扑鼻。我迅速用铲子翻搅，然后倒入切好的西红柿炒了起来，依次放入盐、味精。不一会儿，我的“美味料理”终于诞生了。

碰巧，妈妈也醒了，看着我的杰作既惊喜又感动，我连忙拿来筷子请妈妈品尝，这不尝不知道，一尝吓一跳，咸得她只往外吐，我难为情地低下了头，心想看似简单的事情，其实并不容易。

然而，妈妈不但没有责怪我，还一个劲儿地夸我长大了懂事了，我也因此享受了劳动带给我的乐趣。

劳动是快乐的，是幸福的，是美好的，是创造一切事物的源泉。

劳动的果实

作者：北京市房山区南尚乐中学初一（2）班　吴子墨

指导教师：北京市房山区南尚乐中学　蔡静雨

付出劳动获得的果实才最香甜。

在暑假的一天清晨，太阳还没有升起，姥姥便匆忙起了床，奔向了麦田，没过一会儿，大人们都陆续起了床朝麦田跑去。虽然我清晰地听到他们的脚步声，但我总想多赖会儿床，可今天却翻来覆去睡不着，最终在好奇心的驱使下我向麦田跑去。

到了麦田，看到了大家正弯着腰割麦子，“我帮你们一块儿割吧!”我满怀期待地说。姥姥说：“你哪儿能干的了这些啊！快回家学习吧!”母亲说：“就让他干吧，也是时候让他承担些家务了。”姥姥拗不过妈妈，只好给了我一把镰刀。

最一开始，割麦子确实带给了我前所未有的体验，所以我割的十分起劲儿，可不到 20 分钟，新鲜感便荡然无存，甚至还生出了一丝疲惫，不过毕竟是我提出来要帮忙，我也只能继续割着。过了大概 1 个小时，我更加疲惫，太阳炙烤着大地，汗水浸湿了衣裳，好几次差点儿瘫坐在地。正好这时候姥姥让大家停下来休息，我便顺势坐了下来。

当大家又开始割麦子时，我不情愿地从地上爬起，再次拿起了一旁的镰刀。不过这次我并没有之前割得那么起劲儿，只是不紧不慢的割着。母亲看出了我的懈怠，靠近了对我说：“只有通过努力的劳动才能享受成功的果实。”我明白了母亲的用意，于是彻底放弃了退出的想法。凭着母亲的鼓励，我最终坚持了下来，并把麦子割完了。

后来，我们把小麦磨成了面粉，姥姥用面粉蒸了些馒头，虽然并没有加入什么特殊的调味料，但是味道却出奇的香甜，这大概就是成功的滋味吧。

虽然只是简单的割麦子，却让我收获了很多——只有通过自己的努力才能收获成功，才能体会收获的快乐。

劳动使我快乐

作者：北京市房山区南尚乐中学初一（2）班　贾炎烁

指导老师：北京市房山区南尚乐中学　蔡静雨

今天是 5 月 2 日，天气非常晴朗。我们全家打算进行一场大扫除。

首要任务是整理卧室，我先把每个房间的被褥铺平整，并散散潮气；接着，将床单和被子拆下，放进洗衣机清洗，然后把被子拿到院子里晾晒，等被子晒得蓬松温暖后，我再把它搬回卧室。奶奶取出崭新的床单和被罩，她教我换新的床单和被罩。我按奶奶的要求把被子塞进被罩，却发现被子在里面翻滚，无论如何拉扯都难以平整，急得我汗流浃背，束手无策。于是，我向奶奶求助。奶奶让我先固定好被子和被罩的四角，然后两人分别站在对面，各自拉住两个角，同时用力一拉，被子便迅速平整地与被罩贴合。我学会了这个套被罩的新技能。

接下来就是收拾客厅了，我主动说：“奶奶您就坐椅子上负责指挥，我来干活儿。”奶奶听后一脸高兴地说：“先把茶几上的东西收拾了，用抹布擦一下。”我说：“收到任务，立刻执行!”擦完茶几后，我发现客厅的地砖特别脏，便把茶几、沙发都移位，居然发现它们下面有很多我平时掉的东西，这下全都找到了。奶奶教我怎么拖地，我认认真真地把地砖擦干净，然后把茶几和沙发恢复原位，再用拖布把客厅的中间区域擦干净。

当洗衣机的轰鸣声持续不断时，我突然对这个庞然大物产生了浓厚的兴趣。于是，我向奶奶询问了如何操作洗衣机。在奶奶的指导下，我主动提出负责下一批衣物的清洗工作……我把一堆脏衣服放入洗衣机后，按下操作按钮，滚筒快速旋转地开始了工作，过了不一会儿，衣服洗好了，我取出衣物，发现它们已经半干了。洗衣机这个发明实在是太神奇了，它极大地解放了我们的双手。

做完这些家务后，我们全家都坐在沙发上休息，享受收拾干净后的家。家务活儿虽然不多，干起来也挺累的。这个劳动节非常有意义，我学会了很多生活技能。

劳动使我快乐

作者：北京市房山区南尚乐中学初一（2）班　刘武晴

指导教师：北京市房山区南尚乐中学　蔡静雨

夏天的脚步悄悄地来了，奶奶种的小麦也成熟了。可奶奶的老毛病——腰疼，又犯了！我毫不犹豫地去奶奶家帮奶奶收麦子。奶奶一见我，说道：“怎么只有你呢？你妈妈呢?”“不用妈妈。”我拍拍胸口，“我一个人就可以了!”说罢，拿起镰刀就往地里飞奔。刚跑过去，我便被眼前的一幕惊呆了：

金黄色的麦穗在风中扭动，犹如麦浪在美的海洋里翻滚，令人赞叹不已。

看着一些人在田里工作，我连忙提醒自己来这的目的。我学着那些人的样子，弯下腰，右手拿着镰刀，把锋利的一面对向麦秆的下半部分，左手紧紧抓住麦穗的下面，然后猛地一砍，本以为小麦会乖乖倒下，谁知道，它竟然纹丝不动，像一尊雕像屹立在那里。我感到莫名其妙，又砍了一次，可它丝毫没有示弱，风吹着小麦，麦穗摇着头，像是在向我示威。硬的不行就来软的，我就不信你软硬不吃！我用镰刀对准麦秆的一个部位来回割，麦秆被我划出了一个小口子，看来这个方法蛮有效的。我继续割，这簇小麦终于倒下了，我高兴得一蹦三尺高。我又用同样的办法接着割，本以为割完大部分了，可挺起腰一看，我割的这一部分几乎可以省略不记，我哀号：“奶奶呀，你为什么种那么多啊！我得割到猴年马月呀！”唉！没办法，只好继续割了。

经过我的不懈奋斗，麦子终于被我全部“歼灭”了。这时的我已经精疲力竭了，但，抬头看看我的劳动成果，疲劳一下子就消失得无影无踪了。

劳动带给我的，有艰辛，有疲惫，但更多的是劳动后的快乐！

劳动真快乐

作者：北京市房山区南尚乐中学初一（2）班　李冉

指导教师：北京市房山区南尚乐中学　蔡静雨

自古以来，劳动就是我们中华民族的传统美德，因为劳动可以充实生活，锻炼人的意志，同时也带给人快乐。

劳动不是专职干活儿，在生活中做的每件事都是劳动。劳动像小水滴一样一点一滴融汇起来，形成一片小海洋。它可以给予你滋润，可以给予你幸福，也可以给予你快乐。我的劳动像是五味粥，让我尝遍了酸甜苦辣的滋味，那一次的劳动，令我难以忘怀。

记得我上四年级的时候，妈妈生病了，家务活儿交给了我，那一天让我过得好充实。一大早起来我就忙得不可开交，看妈妈平时干活儿似乎轻而易举，现在轮到自己干活儿，居然手足无措。我拿着各种工具洗洗刷刷，洗刷的工作完成了之后，我便开始做饭了。我先把米淘了3次，就放进锅里了，之后我就开始洗菜了。洗菜这工作看似简单，其实做起来可不容易呢，现在的蔬菜大部分都撒了农药，洗不干净可就会吃坏身体。虽说“不干不净，吃了没病”，但是卫生清洁可不能马虎。

我把菜一片一片摘下来，主要是清洗菜头。我用一块儿新的小毛巾擦洗那一个个菜头，但怎么擦洗都洗不干净，我急得满头大汗，后来我先用毛巾擦拭那些污垢，再用水冲洗一遍，反反复复才洗完那些菜，接着我又拿起了锅铲，把一道道菜做完后，丰盛的午餐就出来了。做完晚饭后，我汗流浃背，全身酸痛到极点，但是我一点儿也不觉得苦，反倒觉得心里甜甜的，因为我想说：“劳动真快乐!”

劳动最光荣

作者：北京市房山区南尚乐中学初一（2）班　常宇琨

指导教师：北京市房山区南尚乐中学　蔡静雨

五一劳动节到了，今天，一向不爱劳动的我也有模有样地干起活儿来。

我学着农民伯伯的样子，戴上草帽，背上锄头，一本正经地来到山上，我们今天的任务是：帮八棵“桃树妈妈”除草。

一进桃园，就可以闻到桃子诱人的香味，这香味吸引着我，使我垂涎欲滴，我马上向妈妈卖乖，妈妈见我这副模样，笑着对我说：“呵呵，真是个小馋猫，去摘一个吧!”哈哈，计谋得逞，我马上去摘了一个又大又红的桃子，开心地吃了起来。吃完后，我们就开始干“正事”了。我举起沉重的锄头，开始为桃树除起了草。除了一棵又一棵，汗水也不停地往下流，正当我想放弃时，看到妈妈正在卖力地除着草，我便又继续坚持埋着头干了起来。就这样，在妈妈的激励下，我一共除了3棵，妈妈一共除了5棵，我们母女俩都累得气喘吁吁，汗流浃背。可我又一想：我们齐心协力“干掉了”全部桃树的草，妈妈一星期的活儿也减少了许多，可能就会轻松一些了！想到这，我幸福地笑了，我起身摘了两个桃子，递给妈妈一个，一口咬下去，我感觉桃子更甜了。

可劳动还没结束，下午，我又跟着爸爸去田里拔田草，田草好难拔，拔得我手都痛了。更可笑的是，我在拔田草时，由于用力过大，而田草又突然一断，我就一屁股坐在了泥上。这一下午，我简直是跟泥打交道，和泥在“作斗争”。经过我和爸爸的坚持不懈，终于摆脱了泥的“折磨”。突然，我的手有种火辣辣的感觉，我算是体会到了田草的威力。爸爸看我一身狼狈的样子，不禁笑了起来。

“锄禾日当午，汗滴禾下土。”我以前从不知道这句诗的意思，现在通过拔田草，有了亲身的体会，我不仅理解了这句诗的意思，还知道了作者想要表达的思想感情，真是一举两得！

这一天，虽然我累得疲惫不堪，但却十分开心。是啊！生活中缺少不了劳动者，缺少不了用劳动为祖国做贡献的人。在今天，我也算是当了一名小小劳动者了，我感到无比光荣和自豪。

劳动最美丽

作者：北京市房山区南尚乐中学初一（2）班　范美齐

指导教师：北京市房山区南尚乐中学　蔡静雨

清晨，鸟儿清脆的歌声唤醒了我，我起床背上书包，准备去上学。

走在上学的路上，看着街道两旁的早餐店，早早开了门，尤其是包子铺，那从烟囱中袅袅升起的白烟，还有那一笼一笼新鲜出锅的包子，无不展现出包子铺老板的勤劳肯干。

继续往前面走，我看到了几位环卫工人。现在正值冬季，他们拿着大扫把的手戴着手套，但是身上只穿了一件工作服，他们的脸被冻得发紫。一呼气，就有一朵云从他们的嘴里蹦了出来。他们在人来车往的马路上打扫，一干就是一天。

到了学校，看到门口的保安叔叔站立在寒风中。他们维持着交通秩序，不畏严寒，保护着学生的安全。他们挥舞着警棒，好像在告诉车主们：这里是学校路段，请减速慢行！正是因为有了他们不辞辛苦地维护秩序，我们才会更安全。

一天的时光转眼就过去了，我回到家中吃完饭，去刷碗，妈妈扫地、拖地，看着她弯曲的腰，我不由鼻头一酸，这些劳动，都是为了我有一个干净的家啊。

我不禁感叹：劳动的人最美丽！

劳动使我快乐

作者：北京市房山区南尚乐中学初一（2）班　郝姜乐

指导教师：北京市房山区南尚乐中学　蔡静雨

今天是五一劳动节假期，妈妈说：“既然是劳动节，那咱们不如今天一起把家里大扫除一下吧。”我和爸爸都十分赞同。就这样，我们开始了大扫除的一天。

我首先进入了自己的卧室，抓住床单的角拉一拉，再拍去一些灰尘，然后叠被子，叠被子的时候我先把被子反过来，放在床上。我再去打开窗户，拉开窗帘，让阳光照到床上，给被子杀杀细菌，过了十来分钟，我把被子弄平，再把被子的一面往中间折，再叠起来。然后，我再整理床上的衣服。我把一件件衣服叠得整整齐齐。接着，我把叠好的衣服放到柜子里面。

整理完卧室，我一手拿着抹布，一手端着水盆来到了窗台。我先把抹布放在一个地方，然后拿了一些洗衣粉撒在抹布上，然后开始擦窗台，窗台不算太脏，很轻松地就擦干净了。但是我的书桌脏了，因为平时没注意，现在已经变成“灰尘桌”了，我忽然想到，开学时老师不是让我们给课桌“刷牙”吗？这个办法应该行。于是，我急忙拿了一支不用的牙刷，正准备拿牙膏，谁知妈妈说“你不用拿牙膏，用‘威猛先生’吧，‘威猛先生’是一种除垢剂。”我半信半疑地说：“那我试一试吧”。我将“威猛先生”倒了一些到书桌上，我又将洗衣粉打开，准备扫除桌子上残余的污渍。不一会儿，我发现除垢剂不够了，只好加了一些水，但还不够，我一下加了许多水，因为我的书桌边上有塑料条，所以不会漏水，这下好了，70%以上的面积都被清洁了，剩余的，就要用洗衣粉了。才十几分钟的时间，我把我的书桌擦得和新的一模一样！然后，我又帮妈妈扫了扫地，已经是下午5点了，家里的大部分地方都被我们打扫得干干净净了！

通过这件事，我认识到了，劳动真的使人快乐！从此，我更加热爱劳动了！

劳动创造快乐

作者：北京市房山区南尚乐中学初一（2）班　赵蒙

指导教师：北京市房山区南尚乐中学　蔡静雨

“采得百花成蜜后，为谁辛苦为谁甜”，劳动会给人带来数不尽的快乐，很多人认为快乐就是有吃有喝，自由随性，过安逸的生活，但我认为劳动创造出来的快乐是最甜蜜的。此刻，我的思绪又回到了那片充满欢声笑语的菜园里。

周末的下午，天气十分炎热，太阳炙烤着大地，我呆呆地坐在家里打发着闷热且无聊的时光。就在这时，奶奶提议带我去菜园里种菜，我顿时来了兴趣，迅速从沙发上弹起，抢过奶奶手中种菜的工具和种子飞一般地朝菜园的方向跑去。

菜园的一侧有几棵大树正好挡住了太阳，有个阴凉地，奶奶刚进菜园就挽起裤脚，戴上一顶草帽，手里拿着镰刀，躬身弯腰利索地将菜地里的杂草除掉。我也有模有样地学着。奶奶拿来了一些黄瓜苗给我。这些小苗的叶子尖尖的，薄薄的好像一颗小瓜子。奶奶耐心地对我说：“种黄瓜的时候，土不能太干。首先，要把土弄松，然后中间挖一个小道好让水流到四周。再挖几个小坑把小苗放进去，浇水注意的是水不能浇在茎和根上，要浇在土上，而且不能浇太多，再把松土盖上就好了。”听完奶奶的话，我迫不及待地拿起铲子挖了个小坑。奶奶看到后说：“你这个坑太小了，要是再稍微大点儿就好了。”我点了点头又将坑挖大了些。我拿了一颗小苗放了下去，浇上水，最后小心翼翼地把松土盖上。我又连续种了几颗，几套动作下来我已经大汗淋漓，豆大的汗珠止不住地往下滴。再看看奶奶，她的后背早已被汗水浸湿了。我擦了擦额头上的汗珠，欣慰地看着自己的劳动成果，一想到要不了几天就可以吃上自己亲手种的黄瓜心里就美滋滋的。

劳动是最光荣的，也是最有意义的。劳动不仅让我学会了新技能，还让我感受到了成就感，也让我知道了粒粒皆辛苦的真正含义。

讴歌劳动人民

作者：北京市房山区青龙湖中学　王妍婷

指导教师：北京市房山区青龙湖中学　晋学琴

春天，当我们享受阳光送来的温暖时；当小鸟叽叽喳喳飞回来时；当春雨淅淅沥沥的下时，有一群劳动人民却不辞辛劳地清洁着村庄与城市。

夏天，当我们在炎炎夏日中享受空调的清凉时，当小鸟因高温在鸟巢里休息时，有一群劳动人民却在烈日下，汗流浃背地打扫着村庄与城市的每一个角落。

秋天，当我们享受着大自然带给人们的馈赠时；当一些小鸟准备迁徙时；当秋风微拂时，有一群人却在这个瓜果飘香的季节里，默默无闻地清扫着早已枯败的落叶。

冬天，当我们在暖洋洋的房间里暖着冻得通红的双手时；有一群人却在这飘雪的日子里，无怨无悔地清除厚厚的积雪。

我们赞美劳动者，中国古代许多建筑都是劳动人民辛勤劳动换来的：闻名世界的万里长城；隋唐时期的京杭大运河；唐代李青设计并建造的赵州桥……都是以前的劳动人民的辛勤劳动留下的文化遗产。

五月，我们赞美劳动者，是劳动者，让浩瀚的荒原变成了亩亩良田；是劳动者，让万丈高楼拔地而起；是劳动者，推动了科技的不断进步；是劳动者，创造了无数令人惊叹的发明。正是他们的智慧和汗水，构筑了我们今天所享受的便捷生活。每一项技术的突破，每一次创新的实现，都凝聚着劳动者的心血和努力。他们用双手和智慧，将梦想变为现实，为社会的发展注入源源不断的动力。

正是劳动人民的辛苦付出才著就成现在的社会环境。

歌颂劳动人民

作者：北京市房山区青龙湖中学　梁美绮

指导教师：北京市房山区青龙湖中学　晋学琴

在一个普通的周末，我参加了志愿者活动，来到了城市的郊区，帮助当地的农民收割庄稼。这是我第一次亲身接触劳动人民，他们的辛勤付出让我深受触动。

清晨，太阳还没完全升起，我们便来到了田间地头。眼前是一片金黄的麦田，微风吹过，麦浪滚滚，宛如金色的海洋。农民伯伯们已经早早地来到田间，他们穿着简单的衣物，戴着草帽，汗水顺着脸颊滑落，却依然笑容满面。

我们分成几个小组，有的负责收割麦子，有的负责捆绑，有的负责运输。我加入了收割小组，拿起镰刀，跟随农民伯伯的步伐，努力地收割着麦子。刚开始，我并不熟练，收割的速度很慢，但农民伯伯们耐心地教我，告诉我如何掌握力度和角度。在他们的指导下，我逐渐掌握了技巧，收割的速度也越来越快。

中午，烈日当空，我们回到了休息的树荫下。农民伯伯们拿出自己带来的午饭，简单的馒头、咸菜，却让我们吃得津津有味。他们告诉我们，这是他们辛勤劳动的果实，虽然简单，但却充满了满足和幸福。

下午，我们继续投入收割的忙碌中。夕阳西下，我们终于完成了任务。站在金黄的麦田边，看着一捆捆整齐的麦子，我们感到无比的自豪和满足。

这次志愿者活动让我深刻体会到了劳动人民的辛勤和付出。他们默默地耕耘在田间地头，为了我们的生活，为了这个国家的繁荣。他们用双手创造了美好的生活，用汗水浇灌了希望的田野。

劳动人民是社会的基石，他们用勤劳和智慧创造了辉煌。让我们向劳动人民致敬，向他们学习，用自己的双手去创造更美好的未来。

劳　动

作者：北京市房山区青龙湖中学　张宇涵

指导教师：北京市房山区青龙湖中学　晋学琴

一提到劳动，人们常常会想到“劳动最光荣，劳动创造美好生活”。

我的外公外婆生活在农村，他们靠种菜、卖菜挣钱。但种菜可没有想象中的那么简单。

每当早上五六点的时候，我的外公都会准时起床。这时候的公鸡还没打鸣，天空中隐隐约约还看得到弯弯的月亮，外公沿着弯弯的小路，来到田间。外公先是播种，他拿起铲子把泥土翻松了，再用锄头划出一道道的坑，然后把菜籽轻轻地放进坑里，浇上水。下午，外公给菜秧除虫，他背着喷雾器，左手捏住把手不停地拉上拉下，右手握着喷头，不停地往四处喷洒，把菜秧上的虫子消灭掉……经过几个月的精心播种，外公外婆终于可以收获自己的劳动成果了。外婆需要做好收尾清扫工作，只见外婆弯着身子，抡起锄头轻轻地除掉一棵棵田里的杂草，稍稍移动脚步，又除去下一棵杂草。此时太阳公公已经落山了，月光照亮了整个乡村。乡村夜晚是漆黑而安静的，没有霓虹灯的闪烁，没有汽车的喧嚣，泡上一杯茶，卸下满身的纷扰，抬头仰望璀璨的夜空，星星闪烁。但美丽的夜景背后有谁知道这乡村的农民是多么辛苦啊！

不懈的耕耘终将迎来丰硕的果实。外公和外婆凭借他们的坚韧与勤劳，已将昔日简陋的茅舍转变为一座雅致的乡村别墅。每当我们踏足这片充满活力的土地，映入眼帘的是一片繁忙而充满生机的景象。当夜色温柔地覆盖大地，我们一家团聚一堂，共享晚餐，畅聊生活的琐碎与美好，连家中的两只小狗也被我们的欢聚所吸引，静静地趴在桌下，聆听着我们的欢声笑语。外祖父母用他们的双手编织了生活的锦绣，这生动地诠释了劳动的力量，它能够塑造出生活的美好与丰盈。

“劳动最光荣，劳动创造美好生活”的口号总是回响在我的耳边，只要我们辛勤劳动，就一定有收获。让我们一起劳动起来吧！美好生活，劳动创造！

歌颂劳动人民

作者：北京市房山区青龙湖中学　李佳

指导教师：北京市房山区青龙湖中学　王涛

从黎明到夜晚，
汗水浸润了田野，
默默耕耘的身影，
在泥土中孕育希望。
你们是劳动者，
用双手创造世界，
无私奉献的灵魂，
在平凡中显现光芒。

劳动歌颂

作者：北京市房山区青龙湖中学　秦从杉

指导教师：北京市房山区青龙湖中学　王涛

在繁忙的都市里，
有一群人默默奋斗，
他们用勤劳的双手，
为我们创造美好的生活。
他们是城市的建造者，
用砖石和钢筋筑起高楼大厦。
他们是农田的耕作者，
用汗水和智慧播种希望。

他们是工厂的工人，
用机器和汗水生产出精美的产品。
他们是社会的中坚力量，
用城市和努力换来生活的美好。

劳动乃心灵的阳光

作者：北京市房山区青龙湖中学　吴东阳
指导教师：北京市房山区青龙湖中学　王涛

烈日之下，
阳光炙烤大地，
清洁工用扫把，
将树叶打扫干净。
河道之上，
热浪烘烤河流，
清洁工撑着竹筏，
用耙子清理水草。
他们满身灰土，
脸上却洋溢着开心的笑容。
他们的岗位是那么平凡，
收入那么微薄，
但他们从未抱怨，
在平凡的工作中，
做出伟大的贡献，
用劳动谱写生命的华章。

讴歌劳动者

作者：北京市房山区青龙湖中学　胡雨润
指导教师：北京市房山区青龙湖中学　王涛

每当太阳升起，
都有无数平凡者，
为了一份责任，一份热爱，
一份信念，一份坚守，
在各自岗位上，
用辛勤的付出，
诠释——劳动之美。
为了祖国的繁荣，
为了民族的富强，
他们用辛勤的双手和智慧，
挥汗水，洒热血，造就美好社会……
劳动是光荣的！劳动是快乐的！
辛勤的汗水，浇灌出幸福的花朵！
勤劳的双手，描绘出美好的生活！
如果说劳动是一首激情澎湃的乐曲，
那么劳动者就是生命里最美的音符。
我赞美劳动者，
他们在风雨中奋斗，使社会更加温暖！
他们在风雨中奋斗，为祖国奉献力量！
他们就是劳动者，
是伟大的人！

劳动者赞歌

作者：北京市房山区青龙湖中学　殷逸萱
指导教师：北京市房山区青龙湖中学　王涛

黎明的微光尚未绽开，
你已背上希望踏上征程。
汗水浸透每一寸土地，
劳动的身影，谱写伟大篇章。

手中的工具如诗如画，
在岁月的长河绽放光芒。
你用双手筑起梦想的城堡，
在辛勤的耕耘中书写辉煌。

你是大地的守望者，
用汗水浇灌希望。
风吹雨打，你从未言败，
在劳动的舞台上，闪烁光芒。

烈日炙烤，你毫无怨言，
在酷暑中挥洒着青春的热情。
严冬凛冽，你坚韧不屈，
在冰雪中筑起生活的堡垒。

劳动者的身影如此伟岸，
在平凡中闪烁着不平凡的光辉。
你是时代的楷模，是我们的骄傲，

让我们为你欢呼，为你赞歌。

讴歌劳动者，赞美你的辛勤，
你是社会的脊梁，国家的力量。
让我们共同致敬，
向所有默默奉献的劳动者致敬！

田野的赞歌

作者：北京市房山区青龙湖中学　王雅琪
指导教师：北京市房山区青龙湖中学　王涛

在繁忙的田间，
稻香随风摇曳，
汗滴如珍珠洒落，
勤劳的双手不停歇。

日出而作，
日落而息，
每一粒种子，
都承载着希望与梦想。

耕者的背影，
在夕阳下拉长，
他们默默付出，
只为秋天的金黄。

天依想说，
劳动最光荣，

每一滴都是汗水，
都是最美的诗篇。

无者之颂

作者：北京市房山区青龙湖中学　刘文卓
指导教师：北京市房山区青龙湖中学　王涛

四季常规处处开，眉鬓轻浮豆汗来。
农牧清擦遍地寻，甘奉爱业艰苦还。
无者注意无者颂，可还其人力勤功？
劳动精神永久记，不求回报甘苦埋。

劳　动

作者：北京市房山区青龙湖中学　王欣怡
指导教师：北京市房山区青龙湖中学　马玉娟

在季节的轮回中，
有一种永恒的主题，
那就是劳动。
它是大地的脉搏，
是生命的赞歌。
它是河流中的水滴，
是人类生活中不可或缺的精神。
劳动是让世界更加美丽的水彩，
是让生命变得更加美丽的魔法，
是让灵魂变得更加充实的恩惠。
劳动像一块甜甜的西瓜，
让你体会到甜蜜和乐趣。
劳动像一块涩涩的苦瓜，

让你体会到苦涩和疲惫。
劳动虽然是艰苦的，
劳动当然也是快乐的，
劳动更是光荣的。
只有勤劳的人才能创造出美好的生活，
只有勤劳的人才能创造出更美好的未来。

致敬劳动农民

作者：北京市房山区青龙湖中学　孟瑶
指导教师：北京市房山区青龙湖中学　马玉娟

春夏，
我在那田园之间，
望翠色似海，
只见：
稻禾满田翠色浓，
桃李杏果挂压枝。
您播下一年中第一粒种子，
精心呵护这一株幼苗，
一世犁锄翻日月，
汗滴直下灌禾苗。
它茁壮成长！

秋冬，
我在那仓古之间，
望金黄滚滚，
只见：
金黄稻谷满仓储，

五谷丰登堆似山。
您收割着几万棵麦穗，
满颜欢笑：
一季镰刀割日月，
满颜欢笑庆丰收。
它们高大又垂下头。

稻古随同季节而成长，
岁月随同日月而逝去。
啊！即使您再苦再累，
也不曾抱怨。
天下众生皆饱暖，
默默辛勤谱春秋。

劳动人民之歌

作者：北京市房山区青龙湖中学　王卓梵
指导教师：北京市房山区青龙湖中学　马玉娟

辛勤的汗水浇灌花草，
粗壮的手臂让万物生长。
胼手胝足，
戴月披星。
最想讴歌的就是，
辛勤的劳动者。
您不善于说教，
却用整日的辛勤劳作，
换来每个家庭的温饱。
您用行动，

换来了我们街道上的洁净，
让我们有了生活的好环境。
您用质朴的七色音符，
燃烧自己，照亮他人。
因为有了劳动者们的不懈努力，
才有了中华历史的辉煌。
看啊！
绿水青山，大好河山。
湖光山色，波澜壮阔。
这些都是劳动人民耕耘的果实。
你们点缀着繁华城市，
因为有了你们，
城市才更加美丽。
让我用最热烈的激情，
为您赞颂，为您讴歌！

辛苦的劳动人民

作者：北京市房山区青龙湖中学　崔格安
指导教师：北京市房山区青龙湖中学　马玉娟

你的汗水，洒在灰褐色的土地上。
你的脸上，映出太阳走过的痕迹。
你的肩上，留下无数的沟痕。
你的手上，永远沾满了个人的泥土。

洒在地上的土啊，你滋润了一片土地，也让长大了的禾苗伸向星光璀璨的天空。

映在脸上的颜色啊，你是大地的颜色，也让翠绿的禾苗和你有个区分。

留在肩上永恒的伤啊，你是努力的结果，也让茂盛长高的禾苗心疼。

贴在手上灰褐色的泥土啊，你是洗不净的，到你落下的那天，也为那孱弱的禾苗有一个舒适的家。

不论春夏秋冬，还是严寒酷暑；
你都在用勤劳的双手把地翻了又翻，
如同对待自己的娃娃，不打一个瞌睡也不少使一点儿劲；
将地翻成一垄一垄，种子也一个挨一个。

感谢你，
你的心如同清清的河水一样清澈。
你的肩头如同黄牛一般扛起一座山，
你是平凡的人，
也是大家的英雄。

劳动之美

作者：北京市房山区青龙湖中学　刘涵蕾
指导教师：北京市房山区青龙湖中学　马玉娟

是额角的汗水，裤脚上的泥泞；
是身上的尘土，手掌上的老茧；
是日夜的奔忙，房屋里的明灯。
是吧，在无尽的汗水与不懈的努力中，
璀璨地绽放着劳动的神圣光芒。
每一次的倾心付出，
都如春雨般孕育着蓬勃的希望。
从广袤的田野到繁忙的工坊，
从宁静的办公室到喧闹的建筑场，
处处可见劳动的伟岸身影，

那是世间最为靓丽的迷人风景。
劳动，推动着整个世界奋力转动，
让平淡的生活充满了灿烂阳光。
让我们由衷地赞美劳动，
纵情歌颂那劳动的无上荣光！

致劳动者

作者：北京市房山区青龙湖中学　卢朔
指导教师：北京市房山区青龙湖中学　马玉娟

我们每天都会看到许多辛勤的人们，
他们是——老师，
老师是辛勤的园丁，
学生是含苞待放的花朵，
园丁为花儿浇水施肥，
一路引领着我们茁壮成长。

他们是——医护人员，
身披白袍却犹似铠甲，
逆流而上主动守护在我们身前，
每一次治疗都是一场战斗，
每一位医护工作者都在用生命和病毒抗争。

他们是——农民，
早出晚归，辛勤耕种，
面朝黄土背朝天，
顶着烈日骄阳，
汗流浃背，辛苦劳作，

他们端的盘中餐，粒粒皆辛苦。

他们是——清洁工，
不论是城市的街道，
还是学校的校园里，
都有清洁工的身影，
不辞辛劳，不顾日晒雨淋的打扫，
美化着我们的生活环境。

劳动者的故事讲不完也讲不够，
还有无数辛勤的劳动者，
在自己的岗位上，
辛勤付出着，无私奉献着。

正是有了他们的坚守，
我们的生活才如此美好，
让我们一起向劳动者致敬。

致劳动人民

作者：北京市房山区青龙湖中学　金宇涵
指导教师：北京市房山区青龙湖中学　马玉娟

新时代的劳动者是伟大的追梦者。
心怀梦想的人，
都值得大家肃然起敬。
有梦想的人多了，
国家就有力量，
社会就会有进步，

梦想就能照亮祖国的天空。
当我们在休息时，
你可以随时在街上看到劳动人民，
他们在奔波，
如果没有他们，
我们就不会有干净的街道，
站在街道中间，
体会劳动者的日常生活，
感悟阳光里跳跃的音符。
一不小心，
音符滴落下来，
打动了无声的果林。
沉寂的大地上，
顿时，
响起了劳动的那支歌，
回荡在亿万劳动者的心中，
回荡在蓝天白云之间，
震落了树上的红果。
铺挂彩的早晨，
情不自禁，
阳光、雨露、春风，催开着城市的文明之花。

劳　动

作者：北京市房山区青龙湖中学　宋艺俊
指导教师：北京市房山区青龙湖中学　晋学琴

面对春风粗糙的双手，
化为天使的一双翅膀。

春风抚慰它们，
让生茧的手心重返柔滑，
依旧心灵手巧。
面对骄阳流下的汗水，
化为天使的一片片羽毛。
烈日炙烤的大地上，
总有一群人坚韧不拔，
继续忘我劳动。
面对秋叶奔忙的双脚，
化为天使的一束尾翎。
当落叶铺满了大地，
唯有他们不断地来回清扫，
仍然细致用心。
面对冰雪热忱的内心，
化为天使的金色光环。
冰雪无情人有情，
他们抵抗风雪忠于职守，
如故不屈不挠。

劳动者

作者：北京市房山区青龙湖中学　李昕湉
指导教师：北京市房山区青龙湖中学　晋学琴

劳动者，是光荣的，
他们用双手创造世界。
每一滴汗水，
都是大地的甘霖，
每一份付出，

都是未来的希望。

清晨的田野，
他们播种希望；
清晨的街道，
他们铸就辉煌。

无论风雨，无论寒暑，
劳动者们始终坚守岗位，
用勤劳的双手，
绘制出最美的画卷。

让我们向劳动者致敬，
感谢他们为我们的生活，
付出的每一分努力。
劳动者最光荣，
劳动的歌声最嘹亮。

劳动之美

作者：北京市房山区青龙湖中学 孙浩轩
指导教师：北京市房山区青龙湖中学 晋学琴

在无尽的汗水与不懈的努力中，
璀璨地绽放着劳动的神圣光芒。
每一次的倾心付出，
都如春雨般孕育着蓬勃的希望。

那灵动的双手创造着奇迹，

滴滴汗水如甘霖浇灌着梦想。
劳动，宛如生命的曼妙舞蹈，
激情奏响着砥砺奋进的壮丽乐章。

从广袤的田野到繁忙的工坊，
从宁静的办公室到喧闹的建筑场。
处处可见劳动的伟岸身影，
那是世间最为靓丽的迷人风景。

迎着清晨的第一缕阳光，
照耀着那奋斗者坚毅的脸庞。
伴着夜晚的熠熠灯火，
默默见证着那份执着的力量。

劳动，让我们尽情收获，
收获那累累的丰硕果实，
收获那无穷无尽的成长。

劳动，推动着整个世界奋力转动，
让平淡的生活充满了灿烂阳光。
让我们由衷地赞美劳动，
纵情歌颂那劳动的无上荣光。

劳动者的身影

作者：北京市房山区青龙湖中学　顾紫涵
指导教师：北京市房山区青龙湖中学　晋学琴

用微笑迎接到来，
把期待的答案，
封装金绿色的纸箱里，
轻轻地挥手，
送你一份安心。

用双手捡拾美好，
流水线上的包裹，
像极了海滩上的贝壳，
每一次伸手触碰，
都指向家的方向。

用双眼检索安全，
端坐在仪器左右
目不转睛地凝视，
如密不透风的网，
不放过一片落叶。

用双脚传递幸福，
无论村野故居，
还是高楼门店，
汗水洒过的地方，
都留下清晰的剪影。

环卫工人

作者：北京市房山区青龙湖中学　孙俊怡
指导教师：北京市房山区青龙湖中学　晋学琴

晨曦微破，城市还在沉睡的梦乡，
扫帚轻挥，你是人间的破晓歌唱。
铁色衣衫，掩盖无名的辉煌。
每一道尘痕，都是你的诗行。
你在街头巷尾，默默编织着光，
黎明的扫帚，如同时间的笔尖流淌。
每一处角落，都有你的足迹温暖，
在寂静中，诠释着生活的坚韧。
你的身影，像一把无声的竖琴，
在尘埃的乐谱上，
弹奏着疲惫的赞美。
你的汗水，是生活的晨露，
洗净了疲惫，也洗净了心灵的尘埃。
你是城市的美容师，亦是灵魂的清洁工，
在每一个黎明，唤醒沉睡的希望。
你的存在，无声而有力，
如同岁月的诗，
永恒在人们心中回响。

劳动者

作者：北京市房山区青龙湖中学　王思岩
指导教师：北京市房山区青龙湖中学　晋学琴

拂晓的微光中，
一个个模糊的身影已然披上行装，
挥舞扫帚，除去污浊，
为这惺忪困倦的城市梳洗模样。

熙攘的街道里，
一阵阵匆忙的吆喝声混杂天空，
热腾腾的包子，来往的轱辘，
脸颊流下汗水，也留下灿烂的笑容。

骤雨的十字路口，
一辆辆狼狈的车辆安心驶向家的方向，
袖口落的水珠，眼镜上的雾气，
人民需要，誓要与风雨战到底。

广袤的田野上，
微风吹皱粗糙的双手；
层林的施工场里，
钢铁架起热血的身躯！

劳动诗歌

作者：北京市房山区青龙湖中学　王妍婷
指导教师：北京市房山区青龙湖中学　晋学琴

三更不到已打灯，
早鸟未起伴锄耕，
顶头烈日似春雨，
肤如小麦一盏灯。

夏日烈焰如火烧，
绿柳有阴未分凉，
躬身弯背着橙夹，
拂岸提头汗如流。

漫山遍野红配绿，
一片秋风叶满天，
吹散落入人世间，
拂岸提手清风散。

劳　动

作者：北京市房山区青龙湖中学　吴文歆
指导教师：北京市房山区青龙湖中学　晋学琴

晨光中，
一个个身影已经披上了行装，
挥舞着手中的扫帚，
使得城市焕然一新。

熙熙攘攘的城市街道上，

在那一阵阵的吆喝声中，
热气腾腾的肉包子和那来往的人们，
为城市增添了一抹绚丽的色彩。

在黑暗中，他们是病人心中最亮的那束光，
他们的名字，
也许并不算响亮，
但他们的贡献却深深地刻在了每个人的心中。

他们的医术，将会被永远传承。
在每一个生命的故事中，留下深刻的印记。

劳　动

作者：北京市房山区青龙湖中学　于洋
指导教师：北京市房山区青龙湖中学　晋学琴

东方的太阳冉冉升起，
大地的脉搏澎湃地跳动着。
劳动者们的身影早已出现在我们的视线中，
赞美吧，辛勤耕耘的劳动者们。

火红的太阳照耀着四方，
小草将自己埋入地下。
劳动者们在大街小巷里穿梭，
赞美吧，烈日下工作的劳动者们。

壮美的晚霞在天空中镌刻，
工具如同画笔一般，

劳动者们在大地上绘出希望的色彩，
林立的高楼皆是你们的汗水。

皎洁的月光洒在海面上，
你们仍不停息，
用自身的信念与力量照亮万家灯火。
你们是最美的风景，最亮的星，
愿你们的付出，岁月都以涌泉般回报。

第三部分

附 录

附件 A　问卷调查

南尚乐中学及青龙湖中学学生劳动教育情况调查问卷

亲爱的同学：

您好！劳动教育构成了我国教育体系中一个不可分割的环节，尤其在农村地区，它承载着独特的重要性与价值。为了深入探究农村初中劳动教育的执行现状，我们精心设计了这份调查问卷，并对其结果进行了详尽的分析。

本次调研问卷涵盖了多个关键领域：基础个人信息、您对参与劳动活动的态度与理解、家庭劳动的执行现状、学校劳动教育及其执行情况，以及劳动实践与体验等。问卷设计巧妙地结合了选择题与开放式问答题，旨在全面而深入地搜集相关信息。

在“乡村振兴”战略的背景下，我们的课题组正致力于构建一个农村中学劳动教育课程体系。为了深入探究劳动教育在学校的实施情况，我们设计了这份问卷调查。本问卷的目的是捕捉中学生在劳动教育方面的现实体验。请您根据自己的实际情况，选择最能代表您观点的答案。如果您对某题有特别的情况或想法，选择“其他”选项后，请在提供的空白处详细阐述。请在您选择的答案后打上“√”。我们保证，本问卷是匿名的，所有答案仅用于学术研究，不存在任何评价标准。请您真诚地完成每一道题目，我们对您的参与和支持表示衷心的感谢！

一、基本信息

1. 你所在的学校。

2. 你所在的年级。

初一（　　）　　初二（　　）　　初三（　　）

3. 你的性别。

男（　　）　　女（　　）

二、学生对参与劳动的态度和认识

4. 你认为下列属于劳动的有？（多选）

设计服装（　　）　　舞台表演（　　）　　办公室文字编辑（　　）

科学研究（　　）　　种植蔬菜（　　）　　打扫卫生（　　）

开发电子游戏（　　）

5. "工程师、医生、公务员、教师、农民、服务员、清洁工的工作都是好工作"你认同这个观点吗？

非常认同（　　）　　有一点认同（　　）　　不清楚（　　）

不认同（　　）

6. 你认为劳动对你的成长属于下列哪种情况？

劳动培养了我的能力，促进个人发展成长（　　）

参与劳动会浪费学习时间，不利于个人发展成长（　　）

不清楚（　　）

劳动和个人的发展成长没有关系（　　）

7. 你如何评价自己目前的劳动能力？

非常强（　　）　比较好（　　）　一般（　　）　很差（　　）

8. 你认为阻碍你参加劳动的原因有哪些？（多选）

不会做（　　）　学习任务太重，没有时间（　　）

太累，不想做（　　）

有人会做，不需要我做，或没有劳动的机会（　　）

其他（　　），请说明：________________________

9. 你认为文化课学习和劳动教育之间的关系是什么？

专心文化课学习，放弃参加劳动的机会（　　）

在搞好文化课学习的情况下，做一些力所能及的劳动（　　）

以劳促学，劳逸结合（　　）

经常以劳动之名逃避文化课学习（　　）

三、家庭劳动实施情况

10. 你家里主要从事的农业生产活动是？（多选）

水稻种植（　　）　　蔬菜种植（　　）　　果树种植（　　）

畜牧养殖（　　）　　渔业（　　）

其他（　　），请说明：________________

11. 你是否经常参与家里的农活儿？

是，我经常参与（　　）　　有时参与（　　）

很少参与（　　）　　从不参与（　　）

12. 你做过家务劳动（洗衣、做饭等）吗？

经常做（　　）　　从来没有（　　）　　做过，但很少（　　）

四、学校劳动教育实施情况

13. 你所在的学校是否开设了劳动教育课程？

是（　　）　　否（　　）

14. 你认为劳动教育课程的内容是否与您的生活实践紧密相关？

非常紧密（　　）　　比较紧密（　　）　　一般（　　）

不紧密（　　）　　完全不紧密（　　）

15. 你在劳动教育课程中主要学到了哪些内容？（多选）

农业生产技能（　　）　　手工艺制作（　　）

社区服务活动（　　）　　家务劳动技能（　　）

其他（　　），请说明：________________

16. 你认为学校劳动教育课程的教学方式如何？

非常生动有趣（　　）　　比较有趣（　　）　　一般（　　）

枯燥无味（　　）

17. 你希望学校如何改进劳动教育课程？

增加实践操作机会（　　）　　拓展课程内容（　　）

加强与家长的沟通与合作（　　）

其他（　　），请说明：________________

五、劳动实践与体验

18. 你在日常生活中是否会主动承担家务劳动？

是，我经常承担（　　）　有时承担（　　）

很少承担（　　）　　　　从不承担（　　）

19. 你认为参与劳动对您有哪些益处？(多选)

增强身体素质（　　）　　培养责任感（　　）

提高动手能力（　　）　　增进家庭关系（　　）

其他（　　），请说明：________________

20. 关于你参加劳动活动，你家长的意见是什么？

完全没必要，只要学习好就行了（　　）

不支持不反对，没有意见（　　）

非常支持，创造条件让参加劳动（　　）

21. 请描述一次你印象深刻的劳动经历。(请在下面区域内作答)

六、开放性问题

22. 你对劳动教育有什么建议或想法？(请在下面区域内作答)

23. 你认为劳动教育在农村初中学生的成长中扮演了怎样的角色？(请在下面区域内作答)

24. 你将来职业规划想回到农村建设家乡还是其他？(请在下面区域内作答)

七、联系方式（自愿填写）

如果您愿意，可以留下您的联系方式，以便我们进一步了解您的意见和建议。

联系方式（电话/邮箱）：________________

感谢您参与本次调查，您的回答将对我们改进劳动教育工作具有重要意义。

学生问卷调查结果分析

一、基本信息

1. 你所在的学校：南尚乐中学 56.5%　　青龙湖中学 43.5%
2. 你所在的年级：初一年级 35.2%　　初二年级 42.4%
   初三年级 22.4%
3. 你的性别：男生 49.6%　女生 50.4%

二、学生对参与劳动的态度和认识

4. 你认为下列属于劳动的有？（多选）

设计服装（　）　舞台表演（　）　办公室文字编辑（　）

科学研究（　）　种植蔬菜（　）　打扫卫生（　）

开发电子游戏（　）

通过统计（见图 1）我们发现：学生对于劳动概念的理解较为单一，全部学生都能够选择种植蔬菜和打扫卫生属于劳动，对于其他类别选择人数均占比较低。

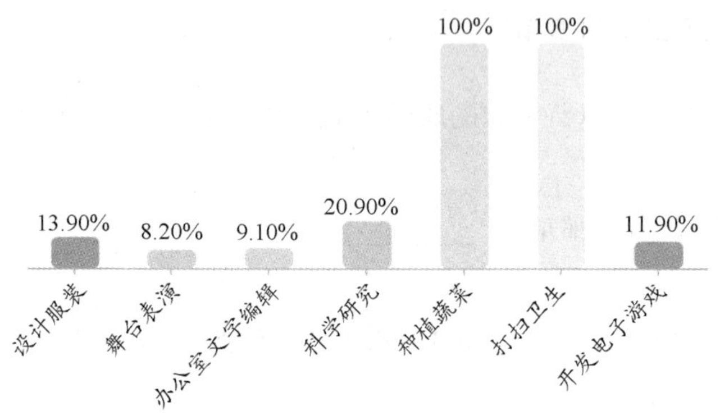

图 1　第 4 题柱状图

5.“工程师、医生、公务员、教师、农民、服务员、清洁工的工作都是好工作”你认同这个观点吗?

非常认同（　　）　　　　有一点认同（　　）

不清楚（　　）　　　　　不认同（　　）

通过统计（见图 2）我们发现：学生对于劳动概念的理解较为单一，全部学生都能够选择种植蔬菜和打扫卫生属于劳动，对于其他类别选择人数均占比较低。

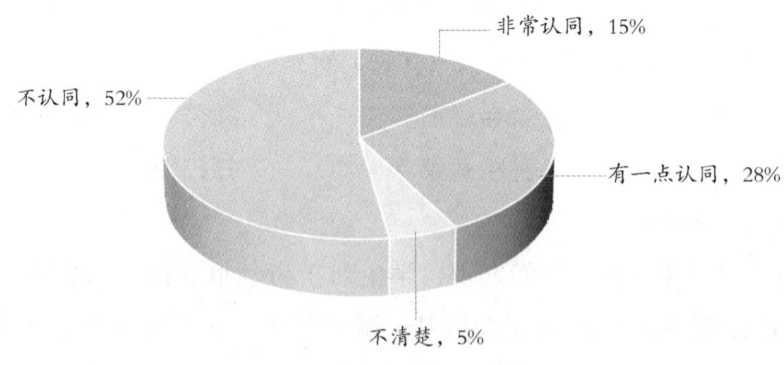

图 2　第 5 题饼状图

6. 你认为劳动对你的成长属于下列哪种情况？

劳动培养了我的能力，促进个人发展成长（　　）

参与劳动会浪费学习时间，不利于个人发展成长（　　）

不清楚（　　）

劳动和个人的发展成长没有关系（　　）

通过统计（见图 3）我们发现：较多学生认为劳动和个人发展没有关系，还有少部分同学认为参与劳动会浪费学习时间，不利于个人的发展成长，可见在学生认知中，劳动对于个人的成长发展是可有可无的存在。

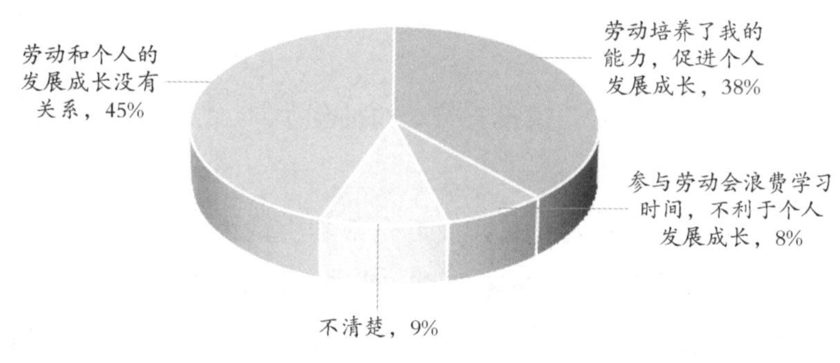

图 3　第 6 题饼状图

7. 你如何评价自己目前的劳动能力？

非常强（　　）　　　比较好（　　）

一般（　　）　　　很差（　　）

通过统计（见图 4）我们发现：认为自己劳动能力“比较好”和“一般”的学生占比达到 72%，23%的学生认为自己劳动能力非常强，还有 12 个学生认为自己劳动能力非常差。学生普遍认为自己的劳动能力一般。

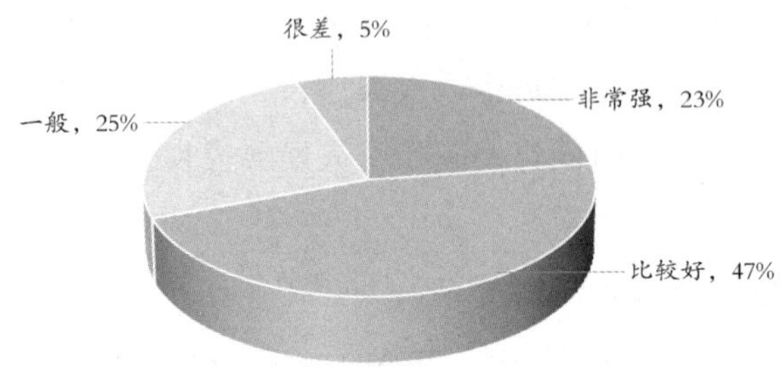

图 4　第 7 题饼状图

8. 你认为阻碍你参加劳动的原因有哪些？（多选）

不会做（　　）

学习任务太重，没有时间（　　）

太累，不想做（　　）

有人会做，不需要我做，或没有劳动的机会（　　）

其他（　　），请说明：________________

通过统计（见图 5）我们发现：接近全部学生认为“不想做”或“有人做”，还有 70.9%的学生属于“不会做”，现在学生普遍认为劳动和自己关系不大，并且“不会做”反映出劳动已经成为一项需要去专门学习的技能，大部分初中学生不能掌握。

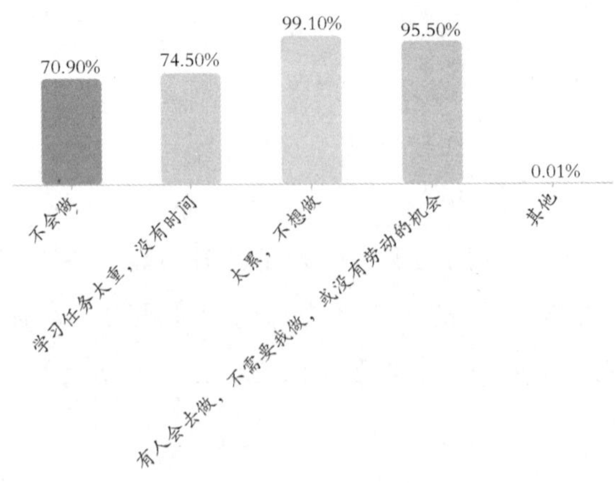

图 5　第 8 题柱状图

9. 你认为文化课学习和劳动教育之间的关系是什么？

专心文化课学习，放弃参加劳动的机会（　　）

搞好文化课学习的情况下做一些力所能及的劳动（　　）

以劳促学，劳逸结合（　　）

经常以劳动之名逃避文化课学习（　　）

通过统计（见图 6）我们发现：59%的学生认为劳动会影响文化成绩，所以要以文化课为主，即便参与劳动也要在不影响文化成绩的前提下进行。还有 26%的学生认为劳动可以作为逃避文化课学习的理由。仅有 15%的学生认为参加劳动会对文化课产生积极的作用，能够做到劳逸结合。

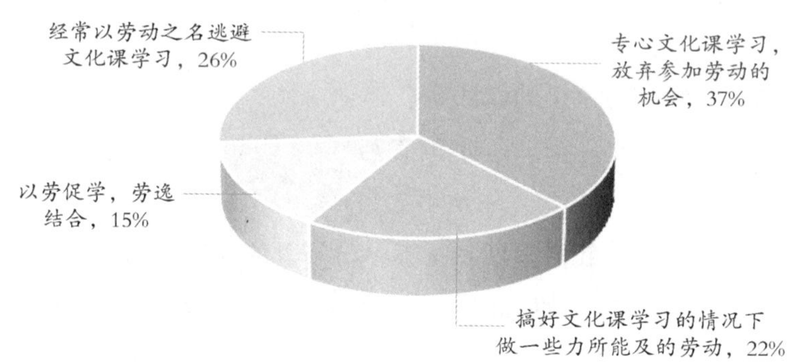

图 6　第 9 题饼状图

三、家庭劳动实施情况

10. 你家里主要从事的农业生产活动是？（多选）

水稻种植（　　）　　蔬菜种植（　　）　　果树种植（　　）

畜牧养殖（　　）　　渔业（　　）

其他（　　），请说明：＿＿＿＿＿＿＿＿

通过统计（见图 7）我们发现：绝大多数学生家里现在已经不从事农业

生产活动了，仅有6.9%的学生家里从事蔬菜种植，10.5%的学生家里从事果树种植，学生的生活中几乎没有农业生产活动了。

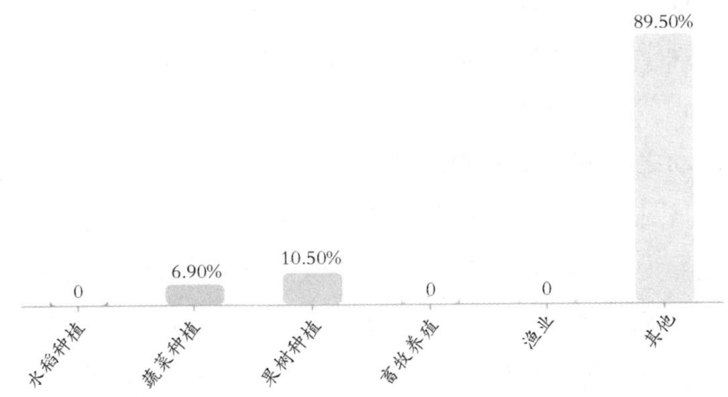

图7　第10题柱状图

11. 你是否经常参与家里的农活儿?

是，我经常参与（　　）　　　有时参与（　　）

很少参与（　　）　　　　　　从不参与（　　）

通过统计（见图8）我们发现：从不参与家里的农活儿的学生高达90%，当然数据的产生也由于现在的居住环境产生变化，大多数学生家里没有从事农业生产活动。

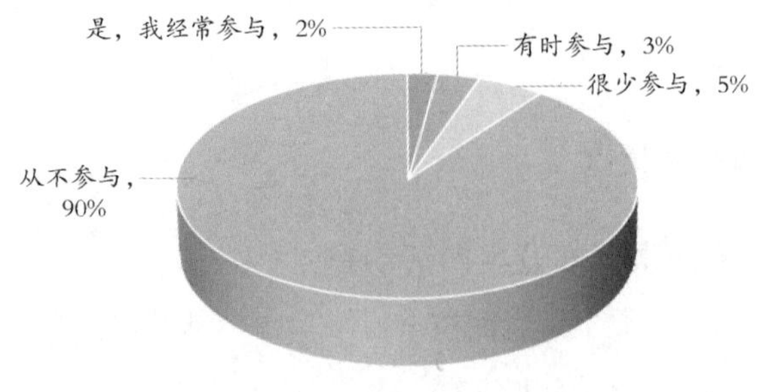

图8　第11题饼状图

12. 你做过家务劳动（洗衣、做饭等）吗？

经常做（　　）　　从来没有（　　）　　做过，但很少（　　）

通过统计（见图 9）我们发现：95%的学生都参加家务劳动，仅有 5%从来没有做过，但做过家务劳动的学生中有超过一半是“做过，但很少”，说明学生参与家务劳动的意识有所欠缺。

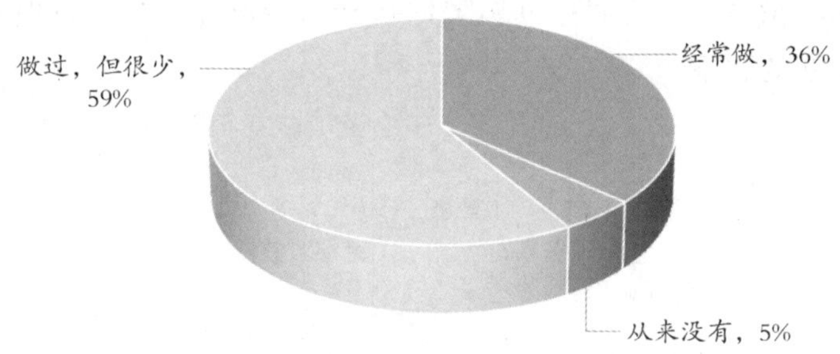

图 9　第 12 题饼状图

四、学校劳动教育实施情况

13. 你所在的学校是否开设了劳动教育课程？

是（　　）　　否（　　）

通过统计（见图 10）我们发现：学生所在学校均开设了劳动教育课程。

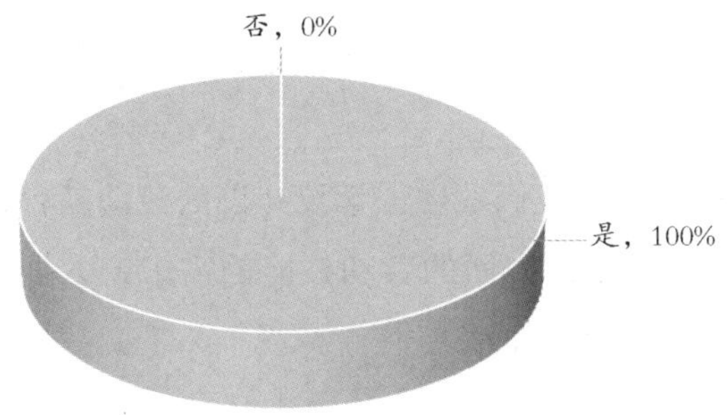

图 10　第 13 题饼状图

14. 你认为劳动教育课程的内容是否与您的生活实践紧密相关?

非常紧密（　　）　　比较紧密（　　）

一般（　　）　　不紧密（　　）

完全不紧密（　　）

通过统计（见图 11）我们发现：89%的学生认为劳动教育课程内容与自己的生活实践是紧密相关的，可见学校在开发和设计劳动教育课程时关注到了与生活实践的联系。

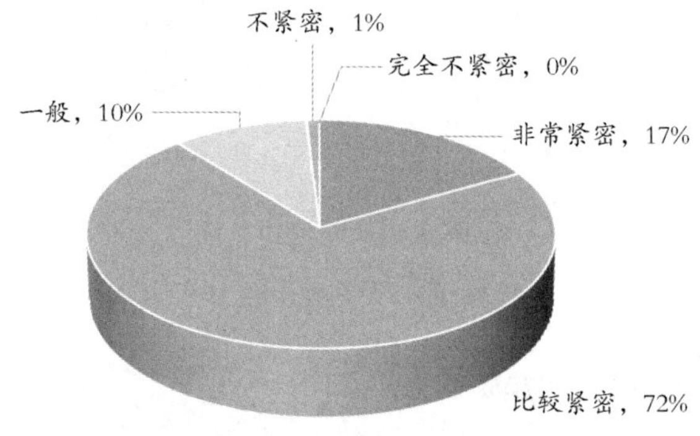

图 11　第 14 题饼状图

15. 你在劳动教育课程中主要学到了哪些内容?（多选）

农业生产技能（　　）　　手工艺制作（　　）

社区服务活动（　　）　　家务劳动技能（　　）

其他（　　），请说明：________________

通过统计（见图 12）我们发现：学校开设的劳动教育课程基本覆盖了多方面，满足了学生对于不同方面的劳动技能的需求，数据的均衡也表现出劳动教育课程开发与设计的合理性。

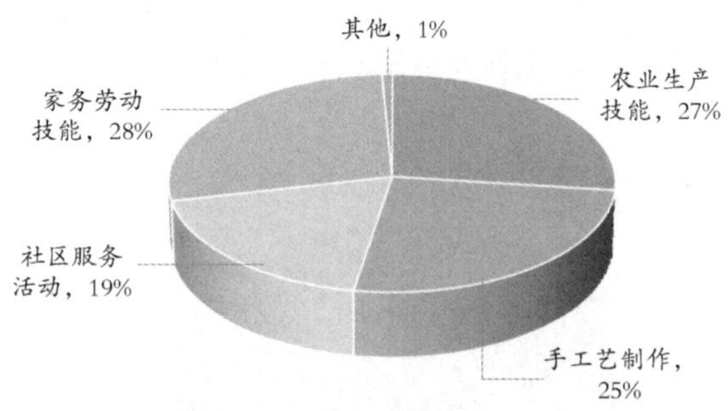

图 12 第 15 题饼状图

16. 你认为学校劳动教育课程的教学方式如何？

非常生动有趣（　　）　比较有趣（　　）

一般（　　）　　　　　枯燥无味（　　）

通过统计（见图 13）我们发现：95%的学生认为学校的劳动教育课程非常生动有趣。

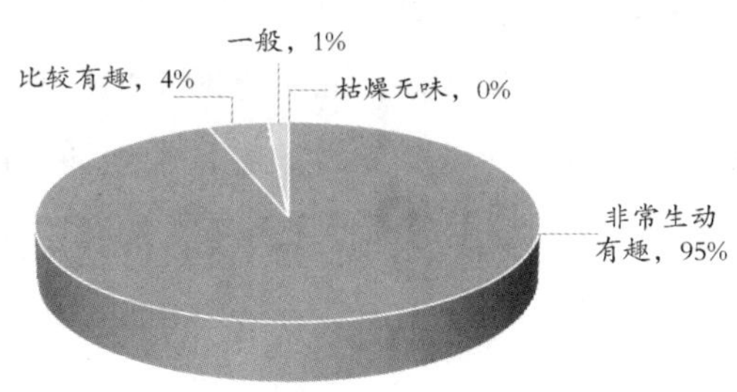

图 13 第 16 题饼状图

17. 你希望学校如何改进劳动教育课程？

增加实践操作机会（　　）　　拓展课程内容（　　）

加强与家长的沟通与合作（　　）

其他（　　），请说明：________________

通过统计（见图 14）我们发现：希望增加实践操作机会和拓展课程内容的学生占比相对平均，为学校改进劳动教育课程的主要建议。

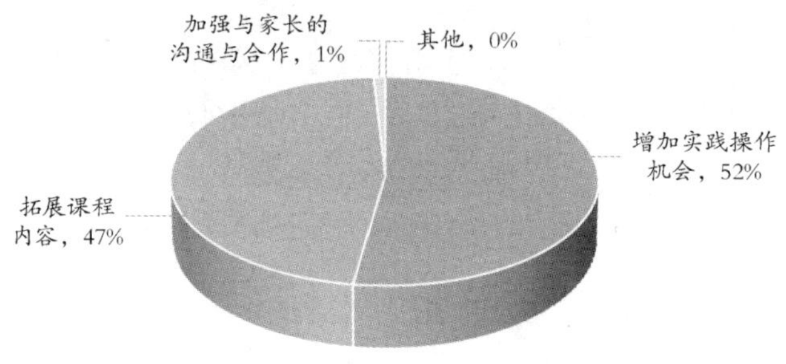

图 14　第 17 题饼状图

五、劳动实践与体验

18. 你在日常生活中是否会主动承担家务劳动？

是，我经常承担（　　）　　有时承担（　　）

很少承担（　　）　　从不承担（　　）

通过统计（见图 15）我们发现：大部分学生还是能够主动承担家务劳动，但“经常承担”比例仅为 30%，而“有时承担”和“很少承担”占比达到 65%，说明承担家务劳动并没有成为学生日常生活中的一部分，即使学校开设了劳动教育课程，但学生主动承担家务劳动的意识还没有养成。

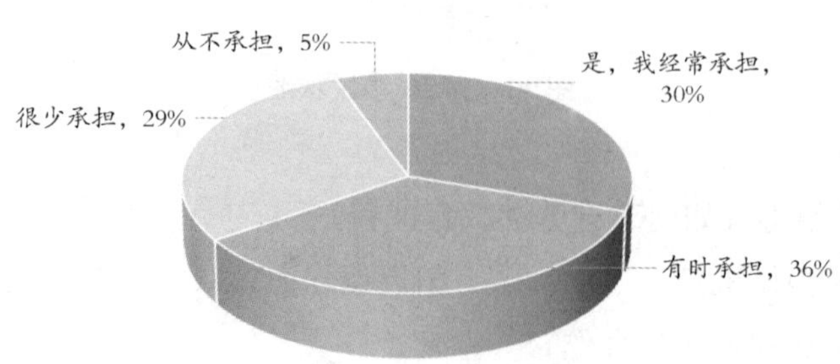

图 15　第 18 题饼状图

19. 你认为参与劳动对您有哪些益处?(多选)

增强身体素质( ) 培养责任感( ) 提高动手能力( )

增进家庭关系( )

其他( ),请说明: ________________

通过统计(见图 16)我们发现:学生普遍认为劳动是能够带来益处的,如增强身体素质,培养责任感,提高动手能力,增进家庭关系等。

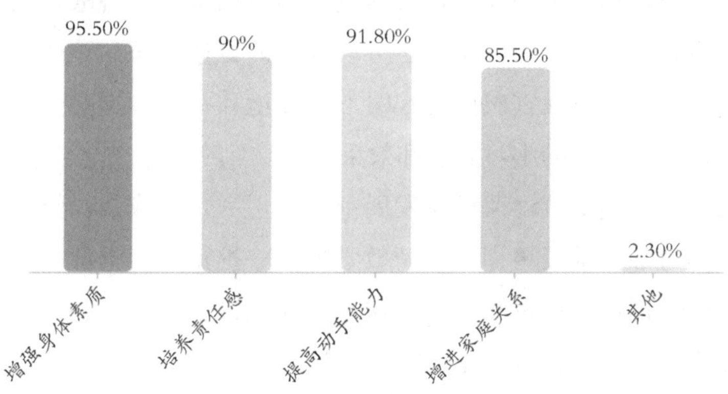

图 16 第 19 题柱状图

20. 关于你参加劳动活动,你家长的意见是什么?

完全没必要,只要学习好就行了( )

不支持不反对,没有意见( )

非常支持,创造条件让参加劳动( )

通过统计(见图 17)我们发现:大部分家长对于孩子参加劳动活动没有意见,占比达到 63%,说明家长观念里认为劳动活动对孩子的生活和成长没有影响;还有 30%的家长停留在非常保守的观念里,认为孩子学习好是第一位,其他都不重要;仅有 7%的家长更新了观念,认为孩子参加劳动活动是成长过程中很必要的一个环节,并且会为孩子创造条件。

通过调研我们发现:首先,在课程设置上,农村初中劳动课程已经逐渐得到重视,并融入日常的教学计划中。这些课程旨在通过实践活动,培养学生的劳动技能、劳动习惯和尊重劳动、热爱劳动的品质。课程内容通常包括日常生活劳动、生产劳动和服务性劳动等多个方面，旨在全面提升学生的劳动素养。

其次，在教学资源上，虽然农村地区的条件相对有限，但学校在劳动课程方面仍努力挖掘和利用各种资源。例如，利用校园内的空地开展种植活动，让学生参与实际的农业生产过程。

然而，农村初中劳动课程在实施过程中也面临一些挑战。一方面，由于师资力量有限，部分教师可能缺乏劳动教育的专业知识和技能，导致教学质量参差不齐；另一方面，农村地区的家庭环境和社会氛围对劳动教育的重视程度也可能影响学生的学习态度和效果。

总之，农村初中劳动课程在发展中取得了一定的成效，但仍需不断改进和完善。通过加强师资培训、创新教学方式、挖掘当地资源等措施，可以进一步提升劳动课程的质量和效果，这也是我们进行研究的初衷，从而为培养具有劳动素养的新时代青少年奠定坚实基础。

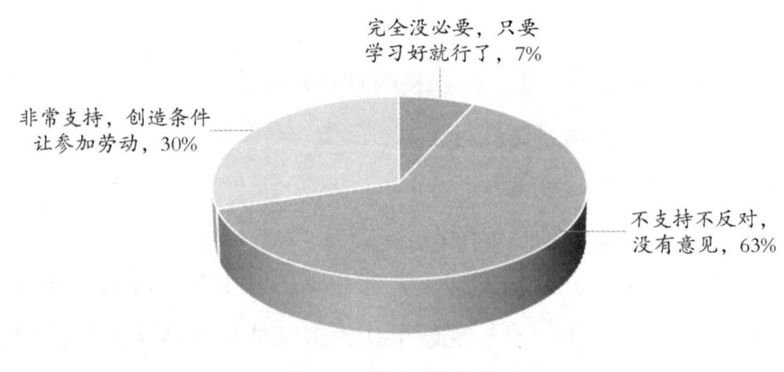

图 17　第 20 题饼状图

21.（略）

六、开放性问题

22. （略）

23. （略）

24. （略）

附录B 课题研究发表及获奖论文

农村中学劳动教育与“乡村振兴”的融合路径

北京市房山区南尚乐中学 申立菊

（北京市教育科学“十四五”规划“校本研究专项课题+基于‘乡村振兴’视域的农村中学劳动课程体系建构研究+CDBA21083”课题研究成果）

摘要：探索构建以“乡村振兴”为核心理念的农村中学劳动教育课程体系，经过两年的实践研究，课题组提出了将“乡村振兴”与学校劳动课程相结合的“三基于路径”。首先，以劳动素养为基础，开发课程内容；其次，结合学科素养，实现课程的融合实施；最后，围绕学生核心素养的发展，构建相应的评价体系。

关键词：融合；劳动课程体系

一、课题研究背景

（一）劳动教育与乡村振兴的历史使命

劳动教育不仅让学生深刻领会并构建马克思主义的劳动观念，而且能够激发他们对劳动的崇高感，培育劳动精神，并养成积极的生活习惯。为了加强乡村振兴战略，人才是关键的支柱。因此，培养青少年对农业的亲近感和热爱，必须从中小学阶段开始着手。

（二）“乡村振兴”与劳动教育实现融合式发展的可能性

在“十四五”规划期间，我国计划全面推进乡村振兴战略，引导更多资源和要素向乡村地区汇聚。劳动教育作为中国特色社会主义教育体系的核心组成部分，它深刻影响着未来社会主义建设者的劳动价值观、技能水平和劳动精神的塑造。因此，在设计劳动教育课程时，应与乡村振兴战略紧密结合，通过双方的积极互动，促进一种融合式的发展模式。

二、课题研究方法

（一）文献法

1. 国内研究现状

截至 2021 年 3 月 27 日，经过搜集与分析，我们共整理出 15 855 篇聚焦于“劳动教育”主题的论文。这些学术作品的研究焦点各异，涵盖了劳动教育的现状探讨、历史发展脉络、内涵与价值定位，以及实施方法和路径等多个维度。然而，当聚焦于特定的农村学校环境，并在新时代背景下审视劳动教育课程体系的构建，以及如何有效支持乡村振兴战略的具体路径时，相关研究显得相对匮乏。因此，迫切需要在理论指导的基础上，由农村学校自身开展深入的实践研究与探索。

2. 乡村振兴与乡村教育的观点归纳

乡村学校，作为乡村文化坚守的堡垒，唯有将其置于核心地位，才能有望彻底逆转乡村社会的荒漠化趋势。为了实现乡村文化的真正复兴与全面振兴，乡村学校的发展必须紧密贴合当地的实际情况，与当地居民的生活紧密结合，与农业发展同步进行。这样的策略，方能为乡村文化的复苏注入持久的生命力。

（二）问卷调查法

经过深入的调研，我们发现社会大众对“乡村振兴”与学校劳动教育之间联系的认知度仅为 20%，然而，高达 98%的人士期望学生能够投身乡村劳动，以此培养良好的劳动习惯、技能和观念。在家庭层面，家长对于孩子参与家务劳动的支持率达到了 100%。在学生群体中，有 86%表示愿意参与家务劳动，而愿意参与社会劳动的比例为 62%。至于不愿意参与的原因，62%的学生表示是因为缺乏时间，31%的学生认为自己不会操作，而感到劳动过于劳累的占 7%。

（三）行动研究法

采纳以问题为导向、实践为驱动的研究策略。通过研究与实践并行、总结与提升交替，以及不断变化以固化知识的方法，实现“理论指导实践与实践反哺理论”的良性互动，从而不断深化研究内容，并促进研究成果的开发。

三、课题研究成果

经过两年的深入研究，本课题成功破解了在“乡村振兴”战略背景下，如何构建农村中学劳动教育课程体系的难题，并提出了“融合”实施的“三基于路径”策略。

（一）基于劳动素养，开发农村中学劳动课程内容

1. 劳动素养

《义务教育劳动课程标准》（2022 年版）明确指出，劳动课程的核心目标在于培养学生的劳动素养。这一素养，涵盖了学生在学习和劳动实践中逐渐塑造的，既符合个人终身发展需求，又满足社会进步要求的正确价值观、必要品质和关键技能。它是劳动教育价值的集中展现，涵盖了劳动观念、劳动技能、劳动习惯与品质，以及劳动精神等关键要素。

2. “乡村振兴”与劳动教育融合的课程资源目录

（1）依据地域特色，劳动课程的实施区域涵盖社区、实践基地、家庭，以及学校等多个领域。

（2）各区域依据课程资源与学科间的联系，精心规划了多样化的课程设置，具体如下：

①社会资源，镇域葡萄种植园、文化特色突出的村落、蔬菜大棚、室外蔬菜种植基地、民宿、敬老院、福利院、森林公园、拓展基地、文化遗产保护地的拓片、浇筑、模拟考古等；②实践基地，区域固定的每个学校学生都可以去的实践基地，插花、茶道、榫卯结构制作、蛋糕等糕点制作、饺子等面点制作、剪纸、衍纸、缝纫、印刷、泥塑等；③家庭，学生所在的每个家庭，家庭日常清扫、小家电日常维护、衣物收纳、自己房间布置、烹饪菜肴、设计制作全家的一次早餐（午餐、晚餐）、家庭花卉种植、家庭盆栽设计及养护等；④校内，校内的学生实践基地、校内环境清扫、校内绿植养护、教室

内桌椅修理、木工等设计制作等。校内处处、事事均为课程资源。

在开发和利用课程资源时，我们必须挖掘与学科课程的内在联系，确保劳动课程与学科课程的教学内容能够无缝衔接，避免形成脱节的“两张皮”现象。我们不应仅仅为了添加劳动元素而加入劳动内容，而应在更高的教学目标指导下，巧妙地运用学科知识，将“乡村振兴”的理念与劳动课程资源相结合，进行创新性的课程设计。

3. 劳动课程内容及结构

依据《义务教育劳动课程标准（2022 年版）》，设置了三维九类 28 门劳动课程。

（1）三维：日常生活劳动、生产劳动、服务性劳动。

（2）九类：整理与收纳、烹饪与营养、家用器具使用与维护、农业生产劳动、传统工艺制作、工业生产劳动、新技术体验与应用、现代服务性劳动、公益劳动与志愿服务。

（3）28 门课程：清洁与卫生、整理内务、研旅行李箱整理与收纳、教室整理与美化、水果拼盘制作、面点创意制作、节日特色食品制作、社区居民饮食习惯和膳食结构调查、烹饪实践、电风扇拆装与清洁、冰箱清洁、小电器故障排除、耕园种植、家庭组合盆栽、泥塑、纸工、版画制作、丝网印刷、木工、3D 打印、机器人、镇域远足路线设计、研旅实践基地研学攻略、垃圾分类、社区节水宣传、关爱弱势群体、博物馆解说员、森林公园环境维护。

二、基于学科素养，劳动课程和学科课程融合实施

（一）融合实施的可能性

劳动教育，作为塑造品德、增长智慧、强化体魄、培养审美情趣的关键育人途径，承载着深远的教育意义。将劳动教育与学科课程相结合，不仅是培养德智体美劳全面发展的社会主义建设者和接班人的时代呼唤，也是教育发展的必然趋势。劳动教育与学科课程之间存在着深刻的内在联系，它们共享着共同的教育目标、相似的课程本质和互补的育人功能，这些共同构成了

融合育人的坚实基础，展现了其融合的潜力。

（二）实践中落实融合实施

从培养学科素养的角度出发，深入剖析学科劳动的关键要素，精准定位其交汇点，进而有效地推进课程的整合与实施。

1. 分析教材，在教学内容上进行融合实施

例如，在语文课程中，通过赞颂前辈劳动者的篇章，我们致力于培养学生树立正确的劳动价值观；在数学领域，我们运用面积计算的技巧，以精确测量学生亲手种植的实践基地；在生物学科，我们探索种子的萌发过程和栽培技术；在美术课堂上，我们运用艺术手法来展现劳动的美感。

2. 课题研究，解决问题，实践创新

在课题研究的中期阶段，来自八年级的学生们提出了一个创新的建议：能否开发一套室内体操，以应对恶劣天气条件下无法进行室外课间操的困境。对此，体育老师积极响应，组建了一个名为“农耕操”的专项研究小组。该小组旨在引导学生利用他们来自农村、对农耕生活有着深刻了解的独特优势，自主创作一套适合室内环境的体操动作。

《农耕操》开篇即序，共分为 6 节：松土、播种、插秧、浇水施肥、收割、丰收。每节由两个 8 拍组成。

三、课程实施

校外课程与学校德育、班团队活动和志愿服务的融合，共同构筑了学生在校内外的完整学习链条。这些课程被精心划分为必修和选修两个部分。

课程师资队伍由校内专职劳动教师、兼职劳动教师、课程资源基地的教师、具备劳动专业技能的师傅和热心的家长共同组成。

四、基于学生核心素养发展，建构劳动课程评价体系

在 2016 年，教育部颁布了中国学生发展核心素养框架，明确了学生为了适应终身发展和社会需求所必须具备的品格和关键能力。“乡村振兴”战略不

仅是构建现代化经济体系的关键基石，也是实现中华民族伟大复兴中国梦的必由之路。劳动课程的核心目的在于培育学生适应未来社会发展的正确劳动价值观，以及相应的必备品格和关键能力。基于这些目标，我们着手构建一套针对农村中学劳动课程的综合评价体系。

（一）评价原则

综合评估三重融合：将劳动过程与劳动成果相融合，实现定量分析与定性评价的互补，同时确保劳动素养与乡村振兴人才培养需求的紧密结合。

（二）系列评价

1. 面向课程研发的评价

采用定量评价，只有通过此项评价的课程才能列入学校课程计划。评价从课程纲要（55 分，含课程背景、课标确定、课程内容、课程评价）、课程实施（30 分，含教学态度、教学过程、教学评价）、课程价值（15 分）3 个维度，进行量化。优秀 90 分以上，良好 80—90 分，合格 60—79 分，不合格 60 分以下。良好以上纳入学校课程体系，合格以上良好以下进行改进，再评。不合格不通过。

2. 面向劳动与学科融合的课堂教与学师生自我评价

在融合课堂的教学与学习评价体系中，我们采用了定性与定量相结合的评价方法。一方面，我们设定了明确的评价标准，用以衡量课堂上的教学与学习行为。这些标准根据表现的不同，分别赋予 10、8、6、4、1 分的分值，确保评价的精确性。每项标准都包含 10 项内容，使得总分为 100 分，为教师和学生提供了清晰的评价框架。另一方面，我们引入了自评机制，允许师生通过填写自评表来描述自己在教学与学习过程中的表现。这种描述性评价旨在帮助师生自我反思，识别自身的不足之处，并分享宝贵的经验，以促进持续的个人成长和教学改进。

3. 面向劳动课程的教学评价

评价要素：劳动观念（劳动价值认识、尊重劳动、崇尚劳动）、劳动能力（劳动专业知识、劳动安全知识、解决问题能力、信息技术能力）、劳动习惯和品质（诚实守信、沟通能力、坚持不懈）、劳动精神（开拓创新、乐于奉献、吃苦耐劳）。每个要素评价以等级形式体现。评价者分别是基地课程教师、学校教师、学生个人和小组成员。评价最终结果用优、良、及格、不及格表示。评价只是手段，但通过评价能够看到劳动的质量，评价结果我们能够用来指导下一次的劳动实践活动。

五、“三基于路径”建构的劳动课程体系取得的成果

(一) 将乡村建设成为教学一体的场所

学校将劳动教育课程融入整体课程体系，成功推动了传统教学模式的迅速转型。学生们不仅能够学习并掌握比传统课堂更丰富的实用知识与技能，而且乡村为他们提供了广阔的实践平台。通过将课堂知识与生活实践相结合，学生们得以真正步入现实世界，促进其生存和发展技能的显著提升。

(二) 助力“减负提质”的真正落位

构建和实施劳动课程体系，我们坚持将教育与生产劳动紧密结合，强调知识与实践的统一，以及学习与思考的融合。这一做法点燃了学生的好奇心之火，培育了他们独立思考、自由探索和勇于创新的才能。通过学以致用，我们使书本知识变得生动，确保了深度学习的真正实现。

(三) 促进学生核心素养不断养成

学生感悟：参与此次农事体验活动后，我愈发热爱自己的故乡，并对村中世代辛勤劳作的长者们怀有更深的敬意。我开始认识到，从事农业并非羞耻之事，每一项农活儿都蕴含着不凡的意义。我渴望掌握现代农业耕作技术，并计划将来返回故乡，用所学知识建设我们的家园。

乡村振兴的推进不仅依赖于有力的政策扶持，更呼唤那些愿意投身于乡村建设的杰出人才。将“乡村振兴”与劳动教育相结合的课程设计，让学生能够全身心地投入农业生产与农村生活的体验之中，深刻体会从古至今劳动人民用双手创造价值的喜悦与自豪。这样的教育能够扭转一些农村孩子对农事劳动的偏见，培养他们对劳动的尊重，以及对辛勤工作的劳动者的敬意。

随着知识的积累，他们将来能够学成归乡，用所学知识回馈故土，为家乡的发展贡献自己的力量。

劳技与物理学科整合教学模式下提高学生科学素养初探

北京市房山区青龙湖中学　范桂明　李彤跃

摘要：基础教育的新课程改革正在迅速而全面地推进，其中“整合”概念在教育革新中扮演着至关重要的角色。特别是初中物理与劳动技术课程的融合，不仅基于两者之间广泛而紧密的联系，而且展现出勃勃生机。这两门学科的整合拥有坚实的基础，并且在探索其融合方式和路径的过程中，我们致力于最大化地发挥其优势，以期全面提升每位学生的科学素养。

关键词：劳技；物理；学科整合；教学模式；科学素养

我国的基础教育新课程改革正以迅猛之势全面推进，各种教育理念在此过程中激烈碰撞，迸发出智慧的火花。实践者们不断探索和尝试行之有效的方法和路径，使得教育事业充满活力和生机。近年来，“整合”这一概念在教育改革中得到了广泛的应用。例如，初中物理与劳动技术课程的结合，不仅基于两门学科之间广泛而紧密的联系，而且展现出强大的生命力，成为学生极为喜爱的课程之一。

一、两门学科整合的基础

“整合”一词，其核心意义在于结合、融合、集成，形成一个统一的整体。根据初中物理课程标准，“全面提升学生的科学素养”是科学教育的核心宗旨。为了达成这一目标，物理教学必须立足于学生的实际情况，点燃他们对学习的热情。学生对科学知识的探索，源于他们在日常生活中对自然界的直观体验，而不仅仅是对书本知识的机械记忆和被动接受。

同时，初中劳动与技术课程构建了一个以劳动教育为引导，技术教育为骨干，实际项目为支撑，探究学习方法为基础的学科体系。其中，“动手实践”是其核心所在。这两门学科的独特属性使得它们之间的整合显得尤为合理且必要。以实践和探究为主导的学习活动，是掌握科学知识的有效途径。亲身经历、动手操作和探究学习，正是劳动与技术课程的核心内容。

在物理课堂上，通过实验操作和实践活动，学生能够体验到学习科学的乐趣，提升科学探究的能力，并且掌握科学知识。在劳动与技术课堂上，学生在制作孔明灯、风筝、手掷航模飞机等蕴含丰富科学原理的小项目中，应用了众多科学理论，从而彰显了科学知识的实际价值和吸引力。可以说，初中物理与劳动与技术课程的整合，真正体现了“整合”的精髓：互利共赢。

二、两门学科整合的方式和途径

1. 在师资力量上的整合

学科间的师资整合，尤其是物理与劳动技术的融合，展现了显著的优势互补效应。物理教师在理论研究领域拥有突出的专业优势，能够为学生提供深入的科学知识，包括但不限于力学原理、电学规律和化学本质等。这些理论知识的掌握，只有通过实践操作，才能真正转化为学生的科学素养。与此同时，劳动与技术教师所具备的丰富实操技能，能够引导学生进入一个与传统课堂知识截然不同的探索领域。不同于传统的习题解答，劳动与技术课程鼓励学生大胆尝试，积极实践。这种“动手”与“动脑”的结合，无疑是教育领域中最为理想的教育模式。

2. 在教学资源上的整合

在初中物理教学中，构建一个连贯的知识体系至关重要。教学活动不仅应涵盖教科书、多媒体演示和网络资源，更应凸显实验室的核心作用。我们致力于将实验室转变为探索科学的主阵地，将实验活动作为学习科学的核心途径，并激励学生走进大自然的怀抱，去探索、验证课本知识，并寻求新的发现。劳动与技术课程中的实践操作恰好迎合了学生的这种探索欲望，激发他们思考与实践的热情。我们的实验室亦应成为劳动与技术教育的实践基地。

在学习电学知识时，学生们能够绘制电路图，但在实际操作方面却显得生疏。这是因为习题可以通过反复练习和错误分析来掌握，而实际操作的机会却相对有限。八年级的劳动与技术课程中包含的《电子技术》内容丰富，关键在于安装实践过程中，学生们能够获得丰富的感性认识，如各种电子元件、多样化的工具使用，以及线路板内错综复杂的线路连接等。这些资源的充分利用，能够显著促进学生将理论知识与实践相结合，从而获得深刻的理解。

如果我们遵循从课本知识讲授到实验室初步尝试，再到劳动与技术课实践操作的教学模式，充分利用各环节的教学资源，并实现它们之间的有效配合，那么教学效果的显著提升将是不言而喻的。

3. 在科学探究过程中的整合

在科学探索的旅程中，学生被鼓励提出问题、构建假设、执行实验或开展调查以搜集证据，随后得出结论。在这一过程中，通过观察来验证假设可能会催生新的问题。科学课程特别强调利用科学探索来促进主动学习，旨在通过培养学生的科学探究技能来达成教学目标。在这一系列环节中，提出问题尤为关键。然而，在实际教学中，我们常常遗憾地发现，学生最缺乏的正是提出问题的能力。他们习惯于解答问题，却不太擅长提出具有深度的问题。探究其原因，主要在于初中生缺少实践的机会，他们不知道如何观察事物，从而洞察其本质。

随着新课程改革的推进，物理课堂变得更加生动有趣，学生的思维开始拓展。因此，充分利用劳动与技术课程中的操作课程变得尤为重要，这无疑为学生提供了一个宝贵的锻炼机会。在科技小制作的过程中，问题会不断地涌现，这是一个循环往复的过程。无论是成功还是失败，都能让学生深刻体验到科学探索的真谛。在学生的整个学习生涯中，什么是最为关键的呢？无疑是思维品质的培养。对于那些既善于思考又勤于动手的人来说，世上几乎没有什么难题能够阻挡他们前进的步伐。

三、两门学科整合所体现的优点

整合这两门学科所带来的优势是显而易见的。初中物理，作为初中阶段的核心学科之一，涵盖了力学、光学、电学、热学和机械等领域。通过与初中劳动与技术课程的融合，学生的科学探究能力得以扩展至更广阔的领域，更具体的应用场景，甚至激发了他们课外的兴趣，进而提升了科学素养。同时，劳动与技术课程也因与物理的结合而增强了在学生心中的重要性。

尽管这门课程深受学生喜爱，但其所需的理论知识却极为全面，需要学生从书本中广泛吸收，以确保能够顺利完成各项操作。在实际教学过程中，我们遇到了许多有趣的现象。例如，在八年级第二学期的科学课本中引入了电和磁的知识，教师们注意到一个有趣的现象：男生通常比女生学得更快、更好，尤其是那些平时喜欢拆装小电器的男生。他们给老师的印象往往是顽皮、好动，但对事物的拆解和重组却异常熟练。相比之下，不少女生在进行电学实验时显得不知所措，往往只是旁观者。即使在老师的督促下尝试操作，也常常因为接线错误或螺丝未拧紧而导致接触不良。实践操作能力的不足直接影响了她们对科学知识的理解和掌握，更不用说灵活应用了。

在初中物理中，有许多抽象的知识点，如电学、力学、光学、压强与压力等，但这些知识与日常生活紧密相关。同样，在八年级的劳动与技术课程中，电学也是学生们喜爱的学习内容之一，如简单电路的制作。在两门学科老师的共同策划下，我们开展了以劳动与技术课中的投石车制作为载体的科学知识竞赛。大家都知道，要想让投石车投得更远、更稳，就必须解决一系列科学问题，如如何在杠杆与车体连接处减少橡皮筋弹力的损耗，以及如何通过力学结构支撑来增强车体的牢固程度，从而控制平衡并减少因震动造成的能量损耗。在这样的研究过程中，学生们不断发现新问题，并逐渐形成了一个有趣的现象：在物理课堂上提出问题，找到理论依据，然后在劳动与技术课堂中应用这些理论来获得验证。

在投石车大赛期间，学生们利用课间甚至放学后的时间积极讨论，发挥创造力以求胜出。最终，那些曾经“手忙脚乱”的女同学也出现在了胜利者之中。这表明，许多学生都具有巨大的潜力，只是缺乏锻炼的机会。

通过开展投石车大赛、桥梁承重等实践活动，我们收获颇丰。学生们对科学的关注度显著提高，学习课本理论变得生动有趣，动手能力得到了显著提升，包括那些平时看似与实践无缘的“先生”和“小姐”。同时，劳动与技术课堂上也涌现出许多优秀作品，一些作品在各级科技比赛中获奖。有些学生原本成绩平平，却能在区级比赛中获得一等奖，这极大地激发了他们对成功的渴望，在后续的学习中表现出了极大的激情和自信。

四、两门学科在整合中出现的问题

首先，我们必须认识到，在两个学科的学期进度中，并非总是能够完美同步。例如，某些物理理论知识的掌握进度似乎难以与实验操作的开展保持一致，这显然需要不同学科教师之间加强沟通与协作。

其次，两门学科在学校整体实力上的悬殊差异显而易见，无论是在师资力量还是校方的重视程度上。

最后，整合过程对教师个人素质的要求显著提升，这要求开展校本教研培训，或者更理想的是，进行区级乃至更高级别的专业培训活动。这些活动的实施代表了一种新的尝试，自然伴随着一定的挑战。

在我们自身的教学实践中，我们观察到并思考了上述内容。科学，作为一门建立在实践之上的学科，我们深信物理与劳动技术课程之间存在诸多交集。我们渴望继续探索这一富有意义的整合尝试，致力于全面提升每位学生的科学素养。

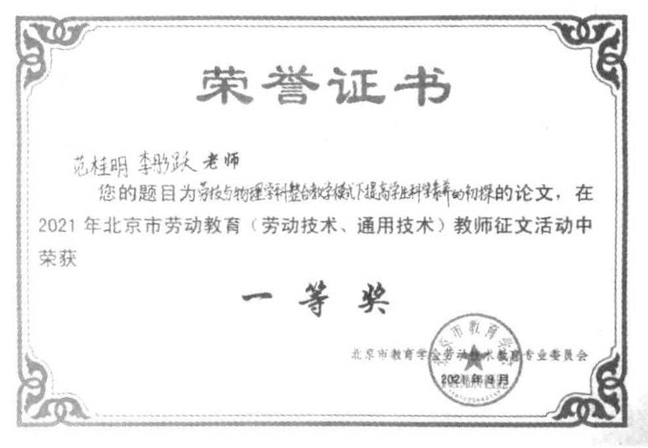

荣誉证书

范桂明 李彤跃 老师

您的题目为劳技与物理学科整合教学模式下提高学生科学素养的初探的论文，在2021年北京市劳动教育（劳动技术、通用技术）教师征文活动中荣获

一等奖

北京市教育学会劳动技术教育专业委员会

范桂明和李彤跃老师的荣誉证书

中学劳动学科学具的设计与开发

房山区教师进修学校　吴瑕

劳动学科，作为初中新课程体系中的重要组成部分，对学生全面成长、技能塑造、价值观构建和未来生活准备等方面发挥着深远的影响，其学科价值不容小觑。然而，在这一课程欣欣向荣的发展进程中，与之配套的学具开发却显得相对滞后。这一现象背后的关键因素在于，一线教师在学具开发方面的意识和策略尚显不足。为了确保劳动学具的开发既满足教学需求又遵循教育规范，同时有效激发学生的实践与创新能力，我们必须从多个维度出发，进行综合考量。

一、劳动学具设计的策略

（一）明确教学目标与学生需求

《义务教育劳动课程标准（2022 年版）》（以下简称“课标”）明确指出：“劳动课程的核心在于让学生直接体验和亲身参与，强调动手实践与思维运用相结合，倡导知行合一、学创融通。通过‘做中学’和‘学中做’的方式，激发学生的主动性、积极性和创造性。课程注重引导学生从实际生活需求出发，经历完整的劳动实践过程，包括亲历情境、亲手操作和亲身体验，从而避免单一、机械的劳动技能训练，以及简单枯燥的劳动知识讲解和缺乏实践的泛泛考察探究。课程还强调通过设计、制作、试验、淬炼和探究等多样化方式，使学生获得丰富的劳动体验，掌握劳动知识与技能，深刻感悟劳动的价值，并培育劳动精神。”[①] 因此，劳动学具的设计应当支持学生进行多元化的劳动实践，特别关注在设计、制作、试验和探究等环节中为学生提供辅助。深入领会劳动学科的课程标准，明确不同阶段学生应掌握的知识和技能，是学具设计的根本。

---

① 中华人民共和国教育部：《义务教育劳动课程标准（2022 年版）》，北京师范大学出版社 2022 年版，第 1 页。

我们必须深入探究学生的需求，从他们真实的生活和生产问题出发，设计出恰当的学习项目和劳动学具。通过问卷调查、访谈等多种方式，我们能够掌握学生对于劳动课程实践项目、探究活动和学具的期望和需求，确保开发的学具能够点燃学生的学习热情和积极性。此外，让学生在真实情境中解决实际问题，有效推动学生自主探究学习，这些也是学具设计时必须重点考量的因素。

（二）注重科学性、实用性和安全性

首先，学具的设计必须根植于科学原理，以确保实验数据的精确性和知识的正确性，从而避免对学生造成误导。例如，为了促进学生对其制作的桥梁模型进行设计改进，教师应提供测试不同材料拉力和压力的学具。学生能够通过实验，直观地比较不同材质、粗细、截面形状的材料所能承受的最大压力（或拉力），这样的数据对比有助于学生构建相应的物理知识体系。其次，学具的设计应强调实用性，确保学具易于操作，并能直观地展示原理或辅助学生实践，以便学生能够迅速在实践中学习和掌握知识。例如，为了阐释面包板的使用方法，教师可以制作放大版的面包板和电子元件，这些学具使得教师在黑板上的演示和讲解更为便捷，同时也便于学生观察。最后，安全性不容忽视。鉴于劳动学科具有极强的实践性，必须确保学具在使用过程中不会对学生造成伤害，并且符合安全标准。

二、劳动学具开发案例

在“抗震小屋”设计制作项目的基础上，我们的团队着手打造了“抗震测试仪”项目。接下来，我将从创意的诞生、方案的构思、原型的构建和试验的精细化优化等几个维度，详细阐述这一劳动学具的开发过程。

（一）基于需求，初步构思

首先，劳动课程的学习活动涵盖了众多技术试验与测试。在新课程改革理念的指导下，劳动课程推崇基于项目的探究式教学方法。学生被鼓励发现并解决现实生活中遇到的问题，通过一系列技术实践环节，如探索、作品设

计制作、技术试验和优化测试，来提升他们的核心素养。学生的创作不应仅限于外观设计，更应着重于功能的实现。本学具旨在辅助学生进行技术试验或测试，以改进他们的技术作品。

其次，目前在结构稳定性测试方面，相应的学具较为稀缺。对于众多项目作品，如桥梁模型和悬臂梁，需要通过强度和稳定性测试来进行评价。虽然存在一些成熟的强度测试工具，如承压测试仪，但在结构稳定性测试方面缺少相应的学具。上学期，为了深入探究结构的强度与稳定性，我们设计了“抗震小屋”项目，并同步开发了震动测试平台。

（二）围绕项目，设计方案

针对上述问题和需求，我们参考了书中介绍的国外 STEM 项目（见图 1）[①]，并利用木条和 KT 板打造了我们的第一代简易震动测试装置（见图 2）。尽管这个装置结构简单，但其测试效果令人满意，有效协助学生完成了“抗震小屋”项目的测试工作。然而，在实际应用过程中，我们也发现了一些缺陷：一是底板强度不足，在后期测试中出现了破裂（KT 板）；二是当作品顶端的砝码过重时，中间槽的底部会与底板接触，在震动过程中产生摩擦，这严重影响了中间空槽的震动效果。针对这些问题，我们对装置进行了改进，增加了外槽的高度，并尽可能地使中间槽悬空。此外，我们在中间槽底部与悬空槽底板之间加入了 4 根弹簧，显著提升了震动效果（见图 3）。教师可以根据具体需求选择使用一组、两组或三组弹簧，并且可以根据项目测试的具体要求更换不同弹力的弹簧。

① 亚当．马尔提斯：《震动、摇晃、最好别塌——地震和建筑设计探究》，埃里克．布伦赛尔、周雅明、王慧慧译，载《在课堂中整合工程与科学》，上海科技教育出版社 2015 年版，第 118—123 页。

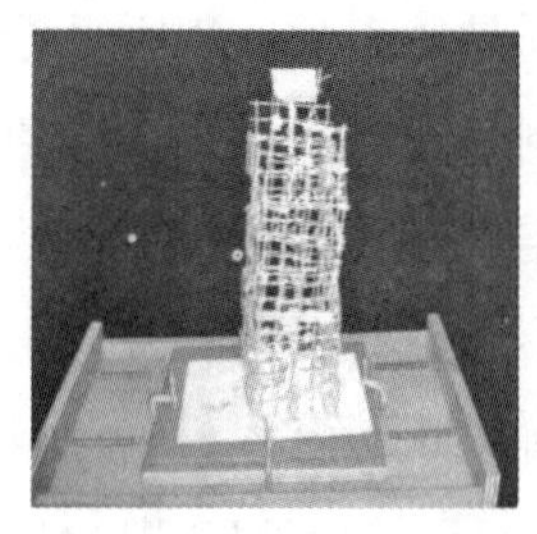

图 1　国外 STEM 项目

图 2　简易震动测试装置

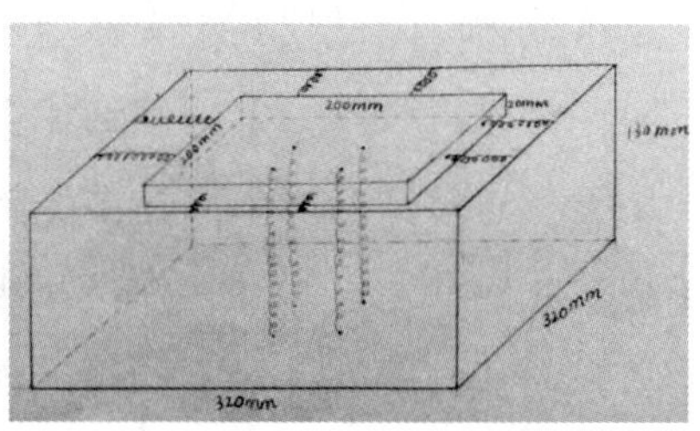

图 3　草图

(三) 运用新技术，制作学具

根据草图，可以用 3Done 软件将主要零件建模（见图 4），并用 3D 打印机打印，最终组装成成品（见图 5）。

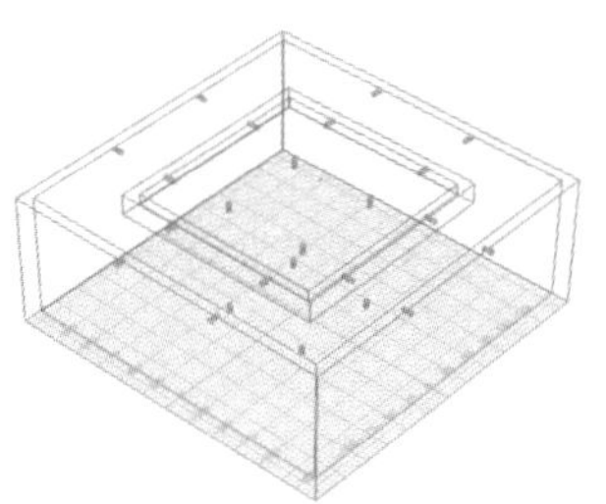

图 4　建模

图 5　组装成品

(四) 试验测试，优化改进

经过一系列的测试，这款简易震动测试仪基本上满足了“抗震小屋”项目的测试标准。然而，作为一款基础的震动检测设备，它仍存在诸多不足之处，亟待进一步的优化与改进。具体来说，存在的问题包括：一是中心槽的尺寸偏小，对于尺寸超过 20 厘米×20 厘米的模型难以进行有效固定；二是每次震动的强度都有所不同，且无法精确量化震动的力度。尽管我们已经准备了不同弹性的弹簧组以适应不同模型的测试需求，但更换弹簧的过程显得烦琐。

这款震动测试仪在于实际教学中的应用成效显著，具体表现在以下几个方面：首先，教学与实用性的完美结合，该测试仪的制作过程简便，操作直观易懂，非常适合用于评估学生构建的结构模型的稳定性，其应用价值不容小觑。此外，通过螺丝将弹簧与板件相连，使得更换不同弹力的弹簧变得轻而易举，从而能够针对不同稳定性标准的结构进行精确测试。其次，科学性与创新性的双重体现，尽管市场上已有的结构强度测试工具（如承压测试仪）已相当成熟，但专门针对结构稳定性的测试工具却相对稀缺。本学具正是在现有工具的基础上进行的创新改进，不仅体现了科学性原则，而且在创新性方面也有所突破。

附件C 获奖校本课程

传承红色基因 坚定理想信仰

——融入劳动元素的研学旅行课程

一、课程设计背景

为了庆祝祖国70周年华诞，深入贯彻党的十九大精神及全国教育大会的指导方针，我们致力于落实立德树人的核心任务。此举旨在培育学生深厚的爱党、爱国、爱人民情感，增进他们对中国革命文化的了解，同时强化对中国特色社会主义道路、理论、制度和文化的自信。我们引导学生深刻理解社会主义核心价值观的内涵与实践要求，培养他们良好的政治素养。此外，我们还着力提升学生的国家认同感和社会责任感，激发他们的创新精神与实践能力，以促进学生核心素养的提升和全面成长。为此，学校特别开设了“红色之旅”研学旅行课程，为学生的成长奠定坚实的思想基础。

二、课程设计思路

本课程依托房山区平西抗日根据地和北京市房山区黄山店红色背篓两大红色教育基地，作为现场教学的宝贵资源。通过在博物馆内的深入讲解、现场的参观学习，以及聆听史学家的生动讲解和实地考察，本课程旨在引导学生逐步理解从抗日战争时期英烈的英勇牺牲到和平年代楷模的无私奉献精神，从而实现对学生价值观的深刻教育。

课程内容共分为5个部分：第一部分是“追忆平西”，缅怀历史；第二部分是“抚慰英灵”，向先烈致敬；第三部分是“再现烽火”，重现历史的硝烟；第四部分是“红色背篓”，体验革命传统；最后是“薪火相传”，传承革命精神。

三、课程目标

在旅途中，我们亲手制作一朵小白花，以寄托对烈士的哀思；细心擦拭墓碑，背上背篓体验攀登山路送货的艰辛；通过查阅资料、参观主题展览、阅读墓碑上的铭文，深入分析历史事件，这些活动旨在培养学生的价值认同、责任感、创新能力和解决问题的能力。研学课程让学生深刻体会到，一个国家、一个民族必须拥有不灭的灵魂，坚定的理想信念是不可或缺的；只有坚守信念，我们才能巩固民族精神的根基，铸造理想信念的灵魂，培养社会主义核心价值观的源泉，磨炼报国的技能，成为习近平新时代中国特色社会主义事业的合格建设者和坚定接班人。

四、课程实施对象

初三年级所有学生。

五、课程实施过程

（一）课程资源简介

1. 平西抗日根据地

在这片古老而广袤的中国大地上，悠久的历史文明孕育了深厚的文化底蕴。勤劳智慧的中华儿女，以双手为笔，绘制出一个又一个辉煌灿烂的文明篇章。然而，1931 年，日本帝国主义的铁蹄踏破了和平的宁静，“九一八事变”爆发，引发了侵华战争，中华民族陷入了前所未有的民族危机之中。在这一民族存亡的紧要关头，中国共产党勇敢地举起了抗日救亡的大旗，肩负起了抗击民族敌人的历史使命。

平西，在抗日战争的烽火岁月里，成为北平地区赫赫有名的抗日堡垒。它不仅是一条连接敌占区与晋察冀边区的关键通道，更是晋察冀抗日根据地不可或缺的一环。1938 年 2 月，遵照毛泽东同志的英明指示——“以雾灵山为依托，开展游击战争”，晋察冀军区以第一支队三大队为核心力量，组建了邓华支队，勇敢挺进平西，从而开辟了这一片抗日的热土。在邓华、萧克等杰出将领的领导下，30 万平西人民与日军展开了不屈不挠的斗争。在这场艰苦卓绝的抗争中，数万名革命先烈英勇献身，他们的壮烈牺牲，谱写了一曲曲悲壮而感人的英雄赞歌。

2. 平西抗日战争纪念馆

新馆的总建筑面积达到 4350 平方米，其中展览面积为 2500 平方米。展览内容被细分为 8 个部分，共展出了 316 幅图片和 268 件文物。众多展品首次向公众亮相，它们从多个角度和侧面展示了全国抗战的形势，以及晋察冀抗日根据地的建立过程，特别突出了平西抗日根据地创建和巩固的完整历程。馆内陈列的大量实物和照片生动地再现了那个战火纷飞年代，平西根据地军民如何英勇抗敌、浴血奋战的悲壮历史。

展览内容涵盖了“日本帝国主义对中国的侵略”“抗日民族统一战线的建立及八路军奔赴抗日前线”“《论持久战》的发表”“晋察冀抗日根据地的创建”“平西抗日游击战的开展与根据地的开辟”“巩固平西、坚持冀东、开辟平北”“平西根据地居民的艰苦斗争”和“平西根据地的发展扩大与抗日战争的胜利”等 8 个主题部分，展出了上百件图片和文物。这些展品从不同历史时期展示了平西抗日根据地的党、政、军、民，在中国共产党的领导下，为开辟、巩固和发展平西根据地，坚持敌后游击战争，支持全国的抗日战争所进行的艰苦卓绝、英勇不屈的斗争，以及为此付出的重大牺牲和做出的重要贡献。

3. 平西抗日烈士陵园

位于十渡镇十渡村的平西抗日烈士陵园，距离北京市中心约 90 公里，占地逾 5 万平方米。这里，叶剑英、彭真等革命先驱留下了他们战斗的痕迹。为了纪念这些烈士的不朽精神，人们陆续建造了烈士纪念碑、平西抗日纪念馆和百座烈士碑林。纪念馆的展厅内，收藏并展示了超过 3000 件珍贵的历史资料，包括实物、诗稿和照片等，它们共同诉说着那段波澜壮阔的历史。

4. 红色背篓精神纪念馆

红色背篓精神纪念馆坐落于房山区黄山店新村的东北边缘，紧邻夹括河的右岸。其展厅的使用面积约为 2000 平方米，而展览空间则覆盖了 500 平方米，足以容纳多达 500 名参观者。自 2018 年 3 月起，该馆开始着手展陈布局，经过多次深入的研讨与细致的修改，终于在 2019 年 2 月基本完成了整个布展工作。

纪念馆的布展结构以“红色背篓”为核心，贯穿“坚决听党话，坚定跟党走，坚持为人民”的精神主旨。通过图文展板、文物展示、实景复原和音像宣教等多种形式的综合运用，引领参观者穿越时空，重返那个充满背篓精神的年代，接受一次深刻的精神洗礼。

5. 坡峰岭红色背篓实践基地

房山区的黄山店村新近推出了 4 条“重走背篓路”徒步体验线路，每条线路都蕴含着丰富的历史意义和挑战。这 4 条线路分别是：从背篓商店的原址出发，一路前往涞沥水村，全程 6 公里；从背篓商店原址出发，抵达长流水村，全程 10 公里；从背篓商店原址出发，直至泗马沟村，全程 15 公里；从背篓商店原址出发，最终到达葫芦棚村，全程 18 公里。参与者在重走这些背篓路的过程中，将深入了解“红色背篓精神”的历史背景，亲身体验在崎岖山岭中跋涉的艰辛与坚持，从而传承和弘扬红色背篓精神。

(二) 课程实施环节

1. 学校至平西途中

内容：学生制作小白花。

设计意图：通过设计制作，以寄哀思。

2. 平西抗日战争纪念馆

内容：听讲解、参观、建团建队。

设计意图：了解平西人民在中国共产党领导下抗击日军侵略的史实，感受先烈为民族利益奋不顾身的爱国主义精神，树立和培养爱国主义精神和民族责任感。

3. 平西烈士陵园

内容：听史学家讲历史、为烈士献花、擦拭墓碑、收集墓碑上烈士事迹、发表感言。

设计意图：感悟先烈精神，感悟现在生活的来之不易，懂得珍惜，明确奋斗目标。

4. 黄山店红色背篓精神纪念馆

内容：黄山店村书记介绍红色背篓精神的发起人——60 年前房山区黄山店“背篓商店”的王砚香的事迹。参观纪念馆、观看“背篓商店”的纪录片。

设计意图：随着改革开放的深入，供销社逐渐被私营商店所取代，背着背篓上山送货的传统方式也成为历史，但为人民服务的背篓精神要传承在每一个后来人的骨子里。

5. 坡峰岭实践基地

内容：背上背篓，放上书本，重走背篓送货之路。

设计意图：真正理解为人民服务的精神实质，一心为他人着想的高尚品质，并践行这个责任和义务。

6. 住宿地

内容：完成《红色之旅》研学手册、小组讨论今天所得。

7. 学校

内容：完成一篇以红色之旅为主题的文章、完成对平西抗日根据地的研究报告。

设计意图：提升问题解决的能力，培养学生对历史的认识和对现实的再理解，并把这种理解运用到自己的学习生活中。

（三）课程评价

同学们，请你根据活动中的实际情况，对自己进行以下内容的反思。要求语言简洁、真实。

课程评价表

活动态度		反思
1	积极参与活动准备	
2	活动中主动实践探究	
3	与他人合作愉快	
4	珍惜实践环境	
5	按时完成任务	
知识学习		
1	清晰地知道自己的学习任务	
2	积极探究获取知识	
3	能通过分析资料获得知识	
4	对问题有自己的认识和观点	
5	主动思考知识之间的关联	
能力发展		
1	能独立设计活动方案	
2	能选择恰当的考察方法解决问题	
3	及时收集研究所得并进行分析	
4	能主动与别人交流、分享	
5	考察有阶段性的成果	
指导教师寄语		

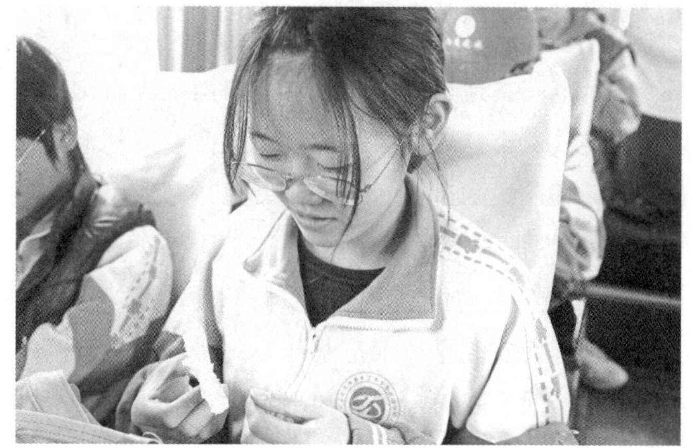

研学组图

附录 D 优秀课程资源

优秀课程资源基地简介

在“乡村振兴”战略的背景下，针对农村中学劳动教育课程体系的构建研究课题，正致力于课程资源的开发与共享。随着基地课程与学校教育的融合日益深入，校内外课程之间的衔接也变得更为紧密。接下来，让我们聚焦于辛庄林下经济示范园这一校外课程资源基地的详细介绍。

一、辛庄林下经济示范园基地简介

辛庄林下经济示范园基地，坐落于北京市房山区大石窝镇辛庄村，占地广阔，其中林地覆盖 616 亩，耕地面积超过 400 亩。该基地不仅是北京市农林科学院林下种养循环模式的试验示范基地，也是其专家工作站所在地。自 2021 年 9 月起，园区荣获国家林草局授予的“国家林下经济示范基地”称号；2024 年 1 月，它又荣获“国家级生态农场”的殊荣。此外，2022 年园区还被授予“首都巾帼现代农业科技示范基地”称号，并被评为市级生态农场和市级科普教育示范基地。同年，北京油鸡和北京油鸡蛋也通过了农业农村部的有机农产品认证，成为北京油鸡农产品地理标志的使用单位。到了 2023 年 9 月，园区再次获得肯定，被评为“北京市休闲农业星级园区”。

在 150 亩的林下土地上，我们精心种植了菊苣和苜蓿等高品质牧草，同时放养了 5000 只北京油鸡，采用低密度生态养殖模式。林地内建有 14 个现代化的食用菌大棚，其中展示了榆黄菇、黄伞、大球盖菇、猴头菇等 13 个新品种的高效安全栽培技术。此外，我们还种植了 50 亩兼具观赏和食用价值的花卉，如百合、菊花、玫瑰等。在 300 亩的林下土地上，我们还种植了射干、桔梗等中草药。2021 年，该企业的总产值达到了 1281 万元，成功打造了一个融合林业景观、科研教育、生产采摘和休闲观光的现代农业生态科普园。

辛庄林下经济示范园组图

二、辛庄林下经济示范园与南尚乐中学共建课程结构及内容

构建辛庄林下经济示范园课程内容，我们遵循了双依据原则。这两个依据分别是：学校劳动教育课程的框架和林下经济示范园基地的现实条件。课程内容被精心划分为 4 个主要领域，包括观摩课程、体验课程、探究课程和科技课程。

林下经济示范园课程结构及内容（暂定）

课程领域	观摩课程	体验课程	探究课程	科技课程
课程内容	1. 林下经济示范园参观 2. 露营基地观摩	1. 菌类种植（榆黄菇、黄伞、大球盖菇、猴头菇等） 2. 花卉种植（百合、菊花、玫瑰等花卉） 3. 中草药种植（射干、桔梗等） 4. 采摘课程 5. 包装课程 6. 厨艺课程 7. 基地采风 8. 基地摄影	1. 林下种植循环模式研究 2. 花卉食用营养价值研究 3. 北京油鸡养殖研究 4. 林下废弃物处理研究 5. 包装盒设计研究 6. 基地区域规划研究 7. 露营及休闲区域设计研究 8. 基地宣传区域及设施规划研究	1. 无人机巡视 2. 线上销售

三、学生实践心得体会

人类与自然的和谐共处

作者：南尚乐中学初二（1）班 高奕晴

指导教师：南尚乐中学教师 徐宗兰

在一个阳光灿烂的早晨，我们一群学生从校园出发，前往林下经济示范园进行参观。一路上，我们对即将参与的活动充满期待，不到10分钟的车程，我们抵达了目的地。

一踏入基地，我立刻被这里先进的设施和浓郁的自然氛围所吸引。我参观了油鸡养殖区，目睹了众多油鸡在园中自由觅食和栖息。它们不仅为这片土地注入了生机，也展现了生态多样性。这是自然界中一种精妙的平衡。养殖基地的负责人向我阐述了如何通过科学的饲养方法，确保油鸡种群的健康繁衍，同时维护它们的栖息环境。这正是油鸡肉质鲜美、蛋品营养价值高的原因。这种对生态平衡的重视和保护，让我深切体会到人类与自然和谐共生的重要性。

接下来，我们参观了蘑菇种植基地。棚内弥漫着湿润而闷热的空气，一排排整齐的菌棒上孕育着生命的奇迹。我们目睹了各种菌类的生长过程。工作人员向我们详细介绍了蘑菇从培养菌种到最终收获的整个过程，每个环节都彰显了科技的力量和对自然规律的尊重。此外，我们还亲自体验了种植蘑菇的过程，手持铁锹在湿润的泥土中挖出小坑，将菌棒掰成小块埋入土壤，然后填平坑洞，静待蘑菇的生长。

这次深刻的自然体验让我深刻认识到，无论是蘑菇种植基地还是油鸡养殖基地，都是人类智慧与自然力量相结合的典范。它们不仅生产了丰富的农产品，更重要的是，它们向我们展示了如何与自然和谐相处，如何在发展的同时保护我们的生态环境。我希望未来能有更多人有机会亲身体验这样的自然之旅，感受科技与自然和谐共生的魅力，并共同努力保护我们的地球家园。

家乡现代化农业让我骄傲自豪

作者：南尚乐中学初二（2）班　刘武晴

指导教师：南尚乐中学教师　徐宗兰

在学校的林下经济参观活动中，我获得了一次极为宝贵且令人印象深刻的体验，深刻感受到了中国林下经济的无限潜力与显著优势。

此次参观，蘑菇和油鸡是我们的重点关注对象。走进蘑菇种植区域，仿佛置身于一个神秘的菌类世界。一丛丛、一簇簇的蘑菇从菌包中探出头来，有的洁白如玉，有的褐如泥土，形态各异。从培育菌种的实验室到智能化的控温控湿大棚，每一个环节都展现了现代科技与传统种植经验的完美融合。工作人员详细介绍了蘑菇的品种、生长环境要求和市场销售情况，让我们对这一产业有了全面而深入的了解。我们不仅参观了各种蘑菇，还在工作人员的指导下亲自体验了种植蘑菇的过程，体验感十足！

在油鸡养殖区域，又呈现出另一番生机勃勃的景象。油鸡们在林下自由穿梭，觅食昆虫与青草。养殖人员讲解到，他们采用了生态养殖的方式，既保证了油鸡的品质和口感，又能实现对林下资源的合理利用。鸡舍的科学设计确保了周围没有任何异味，饲料的精心调配让油鸡们长得肥肥胖胖，以及严格的疫病防控措施，都显出了养殖工作的专业和精细。

在整个参观过程中，小组合作发挥了至关重要的作用。小组成员们各司其职，有的负责与工作人员交流沟通，获取关键信息；有的专注于记录数据和观察细节，不遗漏任何一个重要环节；老师们则用相机捕捉精彩瞬间。大家相互协作、互相支持，使得参观工作得以顺利、高效地完成。

通过这次参观，我们真切地感受到了中国林下经济的美好前景。它不仅充分利用了林下土地资源，实现了农林牧的有机结合，增加了农民的收入，还对生态环境保护起到了积极的推动作用。

我们将把此次参观的所见所闻所感分享给更多的人，让大家了解中国林下经济的发展成就，为其进一步推广和发展贡献我们的力量。这次林下经济参观活动是一次知识与实践的盛宴，让我们对中国农业的创新发展充满了信心和期待！

人类智慧与大自然的慷慨完美融合

作者：南尚乐中学初二（3）班 马骄
指导教师：南尚乐中学教师 徐宗兰

几天前，我有幸参与了学校组织的林下经济参观活动。这次经历不仅加深了我对林下经济的理解，还激发了我对这种可持续发展经济模式的浓厚兴趣。以下是我参观后的感悟。

林下经济是指利用林地资源、林下空间和森林生态环境，开展林下种植、养殖、产品加工和森林旅游等产业，旨在提升林地、劳动和资金的生产效率。在参观之前，我对林下经济的认识仅停留在字面上。然而，当我亲身踏入那片土地，我才真正领略到林下经济的独特魅力。

正值中午时分，阳光透过树叶的缝隙，在地面上洒下斑驳的光影，宛如大自然的抽象画作。在树荫下，我看到了各种菌类、作物、药材，以及成群的北京油鸡。人类的智慧与自然的慷慨在这里完美融合，共同营造出一个充满活力而又和谐宁静的生态环境。这片森林不仅是自然的宝库，更是人类与自然和谐共处的生动例证。

在参观过程中，我详细了解了林下经济的多种经营模式。一些地方利用林下空间种植菌类，提高了土地利用率并促进了相关产业的发展；另一些地方则发展了养殖业，如我所见的众多鸡只，它们不仅享受了良好的生活环境，还提升了农产品的品质和产业的发展。此外，修剪的林木枝条被粉碎用作种植食用菌的基质，而食用菌的废弃物又可作为林下牧草或林木生长的营养来源，甚至可作为水产饲料。

这次参观让我深刻认识到林下经济的重要性，并从中获得了宝贵的启示。我相信，将可持续发展的理念融入我们的日常生活，我们每个人都能为社会的发展贡献自己的力量。

一次难忘的社会实践活动

作者：南尚乐中学初二（4）班　赵思涵

指导教师：南尚乐中学教师　徐宗兰

那是一个阳光灿烂的日子，温暖的阳光缓缓地从地平线上升起，它的光芒也随着升起的太阳洒向大地，带来了新的一天的光明。我和同学们踏上了前往郊外养鸡场的旅程，心中充满了对这次社会实践活动的好奇与期待。这次活动不仅是一次亲近自然的机会，更是一次深入了解农业生产、体验劳动乐趣的宝贵经历。

我们到达了活动地点，许多有趣的事情等待着我们去探索，但最吸引人的莫过于养鸡场了。刚踏入养鸡场的大门，一股混合着青草和鸡粪的特殊气味迎面扑来，将我们从城市的喧嚣中带入了质朴的乡村生活。养鸡场的负责人热情地迎接了我们，并简要介绍了养鸡场的基本情况，包括养殖规模、品种选择、饲养管理等知识。听着这些生动的讲解，我意识到养鸡并非简单的喂食与收蛋，它蕴含着丰富的科学知识和精细的管理艺术。

首先，养鸡场的规模化和自动化程度让我深感震撼。在一排排整齐的鸡舍内，各种自动化设备一应俱全：自动喂食系统、饮水系统、温控系统、通风系统和粪便清理系统，这些高科技设备的运用极大地提高了养殖效率，同时确保了鸡只的健康与舒适，为它们提供了最适宜的生长环境。

此外，养鸡场对环保的重视也给我留下了深刻的印象。他们采用先进的污水处理技术，确保排放的水质达到国家标准；同时，鸡粪等废弃物也被有效利用，作为有机肥料或生物质能源，实现了资源的循环利用。

另一个有趣的体验是种菌菇。我小心翼翼地剪开菌包，好奇地闻了闻，一股奶香味扑鼻而来。随后，我们按照种菌叔叔的指导，将菌菇掰成小块埋入土中。虽然我只是参与了种菌菇的第一步，但我相信我种下的菌菇也能慢慢长大。

这次参观不仅增长了我的见识，也让我对养鸡业和园艺业有了更加全面和深入的理解。这次养鸡场的社会实践活动，让我学到了许多关于养鸡的知识，种菌菇也让我体会到了劳动的艰辛与价值，增强了我对农业、对农民的敬意。未来，我期待有更多类似的体验活动，用科技的力量推动农业和畜牧业的可持续发展，为我们的生活带来更多的美好与可能。

这段宝贵的记忆将激励我勤奋学习，努力成为一个对社会有用的人。

科普知识——林下食用菌

科普知识——林下废弃物处理

科普知识——林下草地养鸡

食用菌仿野生栽培

花卉剑兰种植

后　记

“基于‘乡村振兴’视域的农村中学劳动教育课程体系建构”是北京市教育科学“十四五”规划2021年度校本研究专项课题“基于‘乡村振兴’视域的农村中学劳动教育课程体系建构研究”的核心成果。

乡村振兴战略，作为党的十九大中一项关键的决策部署，于决胜全面建成小康社会的关键时刻应运而生。它涵盖了产业振兴、生态振兴、文化振兴、人才振兴和组织振兴五大核心领域。迈向社会主义乡村振兴的道路，不仅依赖于政策的扶持，更亟需众多愿意投身于乡村建设、能够深入扎根于乡村，并具备建设乡村能力的人才。

脱贫攻坚战的胜利，揭示了一条宝贵的教训：必须培育一群愿意深入农村、扎根基层的人才。引导学生深入农村，亲身体验农耕活动，沉浸于农业生产之中，深刻感受农村生活的韵味，以及传统文化的深厚底蕴。通过这样的实践，学生能够树立起吃苦耐劳和勤俭节约的理念，培养出坚韧不拔、勇于面对挑战的性格，以及团结协作的团队精神。同时，劳动教育还能激发学生深思熟虑、博学多识的潜能，以及朴实无华、积极向上的品质。这样的教育对学生而言，无疑是一笔宝贵的财富。

在2018年9月10日的全国教育大会上，习近平总书记强调，培育出德智体美劳全面发展的社会主义建设者和接班人。劳动教育，作为新时代教育体系中五育并举的关键组成部分，旨在通过劳动的育人功能，推动学生实现全方位的成长。在2020年3月26日，中共中央、国务院发布《关于全面加强新时代大中小学劳动教育的意见》（以下简称《意见》），《意见》强调了在大中小学各个教育阶段广泛实施劳动教育的重要性，并致力于构建一个全面培养德智体美劳的教育体系。

自 2022 年 9 月起，随着教育部颁布的《义务教育劳动课程标准（2022 年版）》的推行，劳动教育正式成为中小学教育体系中的一门独立学科。该课程标准针对不同教育阶段设定了具体目标，其核心宗旨在于培育学生树立适应未来社会发展的正确劳动观念，以及塑造其不可或缺的品质和关键技能。通过劳动教育，引导学生清晰地规划个人的人生轨迹，致力于培养出德智体美劳全面发展的社会主义事业的继承者。

致力于本课题的研究，旨在实现劳动教育的核心目标，同时深入挖掘农村初中在乡村振兴背景下劳动课程的有效实施策略。我们期望通过这一努力，为乡村振兴贡献自己的力量，支持并推动国家乡村振兴战略的实施。

申立菊

2024 年 10 月